本著作获得上海财经大学

"中央高校建设世界一流大学学科和特色发展引导专项资金"

"中央高校基本科研业务费"

与上海市哲学社会科学规划课题中青班专项项目

资助

新·闻·传·播·学·文·库

改革开放以来
我国大众传播政策
变迁研究

Research on
the Change of Mass
Communication
Policy since Reform
and Opening-up

刘晓红／著

中国人民大学出版社
·北京·

总　序

　　自1997年国务院学位委员会将新闻传播学擢升为一级学科以来，中国的新闻传播学学科建设突飞猛进，这也对教学、科研以及学术著作出版提出了新的、更高的要求。

　　继1999年中国人民大学出版社推出"21世纪新闻传播学系列教材"之后，北京广播学院出版社、华夏出版社、南京大学出版社、中国社会科学出版社、新华出版社等十余家出版社纷纷推出具有不同特色的教材和国外新闻传播学大师经典名著汉译本。但标志本学科学术水平、体现国内最新科研成果的专著尚不多见。

　　同一时期，中国的新闻传播学教育有了长足进展。新闻传播学专业点从1994年的66个猛增到2001年的232个。据不完全统计，全国新闻传播学专业本科、专科在读人数已达5万名之多。新闻传播学学位教育也有新的增长。目前全国设有博士授予点8个，硕士授予点40个。中国人民大学新闻学院、复旦大学新闻学院等一批研究型院系正在崛起。北京大学和清华大学的新闻传播学教育以高起点、多专业为特色，揭开了这两所百年名校蓬勃发展的新的一页。北京广播学院（后更名为中国传媒大学——编者注）

以令人刮目相看的新水平，跻身中国新闻传播教育名校之列。武汉大学新闻与传播学院等以新获得博士授予点为契机所展开的一系列办学、科研大手笔，正在展示其特有的风采与魅力。学界和社会都企盼这些中国新闻传播教育的"第一梯队"奉献推动学科建设的新著作和新成果。

进入新世纪以来，随着以互联网为突破口的传播新媒体的迅速普及，新媒体与传统媒体的联手共进，以及亿万国人参与大众传播能动性的不断强化，中国的新闻传媒事业有了全方位的跳跃式的大发展。人民群众对大众传媒的使用，从来没有像今天这样广泛、及时、须臾不可或缺，人们难以逃脱无处不在、无时不有的大众传媒的深刻影响。以全体国民为对象的新闻传播学大众化社会教育，已经刻不容缓地提到全社会，尤其是新闻传播教育者面前。为民众提供高质量的新闻传播学著作，已经成为当前新闻传播学界的一项迫切任务。

这一切都表明，出版一套满足学科建设、新闻传播专业教育和社会教育需求的高水平新闻传播学学术著作，是当前一项既有学术价值又有现实意义的重要工作。"新闻传播学文库"的问世，便是学者们朝着这个方向共同努力的成果之一。

"新闻传播学文库"希望对于新闻传播学学科建设有一些新的突破：探讨学科新体系，论证学术新观点，寻找研究新方法，使用论述新话语，摸索论文新写法。一句话，同原有的新闻学或传播学成果相比，应该有一点创新，说一些新话，文库的作品应该焕发出一点创新意识。

创新首先体现在对旧体系、旧观念和旧事物的扬弃上。这种扬弃之所以必要，人文社会科学工作者之所以拥有理论创新的权利，就在于与时俱进是马克思主义的理论品质，弃旧扬新是学科发展的必由之路。恩格斯曾经指出，我们的理论是发展的理论，而不是必须背得烂熟并机械地加以重复的教条。一位俄国作家回忆他同恩格斯的一次谈话时说，恩格斯希望俄国人——不仅仅是俄国人——不要去生搬硬套马克思和他的话，而要根据自己的情况，像马克思那样去思考问题，只有在这个意义上，"马克思主义者"这个词才有存在的理由。中国与外国不同，新中国与旧中国不同，新中国前30年与后20年不同，在现在的历史条件下研究当前中国的新闻传播学，自然应该有不同于外国、不同于旧中国、不同于前30年的方法与结论。因此，"新闻传播学文库"对作者及其作品的要求是：把握时代特征，适应时代要求，紧跟时代步伐，站在时代前列，以马克思主义的理论勇气和理论魄力，深入计划经济到市场经济的社会转型期中去，深入党、政府、传媒与阅听人的复杂的传受关系中去，研究新问题，寻找新方法，获取新知识，发现新观点，论证新结论。这是本文库的宗旨，也是对作者的企盼。我们期待文库的每一部作品、每一位作者，都能有助于把读者引领到新闻传播学学术殿堂，向读者展开一片新的学术天地。

创新必然会有风险。创新意识与风险意识是共生一处的。创新就是做前人未做之事，说前人未说之语，或者是推翻前人已做之事，改正前人已说之语。这种对旧事物旧体系旧观念的否定，对传统习惯势力和陈腐学说的挑战，对曾经被多少人诵读过多少年的旧观点旧话语的批驳，必然会招致旧事物和旧势力的压制和打击。再者，当今的社会进步这么迅猛，新闻传媒事业发展这么飞速，新闻传播学学科建设显得相对迟缓和相对落后。这种情况下，"新闻传播学文库"作者和作品的一些新观点新见解的正确性和科学性有时难以得到鉴证，即便一些正确的新观点新见解，要成为社会和学人的共识，也有待实践和时间。因此，张扬创新意识的同时，作者必须具备同样强烈的风险意识。我们呼吁社会与学界对文库作者及其作品给予最多的宽容与厚爱。但是，这里并不排斥而是真诚欢迎对作品的批评，因为严厉而负责的批评，正是对作者及其作品的厚爱。

当然，"新闻传播学文库"有责任要求作者提供自己潜心钻研、深入探讨、精心撰写、有一定真知灼见的学术成果。这些作品或者是对新闻传播学学术新领域的拓展，或者是对某些旧体系旧观念的廓清，或者是向新闻传媒主管机构建言的论证，或者是运用中国语言和中国传统文化对海外新闻传播学著作的新的解读。总之，文库向人们提供的应该是而且必须是新闻传播学学术研究中的精品。这套文库的编辑出版贯彻少而精的原则，每年从中国人民大学校内外众多学者的研究成果中精选三至五种，三至四年之后，也可洋洋大观，可以昂然耸立于新闻传播学乃至人文社会科学学术研究成果之林。

新世纪刚刚翻开第一页，中国人民大学出版社经过精心策划和周全组织，推出了这套文库。对于出版社的这种战略眼光和作者们齐心协力的精神，我表示敬佩和感谢。我期望同大家一起努力，把这套文库的工作做得越来越好。

以上絮言，是为序。

童　兵

2001 年 6 月

前　言

　　传播政策研究是传播研究的主要领域之一。改革开放四十多年来，我国传播政策已经从最初的新闻宣传政策发展为包括新闻宣传政策、产业政策在内的综合政策体系，不仅涉及报刊、广播电视、新闻网站等新闻宣传部门，也涉及影视业、出版业、广告业、信息产业部门。

　　当前的大众传播政策研究要避免三种偏向：第一，避免固守传统上的新闻媒介政策研究，忽视广告业、电影音像娱乐产业、网络游戏、网络视频、互联网金融信息服务业等相关传播业的研究。第二，避免热衷于产业政策研究，忽视传播业的公共属性。第三，避免忽视历史，不关注第一手的政策资料，盲目断言。鉴于此，本书选取了报业、广播电视业、动画（漫）业、广告业、金融信息服务业等部门的政策文本作为研究对象，在研究方法上借鉴传播政治经济学的宏观分析和历史的整体观，在对我国改革开放后的大众传播政策变迁做出历史梳理的基础上，采取宏观视角分析政策变迁，并结合当前的一些迫切问题，力图对政策发展提出针对性建议。

　　本书立足于第一手的政策资料，涉及大众传播业的主要部门有报业、广播电视业、动画（漫）业、广告业、公共文化业、互联网信息服务业。政策信息与原文来源于万方数据库、律商网这两个政策法规数据库以及相关政府部门官网。

全书共分为八章。第一章"作为公共政策的大众传播政策"主要探讨传播政策研究的基本概念和范畴问题，包括传播政策与传播制度、传播政策与法律、大众传播政策的研究范围。通过对以上问题的探讨，本书确立了研究的逻辑起点与范围。

第二章"改革开放以来我国报业政策的变迁"将改革开放以后我国报业政策的变迁梳理为三个时期，分析各个时期的主要政策及其特点、不同阶段的政策联系，并对我国报业政策的未来发展提出建议。在政府强势主导的商品化报业政策时期（1979—1991），报业政策开始强调新闻业的商品属性，恢复了媒体广告，并引入了企业化管理。20世纪80年代中期，报业的商品化政策得以深入推进。这个时期的报业政策重心在于"事业单位，企业化管理"，但由于报业市场尚不健全，导致一些报社片面追求经济利益。报业监管从过去宣传任务的制定、宣传纪律的维护方面发展为宣传、发行、广告、税收等方面的全方位监管。在市场化、空间化的报业政策时期（1992—2000），推进报业的市场化改革提上了日程，在政策层面推进报业市场竞争，并着眼于调整全国的报业结构，推进跨行业、跨地域的兼并，对报业实施产权治理以及加强市场监管等等。在产业化、融合化、全球化、法制化的报业政策时期（2001— ），先后五次集中清理废止规范性文件，以适应新闻出版业的发展和加强社会监管的需要以及世界贸易组织的规则。报业政策开始朝着产业化、融合化、全球化、法制化方向发展。

改革开放以后我国报业政策变迁实际上内嵌于政府主导的整个文化体制改革，特别是新闻出版业的体制改革进程中。从政策变迁来看，未来报业政策的重心应着眼于社会公共利益，积极推进公益性报刊的具体政策的出台；完善经营性报业的监管法律法规体系，突破长期以来形成的宣传工作监管思维框架，适时加强市场监管和依法监管；在投融资、税收、技术等方面实现联动，多部门协调，实现政策融合。

第三章"改革开放以来我国广播电视业政策的变迁"分析改革开放以来不同时期我国广播电视业政策的特点、形成的动因及其影响。改革开放初期的广播电视传播政策（1979—1991）出现了商品化的取向，严格的行政指令式的管制开始松动，政策的运行由过去的完全的指令性运行逐渐变为高度依赖行政手段的政策运行。社会主义市场经济时期的广播电视传播政策（1992—2000）与建立社会主义市场经济体制相适应，市场化、空间化取向日益凸显，政府积极推进媒介经营市场化，推进跨地区跨行业的兼并，但政策制定部门对于新技术对广电业的影响预见不足。全球化经济时期的广播电视传播政策（2001—　）的制定和运行面临着前所未有的复杂环境，特别是2002年党的十六大召开后，我国传播政策开始了新一轮的重大调整，随着广播电视产业改造的深入，政策出现了产业化、国际化、融合化、公共性的特点，政策运行除了高度依赖市场手段，更加强调对广播电视业进行依法管理。

未来我国广播电视传播政策首先要努力适应电子媒介技术发展的要求，打破传统媒介政策思维框架，从互联网思维出发，充分重视电子媒介技术变革所带来的新空间和新方向，实现政策融合；广电业的"走出去"政策要简化行政手续，激发地方媒体的活力；广播电视传播政策作为公共政策，要以公共利益为出发点，以可持续发展为目标，把当前广播电视业中的经营性生产和公共性服务区分开，实现广播电视业在推进公共文化建设中的作用。

第四章"改革开放以来我国引进境外剧政策的变迁"从三个阶段分析了我国引进境外剧的监管政策。第一阶段（1978—1991）是以重视文化交流和政治利益为特征，对境外剧的监管政策基本没有对市场要素的考量，而主要是基于国家政治利益和文化安全层面。第二阶段（1992—1999）处于商业利益与意识形态安全的冲突背景下，国家政治利益、意识形态安全、电视剧市场的培育等成为政策考虑的三个不可分割的要素，政策层努力要在市场与意识形态安全和国家利益之间达成平衡，这个时期的境外剧监管政策本质上与当时发展国产电视剧政策相辅相成，相得益彰。第三个阶段（2000—　）的引进境外剧监管除了继续强调境外剧的播出限制，加强境外剧的引进和管理，还开始强调"以进带出"，强调对国产电视剧"走出去"政策的支持，意识形态安全话语被提高国际文化市场的竞争力、维护文化的自主替代，随着互联网的发展，引进境外剧的监管也延伸至网络平台。

政治和文化安全一直是引进境外剧的监管政策的核心，市场这一要素在政策制定过程中没有得到应有的重视，公众只是作为政府保护的对象，而非权利主体来对待。因此，未来的监管政策应该关注公众的权利，更加体现公共利益，将政策重心放在规范市场竞争上，协调各主体的利益，引导市场可持续发展。此外，随着广播电视业与互联网业在影视剧业务上的融合日益加剧，应探索建立适合我国国情的融合监管模式，着力培育行业性的社会监督组织，协助其建立自律管理制度和行业道德准则，使其充分发挥行业自律功能，从而实现行政监管与行业自律相统一。

第五章"改革开放以来我国动画（漫）业政策的变迁"在概述我国动画（漫）业发展的基础上重点分析了改革开放后我国动画（漫）业的政策变迁以及在"互联网＋"时代动漫产业政策的优化与动漫业的可持续发展问题。在第一阶段（1978—1989），动画片的制作发行仍然按照计划体制运作，迟滞的改革步伐对动画片发展产生了消极影响；在第二阶段（1990—1999），包括动画片在内的电影业全面推向市场，国产动画的政策主要是资助性扶持，对动画业的推动力有限；进入第三阶段（2000—　），在对境外动画采取限制性政策的同时，在文化体制改革的大背景下，动画业政策经历了影视动画产业扶持政策、动漫产业政策和文化产业融合政策的历程，对我国动画（漫）业的发展起到了较大的推动作用。

在"互联网＋"时代，我国动画（漫）业产业政策要以可持续发展为目标，改变政府本位，从市场本位出发，努力激发市场机制的主导作用。产业政策制定部门要消除信息不对称，增强信息获取分析能力，及时调整产业政策中削弱市场主导性的要素，把握动画（漫）业市场的变化，重视市场需求，探索实行分级制，激发市场内部活力；将以补贴政策、市场保护为偏向的产业政策调整为维护市场公平竞争的政策，将"扶大扶强"补贴政策优化为鼓励竞争的产业激励政策，增强市场主体依靠内生力量解决市场需求不足等问题的自觉性。

第六章"改革开放以来我国广告业政策的变迁分析"结合广告业的发展、文化体制改革、政治经济体制改革以及媒介技术的变迁，分析我国广告业政策变迁的三个阶段及其特征。在改革开放初期（1978—1991），广告业政策尚未脱离计划思维和宣传思维的影响，重心被置于监管层面，广告市场的观念已经初步确立。

在1992—2007年间，广告业政策密集出台，修订频繁，产业观念确立，法律意识增强。前期推出多项改革广告业经营的政策、监管政策、公共广告政策以及外商广告政策，对广告业的推动较大。但后期广告业政策表现保守，总体上表现为重视监管，缺少对本土广告业的扶持，对产业推进乏力。2008年之后广告业政策从行业政策逐渐演变为产业政策以及国家战略性政策，广告业政策的产业观念日益清晰明确。当前广告业政策要促进广告市场公平竞争，打破媒体广告公司对广告市场的垄断，彻底改变强媒体、强广告主、弱广告公司的业态；并致力于解决日益突出的媒介购买公司问题。

第七章"我国公益广告政策的变迁"分析我国公益广告政策的变迁及

其特点，并结合目前公益广告实践中的突出问题进行讨论。1996—2007 年间的公益广告政策表现为宣传工作思维下的行政指令，公益广告实际上是党和政府宣传工作的一部分。2008 年之后的公益广告政策逐渐引入市场思维，强调制度的引导作用；鼓励社会力量投入公益广告业；探索建立公益广告发展基金；推进公益广告监管的法制化等。我国公益广告政策具有强政府色彩，公益广告运作机制不能采用完全市场化的公益广告运作机制，可尝试采取政府主导下的双轨运作机制，并出台政策来推进不发达地区的公益广告发展。

第八章"'入世'以来我国对外金融信息服务政策的变迁"主要以政策话语中的"经济信息""新闻信息"和"金融信息"三个核心术语为线索，分析中国加入世界贸易组织（WTO）以后，对外金融信息服务监管政策变迁的三个阶段，并结合金融全球化的趋势，指出当前我国对外金融信息服务监管政策存在的问题及面临的困难。由于未能打破传统的思维模式，在"金融信息""金融信息服务"等基础概念上认知模糊，我国对外金融信息服务监管政策的有效执行受到了影响。目前，我国对外金融信息服务监管政策虽然理顺了金融信息服务与新闻信息服务的复杂关系，在外国机构提供金融信息服务的审批和市场准入上做出了较为具体的规定，但在监管规则上流于形式，急需专业化。

虽然我国大众传播业的各个部门的政策有其行业特殊性，在政策变迁进程上步伐不尽一致，但从整体上看，我们仍然可以看出，改革开放以来，我国大众传播业政策变迁经历了以"商品化""市场化和空间化""产业化、国际化、融合化和公共性"为特征的阶段，并呈现出"去行政化"的趋势。大众传播政策作为公共政策，要遵循公共利益至上原则。政府在制定传播政策过程中要树立公共政策意识，充分考量社会各利益群体的权利和利益，警惕市场力量绑架政策的现象，以维护公共利益，促进社会稳定为核心。要注重政策的评估，保持政策的动态性和主动性，特别是在传播技术日新月异、传播环境日益复杂多变的背景下，要变被动为主动，维持政策的有效性和稳定性，实现传播业的可持续发展，提高文化软实力，保持文化自主。

最后，需要指出的是，我国的大众传播业政策变迁内嵌于国家政治经济文化改革进程中，由党和政府主导，但其整个变迁也受到国内外多种因素的影响，如意识形态斗争、睦邻关系、全球贸易、媒介技术变革等。今后，随着我国日益卷入全球市场，社会民主意识增强，来自国内外的政治力量、商业力量和社会力量对我国传播政策的影响会持续甚至进一步加强。

目　录

第一章　作为公共政策的大众传播政策

开展大众传播政策研究有必要首先厘清"传播政策"研究的相关概念和范畴问题，如传播制度、传播法律法规、大众传播政策等。

传播制度是一个可以从宏观到微观做出不同理解的概念。从宏观层面看传播制度，它是国家社会规范体系的一部分，即社会制度的一部分。其核心是与社会规范体系，特别是政治经济制度相呼应的。围绕公民的传播权利、传播业的所有权所制定出的规范性体系，即一个国家的传播制度。本课题使用宏观层面的传播制度概念。

传播政策是各国政府或相关组织对本国传播业在发展中所面临的现实问题或可能面临的问题所做的各种指令和规定。传播政策要解决的核心问题实际上是利益问题。

传播制度与传播政策在目标上是一致的，传播政策的制定和实施的目的是通过利益的协调最终维护既有的社会制度，当然也包括传播制度。传播制度的变迁则直接反映在传播政策的变动上。传播制度更具有稳定性和指导性，与社会制度密不可分，一旦确立，不会轻易发生变化和调整；而传播政策是一个中观甚至微观层面的话题，它具有开放性、变动性。

传播政策是公共政策的一部分，具有公共政策的特征，它是由公共权力机构为传播业规定的运行标准、运作计划或运作方法等。从这个角度看，法律法规都可以看作是政策。而政策的表现形式不全是法律法规，公共权力机构为解决现实的或即将面临的问题所做的指令或规定，没有上升为法律法规形式的政策如"规定""通知"等，并不具有法律效力，而只具有行政效力。因此，与传播业相关的所有法律法规、法令都可以看作是一个国家的传播政策的体现。

第一节　传播政策与传播制度

在对我国大众传播政策开展研究的过程中，我们常常遇到"某某条例""某某法规""某某规定""某某管理办法""某某暂行办法"之类的表述，如《报纸出版管理规定》；还会遇到诸如"某某制度"的表述，如《国家广播电影电视总局关于电影全面实行"一备二审制"的公告》。在学术文献里，我们也会遇到"传播制度研究""传播政策"等表述，如《中国电视剧审查制度的形成》《制度转型与政策冲突——当前国际传媒发展的基本点》《论政治制度与传播制度的关系》《当代欧美传播政策的演进趋势》，等等。这些表述再细究起来，着实让人们剪不断，理还乱。那么究竟什么是传播政策（communication policy），什么是传播制度（communication institution）？二者有无联系？

在学界，哲学、社会学、政治学、经济学等学科都从不同的视角来探讨制度这一概念。社会学家马克斯·韦伯认为"制度应是任何一定圈子里的行为准则"，并指出制度应包括两部分，即"惯例"和"法律"。① 在众多学者中，制度经济学家道格拉斯·C. 诺思是对制度讨论最多的学者，他认为"制度是一个社会的游戏规则，或更正式地说是人类设计的、构建人们相互行为的约束条件。它们由正式规则（成文法、普通法、规章）、非正式规则（习俗、行为准则和自我约束的行为规范），以及两者的执行特征组成"②。"制度提供了人们相互影响的框架，它们建立了构成一个社会，或更确切地说一种经济秩序的合作与竞争关系……制度是一系列被制定出来的规则、守法程序和行为的道德伦理规范，它旨在约束追求主体福利或效用最大化利益的个人行为。"③

---

① 韦伯. 经济与社会：上卷 [M]. 林荣远，译. 北京：商务印书馆，1997：345.
② 诺斯. 新制度经济学及其发展 [J]. 路平，何玮，编译. 经济社会体制比较，2002（5）. 诺斯，即诺思.
③ 诺思. 经济史中的结构与变迁 [M]. 陈郁，罗华平，等译. 上海：上海三联书店，1994：225 - 226.

综合学者们对制度的讨论，我们认为从学理上看，至少可以从两个层面对制度做出解释。第一，宏观层面。国家或政府按照一定目的和程序创造的覆盖整个社会的一系列政治、经济规则，即社会制度，其外在表现可以是一系列政策、法规。第二，中微观层面。一般社会组织机构为保证其组织的有效运行而制定的规则。如一个组织制定的要求其全体成员共同遵守的工作制度、财务制度、作息制度、教学制度等。

国外传播学学者关于传播制度的论述至少可以追溯到传播学的集大成者施拉姆等人的《传媒的四种理论》①，施拉姆将各国的大众传播制度基本上分为集权主义理论、自由主义理论、社会责任理论、苏联的共产主义理论四种类型。施拉姆强调要研究一个国家的媒介，必须要考察这个国家的社会制度，"报刊总是带有它所属社会和政治结构的形式和色彩，特别是报刊反映一种调节个人与社会关系的社会控制的方式"②。与西方主流传播研究相比，对传播制度更为关注的是传播批判学派的学者。传播政治经济学派的创始人达拉斯·斯迈思（Dallas W. Smythe）关注传播媒介所有权及其对媒介产品使用和社会关系的影响。这一传统在后来的传播政治经济学派那里得到传承。当代美国学者丹尼尔·C. 哈林、保罗·曼奇尼在其《比较媒介体制：媒介与政治的三种模式》③ 中基于媒介与政治体制互动建构了比较分析的框架。针对欧洲和北美18 个国家的媒介制度与政治体制，提出媒介制度发展的三大模式。

关于传播制度，我国学者的讨论并不多见。虽然目前有几十篇论文和若干专著中提到了传播制度，但并未对传播制度概念本身进行详细的辨析。研读这些文献后，我们发现虽然都有"传播制度"的字眼，但在对传播制度的理解和运用上存在很大差异。

---

① 2008 年中国人民大学出版社推出的戴鑫译、展江校中译本，将书名译作"传媒的四种理论"。2022 年 1 月，中国人民大学出版社推出《传媒的四种理论》的新时代续篇《传媒规范理论》。

② 斯拉姆，等. 报刊的四种理论 [M]. 中国人民大学新闻系，译. 北京：新华出版社，1980：1-2. 斯拉姆，现一般译为施拉姆。《报刊的四种理论》现一般译为《传媒的四种理论》。

③ 哈林，曼奇尼. 比较媒介体制：媒介与政治的三种模式 [M]. 陈娟，展江，等译. 北京：中国人民大学出版社，2012.

就基本概念的理解而言，有的是将传播制度作为社会制度的一部分来理解的，如，郭庆光教授认为："传播制度也就是社会制度中对大众传播活动直接或间接地起着制约和控制作用的部分……传播制度作为社会制度的反映，其内容是十分复杂的，它体现了社会制度或者制度性因素在各个方面对传播媒介活动的制约和影响。""传播制度是直接或间接地对大众传播起着控制和制约作用的社会规范体系。"① 我国台湾学者李瞻认为："传播制度乃为政治制度之一环，当社会政治制度变更时，传播制度亦随之变更。所以了解各种政治制度的理论，应为了解各种传播制度的前提。"②

而有的学者则是在中观、微观的操作层面理解传播制度的。例如，吴军明研究了从唐代的进奏院状到宋代的定本制度的差异，指出："从唐代进奏院状到宋代定本制度的历史变迁是传播模式的转变，更是一种传播制度的创新。"③ 朱璇研究了我国对外传播从"外宣"制度到"新闻发言人"制度的变迁，指出："从'外宣'到'新闻发言人'制度的变迁，无论是中国还是美国，反映的不仅仅是社会变迁，更是传播制度在现代科技飞速发展下全方位转变的缩影。"④

有的学者观点则是二者兼有。例如："另一方面即是传播制度，也就是社会制度中对传播活动直接或间接地起着制约和控制作用的部分，包括宏观的国家传播体制和传媒机构的内部管理机制。"⑤ "一般而言，对传播制度的研究主要是在社会领域围绕大众传播媒介与政府、公众、经济势力和利益群体的关系展开的，而要从政府对作为资源的信息和作为环境的信息进行加工、处理和控制，帮助完成公共服务使命的角度来分析，传播制度的内涵与上述界定并不完全重合。这里所研究的传播制度应该是政府配置信息资源，应对环境信息影

---

① 郭庆光. 传播学教程 [M]. 2 版. 北京：中国人民大学出版社，2011：135.

② 黄东英. 论政治制度与传播制度的关系 [J]. 云南行政学院学报，2010 (6).

③ 吴军明. 从进奏院状到定本制度：传播制度的创新 [J]. 中国青年政治学院学报，2004 (5).

④ 朱璇. 从外宣到发言人：浅议传播制度与社会变迁 [J]. 新闻传播，2017 (2).

⑤ 徐桂权. 传播图景中的制度：由英尼斯的媒介理论谈起 [J]. 国际新闻界，2004 (3).

响，完成公共管理和公共服务的制度，在这一意义上，传播制度演进也是政府治道变革的一项重要内容。"①

这种概念理解上的差异也表现在外文的翻译上：同样是《新闻与传播研究》杂志，新闻传播制度，在 2008 年第 6 期被翻译为 "journalism communication system"，而在 2014 年第 4 期则被译为 "media institution"；在有的学术杂志上甚至出现同一篇文献的 "传播制度"，在标题翻译上为 "communication institution"，而在关键词上就变成 "communication system" 这种令人费解的差异。

就分析问题的视角而言，一些文献或着眼于理论根源，或着眼于具体传播实践讨论了传播制度。如：杜大力从言论出版自由思想的视角，着力分析了马克思主义经典作家，特别是列宁关于社会主义国家新闻传播制度的思想，强调了社会主义国家新闻传播体制与西方国家的根本差异、社会主义国家新闻传播体制存在的问题及原因。他指出："马克思主义传媒理论和传媒制度，也是建立在把传播权利的分配看成是政治权利的分配这样一个分析基础上。"② 王醒以春秋战国时期的新闻传播为研究对象，指出："春秋战国时期是我国新闻传播事业的第一个繁荣期，已建立了较为完备的新闻传播制度：文字传播依赖于史官制度；口语传播依赖于告事制度；远距离传播依赖于邮释制度；舆论传播依赖于开明的政治制度。"③

另一些与传播制度密切相关的术语还有媒介制度、传媒制度，后两者主要指新闻传播制度，相对而言，其范畴小于传播制度，传播业不仅指报纸广播电视新闻传播业，还包括电影、电子游戏、网络视频等行业。

目前国内关于媒介制度以及媒介体制的讨论要比关于传播制度的讨论多，

---

① 刘晓鹏. 信息、传媒与公共服务：治道变革与中国政府信息空间的重理 [J]. 国际新闻界，2005 (3).

② 杜大力. 马克思主义经典作家对新闻传播制度的初始设计思想 [J]. 新闻与传播研究，2014 (4).

③ 王醒. 春秋战国时期的新闻传播制度 [J]. 新闻与传播研究，2008 (6).

出现了从新制度经济学、制度变迁理论、博弈论、社会生物学、历史制度主义等学术视角出发的研究，如李德刚提出利用历史制度主义的学术框架来分析媒介制度变迁："对媒介制度的历史制度主义分析就是要追问一个国家媒介政策及其行为背后的制度根源，通过对媒介制度变迁的推动和阻碍因素的分析来确定媒介制度变迁的独特规律和逻辑，从而为媒介制度变革提供指导。"① 丁和根等以制度经济学为分析框架，提出了传媒制度绩效评价的框架和方法②，并参照诺思关于正式制度与非正式制度的分类，将媒介制度划分为媒介的正式规则（宪法、新闻法、部门法规与规章、新闻政策、职业道德准则）、媒介的非正式规则（意识形态、新闻伦理道德、新闻专业理念、行业行为习惯、各种潜规则）和媒介规则的实施系统（包括媒介定位、管理模式、组织机构、媒介布局、调控手段）③。

潘祥辉认为："广义的媒介制度，本文将它定义为'嵌入于政治、经济、文化等社会结构中的媒介组织及媒介运行的正式与非正式的程序与规则'……狭义的媒介制度则专指'媒介运行的程序与规则'。"④ "所谓媒介制度，指在媒介运行过程中各种规则的集合，媒介体制是媒介制度的核心组成部分。媒介制度通常也是制度变迁主体之间博弈的产物。"⑤

陆地、吕佳宁提出："何谓媒介制度呢？一言以蔽之，就是规范和管理媒介和媒体发展的法律和政策的总称。具体来说，媒介制度主要包括三个方面：由国家立法部门制定和颁布的媒介法律规制；由省级及省级以上行政部门制定和颁布的政策规制；由媒介行业组织制定和颁布的自律条款规制。"⑥ 徐振祥、刘艳娥认为："传媒制度是传媒同政府、社会和公众之间的博弈规则，作为一种内生性资源建构起传媒在政治、社会和经济领域中同其他博弈主体即利益相

① 李德刚. 历史制度主义：媒介制度变迁研究的新范式 [J]. 现代传播，2010 (2).
② 丁和根，耿修林. 传媒制度绩效评价：思路、框架及方法 [J]. 新闻界，2007 (3).
③ 丁和根. 中国传媒制度绩效研究 [M]. 广州：南方日报出版社，2007：4.
④ 潘祥辉. 论媒介制度的内涵及其分层演化原理 [J]. 理论界，2012 (2).
⑤ 潘祥辉. 从博弈论视角看中国媒介制度的变迁与演化 [J]. 昌吉学院学报，2010 (1).
⑥ 陆地，吕佳宁. 媒介制度变迁的基础和方向 [J]. 南方电视学刊，2015 (6).

关者之间互动、交流和交换的激励与约束机制体系。"① 郑涵、金冠军在其专著《当代西方传媒制度》中转引英国学者丹尼斯·麦奎尔的定义，认为："当代西方传媒制度，其中'制度'一词，也即英文所谓'institution'，意指一整套价值理念、规则系统、组织机构、人员构成、人际关系、制度环境等。政治、经济、技术因素的相互影响对于传媒制度具有关键作用。"②

对于借助于制度经济学的制度概念以及理论框架开展的传媒制度（媒介制度）研究是具有学术合理性的，但同时也要思考传媒业的特殊属性。正如郝雨、王铭洲指出的："科斯传媒论述的重要性不仅在于指导传媒产业的经济绩效，更在于其制度分析弥合了传播研究中市场和规制之间的裂缝。从新制度经济学的基本思想出发，探讨成本和制度的关联以及商品市场、思想市场的相似和差异成为当下研究亟待推进的部分。"③

由于受研究传统的影响，我国的很多文献使用"媒介制度"而非"传播制度"。国内学者关于传媒制度、媒介制度概念认识存在的差异基本上也可以看作是关于传播制度的讨论。但从传播业的发展现状来看，新闻传播业仅仅是现代传播业的一部分，因此，我们认为使用传播制度会更恰当。

从上述学者的阐述看，我们认为传播制度与制度概念相似，是一个多层次的概念。从宏观层面看，传播制度是国家社会规范体系的一部分，即社会制度的一部分，其核心是与社会规范体系，特别是政治经济制度相呼应的，围绕公民的传播权利、传播业的所有权所制定出的规范性体系，即一个国家的传播体制。也就是说传播体制是传播制度的核心。例如，英国的报刊出版业采取私有制，而其广播电视业采取公营和私营并存的双轨制；法国的广播电视业实行国有和私营并存的双轨制；美国在报刊出版和广播电视电子媒介产业中都实行

---

① 徐振祥，刘艳娥. 国外传媒制度发展与研究现状述评：基于政治、市场与社会三角博弈的视角 [J]. 学术论坛，2013（9）.

② 郑涵，金冠军. 当代西方传媒制度 [M]. 上海：上海交通大学出版社，2008：1.

③ 郝雨，王铭洲. 新制度经济学体系下的传媒制度成本控制理论及方略 [J]. 当代传播，2017（2）.

私有制；而我国则对大众传播业采取公有制。可以说，在很大程度上，传播制度可以表述为传播体制。

从中观层面分析，传播制度是国家和传播业的相关管理部门为确保传播业运行、协调其与社会其他子系统之间关系而制定的规范体系，如电影审查制度、出版许可制等。

从微观层面分析，传播制度是传播业各部门制定的规则体系，如行业自律规范、媒介组织规范等。

正如有学者指出的："不同国家新闻传播媒介的法律地位、新闻媒介与权力系统的相互关系、新闻媒介的所有制差异及各种政治文化禁忌等，都会在相当的程度上决定其新闻传播事业及新闻传播活动的状貌。所以，要解读一个国家或地区新闻传播事业的发展历史，揭示其内在的客观规律，必须透过表层现象，进入水线下面，深入制度的层面……考察新闻传播制度的历史演变，可以从特定社会政治体系的宪政安排、经济上的所有制结构、法律上的保护宣示和禁区设置、道德上的规范准则和自律机制等方面进行深入的探讨。"① 这段话虽然是在强调研究新闻传播制度对于研究新闻事业的重要性，但也指出了传播制度所涉及的关键层面。

政策是政策科学（policy science）研究的核心概念。在政策科学中，政策区分为公共政策和一般政策。公共政策，也就是政府所制定的对整个社会具有权威性的政策；而一般政策指包括企业、社会团体和个人的决策。

公共政策是政策科学的研究重心。诞生于20世纪50年代的政策科学经过几十年的发展，虽然研究重心几经变迁——从初期的注重政策制定过程的研究转到关注政策制定后的执行和评估，但对政策的基本内涵的理解并未发生本质变化。第一代政策科学家拉斯韦尔、戴维·伊斯顿、卡尔·弗里德里奇等都从自身的理论体系出发对政策做了定义，从不同角度阐释政策的本质内涵。

例如，政策科学的创始人拉斯韦尔与卡普兰认为政策是"具有目标、价值

---

① 张昆. 新闻传播史体系的三维空间 [J]. 新闻大学，2007（2）.

与策略的大型计划"①，他们侧重于说明政策的构成及其与一般计划的区别，强调政策是对整个社会发展的规划。戴维·伊斯顿认为"政策是对全社会的价值做出权威性的分配"②，公共政策的实质是分配。卡尔·弗里德里奇认为政策是"在某一特定环境下，个人、团体或政府有计划的活动过程。提出政策的用意就是利用时机，克服障碍，以完成某个既定目标，或达到某一既定目的"③。

国内政策科学学者也对政策做出了不同的定义。陈振明认为："政策是国家机关、政党及其他政治团体在特定时期为实现或服务于一项社会政治、经济、文化目标所采取的政治行为或规定的行为准则。"④ 王骚认为"政策是公共行为的一种规范"，并指出："公共政策可以表述为：以政府为代表的公共权力机构针对社会公共问题的解决，通过民主政治程序制定和执行的行动方针和行为准则。"⑤ 尽管学者们对政策的定义很难统一，但关于政策的以下几点特征还是能够达成共识的：

第一，政策是由政府或其他权威机构制定的某种计划或规划，与社会公共事务相联系。政策是对社会所做的权威性的价值分配，政策关系到全社会的利益。

第二，政策具有明确的目的性和方向性，不是无意识或偶然性的行为。

第三，政策具有明确的时效性和适应性。政策是决策者为解决现实的或将面临的问题所做的指令或规定，因此，政策的制定和实施具有或长或短的有效性以及相应的条件。

从根本上讲，政策处理的核心问题是利益。传播政策是各国政府或相关组织对本国传播业在发展中所面临的现实问题或可能面临的问题所做的各种指令和规定。从理论上看，传播政策要解决的核心问题实际上也是利益问题。传播

① LASSWELL H，KAPLAN A. Power and society［M］. New Haven：Yale University Press，1970：71.

② EASTON D. The political system［M］. New York：Kropf，1953：129.

③ FRIEDRICH C J. Man and his government［M］. New York：McGraw-Hill，1963：79.

④ 陈振明. 政策科学［M］. 北京：中国人民大学出版社，1998：59.

⑤ 王骚. 公共政策学［M］. 天津：天津大学出版社，2010：6，8.

业由于其产品的特殊性，它不仅是一个创造经济利润的产业部门，也是一个具有意识形态影响力的机构，任何政府的传播政策实际上都要处理政府的政治利益、商业力量的经济利益以及社会公众的公共利益，要处理不同社会主体（政府、企业、公众）的关系。

传播政策在我国学者的研究中大多被表述为新闻政策、媒介政策、传媒政策、传播产业政策、传媒××政策等。这些概念虽有联系，但研究范围还是有很大不同的：新闻政策更多强调的是政府立场的新闻宣传工作；媒介政策、传媒政策更多指向大众传媒的研究；传播产业政策更多强调企业利益。但我们认为，受媒介技术的影响，传播业的生产已经与传统媒介生产有明显不同，当今时代所有人都可以参与信息的生产，因而对传播政策的研究范围要突破新闻业的局限，要关注政策生成和实施过程中不同力量的博弈。

综上所述，我们认为，传播政策与传播制度是两个层面的概念。传播制度更具稳定性和指导性，与社会制度密不可分，一旦确立，不会轻易发生变化和调整；而传播政策是一个中观甚至微观层面的话题，它具有开放性、变动性，往往在传播制度的指导下或者说框架下，根据传播实践的发展做出调整。因此，对传播政策的研究，必须结合传播制度或者体制。

关于传播制度与传播政策的关系，我们认为，传播制度与传播政策在目标上是一致的，传播政策的制定和实施的目的是通过利益的协调最终维护既有的社会制度，当然也包括传播制度。传播制度的变迁则直接反映在传播政策的变动上。正如金冠军等指出的，"制度转型是当前国际传媒发展的基本面，其特点集中表现在转型中的传媒政策上"①。

第二节 传播政策与法律

在众多的传播政策研究文献中，总是涉及法律法规的话题。如《新闻政策

---

① 金冠军，郑涵，孙绍谊. 制度转型与政策冲突：当代国际传媒发展的基本点［J］. 现代传播，2005（4）.

法制化：对传媒实施依法管理的探索》《文化产业政策与法律法规》等文献都从不从同角度探讨了政策与法律法规的关系问题。那么政策与法律有哪些区别和联系呢？

首先，法律与传播政策的范畴不同。

法律通常是指由国家立法机关制定并由国家强制力保证实施的，以规定当事人权利和义务为内容，对全体社会成员具有普遍约束力的一种特殊行为规范（社会规范）。在我国，法律是由全国人民代表大会和全国人民代表大会常务委员会行使国家立法权，依照法定程序制定、修改并颁布，并由国家强制力保证实施的基本法律和普通法律总称。根据我国的《立法法》，我国的法律体系包括宪法、法律、行政法规、地方性法规、自治条例、单行条例、特别行政区法律。

在我国，与大众传播业相关的法律法规体系如下：

（1）宪法。我国宪法中关于我国的社会制度和政治制度以及公民言论自由权利等的内容对大众传播业有制约和指导作用。一些具体的条款则直接与传播业相关，如："第二十二条 国家发展为人民服务、为社会主义服务的文学艺术事业、新闻广播电视事业、出版发行事业、图书馆博物馆文化馆和其他文化事业，开展群众性的文化活动。""第三十三条 凡具有中华人民共和国国籍的人都是中华人民共和国公民。中华人民共和国公民在法律面前一律平等。国家尊重和保障人权。任何公民享有宪法和法律规定的权利，同时必须履行宪法和法律规定的义务。""第三十五条 中华人民共和国公民有言论、出版、集会、结社、游行、示威的自由。""第三十八条 中华人民共和国公民的人格尊严不受侵犯。禁止用任何方法对公民进行侮辱、诽谤和诬告陷害。""第四十一条 中华人民共和国公民对于任何国家机关和国家工作人员，有提出批评和建议的权利；对于任何国家机关和国家工作人员的违法失职行为，有向有关国家机关提出申诉、控告或者检举的权利，但是不得捏造或者歪曲事实进行诬告陷害。""第四十七条 中华人民共和国公民有进行科学研究、文学艺术创作和其他文化活动的自由。国家对于从事教育、科学、技术、文学、艺术和其他文化事业的公民的有益于人民的创造性工作,给以鼓励和帮助。"

(2)法律。我国基本法律中的《刑法》《刑事诉讼法》《民法通则》《民事诉讼法》《行政诉讼法》《行政许可法》《行政处罚法》以及其他法律,如《证券法》《国家安全法》《著作权法》《广告法》《电影产业促进法》《网络安全法》《未成年人保护法》《反不正当竞争法》《消费者权益保护法》在不同程度上与大众传播业活动相关。

(3)行政法规。行政法规是由国务院根据宪法和法律制定的领导和管理国家各项行政工作的各类规范性文件的总称。在 2000 年《立法法》颁布之前,行政法规包括国务院总理签署的国务院令和经国务院批准的、国务院所属部门公布的规范性文件。此后,行政法规主要是由国务院总理签署的国务院令。如《出版管理条例》(国务院令第 343 号)、《北京奥运会及其筹备期间外国记者在华采访规定》(中华人民共和国国务院令第 477 号)等。

(4)地方性法规、自治条例、单行条例以及港澳特别行政区的新闻法规。如《北京市互联网站从事登载新闻业务审批及管理工作程序》《重庆市新闻媒体广告管理条例》。

(5)部门规章或地方政府规章。如《新闻记者证管理办法》《报纸出版管理规定》等。

(6)我国签署的相关的国际协议。如《世界版权公约》《WTO 协定》等。

就传播政策而言,它是各国政府或相关组织对本国传播业在发展中所面临的现实问题或可能面临的问题所做的各种指令和规定,因此,会不可避免地反映在传播业相关的法律法规上。但传播政策不仅仅是规范性的法律法规,还涉及一个国家对其本国传播业的规划性文本等,如我国的《文化产业振兴规划》《关于进一步推动新闻出版产业发展的指导意见》等。从这个意义上说,政策的范畴要比法律大。

其次,二者的制定和执行部门与执行方式不同。

法律通常是国家立法机关制定并由国家强制力(主要是司法机关)保证实施的,具有稳定性;而政策的制定部门具有明显的变动性,特别是一些行政机构变动性很大，其执行也不依赖于强制力的保证。

在我国，《立法法》规定全国人民代表大会和全国人民代表大会常务委员会行使国家立法权。行政法规由国务院组织起草。省、自治区、直辖市的人民代表大会及其常务委员会根据本行政区域的具体情况和实际需要，在不与宪法、法律、行政法规相抵触的前提下，可以制定地方性法规。国务院各部、委员会、中国人民银行、审计署和具有行政管理职能的直属机构，可以根据法律和国务院的行政法规、决定、命令，在本部门的权限范围内制定规章。

传播政策的制定机构包括中国共产党全国代表大会、国务院及其组成部门（文化部和旅游部、工业和信息化部、财政部等）、国务院直属机构（海关总署、国家税务总局、国家广播电视总局、国家市场监督管理总局、国家统计局等）以及中共中央网络安全和信息化委员会办公室、国家互联网信息办公室等。这些机构都不同程度地参与了大众传播业的政策制定，但其业务范围和名称有时变动很大。例如，当前广播电视业的管理部门是国家广播电视总局，其业务范围涉及网络视听业，其名称和主要业务范围几经变化，如表 1-1 所示。

表 1-1 我国广播电视管理机构变迁

年代	机构名称	上级主管单位
1949 年 6 月	中国广播事业管理处	中央宣传部
1949 年 11 月	广播事业局	政务院新闻总署
1952 年	中央广播事业局	政务院文教委员会
1954 年	广播事业局	技术、行政业务由国务院二办领导，宣传业务由中宣部领导
1967 年	中央广播事业局	列为中央直属部门
1977 年	中央广播事业局	划归国务院领导，宣传业务归中宣部领导
1982 年 5 月	广播电视部	国务院组成部门
1986 年 1 月	广播电影电视部	国务院组成部门
1998 年 3 月	国家广播电影电视总局	国务院直属机构
2013 年 4 月	国家新闻出版广电总局	国务院直属机构
2018 年 3 月	国家广播电视总局	国务院直属机构

这充分表明，参与政策制定的机构与法律的制定单位相比，具有数量多、变动大的特点。

最后，政策具有明确的时效性和适应性，而法律是相对稳定的。

任何政策都只能适用于一个特定的时间范围，比如一年或更长；而法律是相对稳定的规则体系。

因此，与传播业相关的所有法律、法规、法令都可以看作是一个国家的传播政策的体现。关于传播政策的研究，不可能绕过传播业相关的法律法规。

第三节　大众传播政策的研究范围

近年来，国内关于传播政策的研究日益成为热点，研究者或借鉴公共选择理论，或着眼于实践，或从新闻学视角展开分析，涌现出了一批有价值的研究成果。目前国内传播政策研究可概括如下：

第一，对新闻传播业某个领域或多个领域的政策变迁的历史性、描述性研究。如《新中国60年来广播电视发展政策演进初探》①、《十六大以来我国新闻传媒的政策调整与改革创新》② 等，这类研究提供了丰富的背景资料，有助于廓清一些领域的传播政策的变迁脉络；褚建勋主编的《中外传播政策》一书重点讨论"入世"后中国传播政策的变化，主要涉及报业、图书、广播电视、电影、新媒体和广告业。

第二，立足新闻传播实践，针对当前我国传播产业政策的问题与对策展开研究。如《中国传媒产业的政策解读与未来转型》③、《中国传媒产业化的法律前提：重塑传媒市场主体》④ 等。

---

① 涂昌波. 新中国60年来广播电视发展政策演进初探 [J]. 现代电视技术, 2009 (10)：10-22.
② 郑保卫. 十六大以来我国新闻传媒的政策调整与改革创新 [J]. 现代传播, 2005 (6)：34-39.
③ 金冠军，冯光华. 中国传媒产业的政策解读与未来转型 [J]. 视听界, 2005 (4)：9-12.
④ 林爱珺，童兵. 中国传媒产业化的法律前提：重塑传媒市场主体 [J]. 视听界, 2005 (4)：9-12.

第三，以新闻改革为核心话语展开的关于传媒政策的研究。如《论中国新闻媒体的双轨制：再论中国新闻媒体的双重性》[①] 等。

第四，关于传播政策本身的理论研究。如《论传媒政策的"公共性"》[②] 等。

第五，研究英、美、俄、印等国的传播政策，探求其对我国传播政策的借鉴和警示意义。如《从戈尔巴乔夫到普京：俄罗斯传媒政策的变迁及反思》[③] 等。

第六，当代中国文化产业政策的研究。如《中国文化产业政策研究》《中西文化产业比较研究》等。这类研究与本书的研究范围有交叉，主要是因为，无论从各国文化产业实践的角度，还是从文化产业理论研究的角度来看，报纸、广播电视、电影、图书杂志等传统大众传播部门，广告业、电子图书、互联网等新媒体形态都在文化产业这个大范畴内。从国内的研究来看，文化产业研究主要兴盛于 2000 年之后，这与我国政府明确提出发展文化产业的政策有关。对于本书具有参考价值的文献主要是那些着眼于文化产业视角，对我国改革开放后的文化政策进行研究的文献。事实上，新闻业、广播电视业、电影业、图书报刊业等属于文化产业核心层。一些研究文化产业政策的文献会对具体部门有所涉及。

总体来看，我国传播政策研究较多立足于新闻实践，从新闻体制改革思维视角展开研究。在我国的很多文献里，传播政策研究与"媒介政策"画等号，很多研究与改革开放后的新闻改革联系在一起，与传播政策相关的研究往往以"新闻政策""新闻改革"等话语体系来阐述，这与我国大众传播体制和大众传播实践有很大关系。新中国的大众传播业是在中国共产党长期的斗争实践中孕育成长起来的，长期作为党的耳目喉舌的宣传部门而运转；改革开放后，在学

① 李良荣．论中国新闻媒体的双轨制：再论中国新闻媒体的双重性［J］．现代传播，2003（4）：1-4.

② 陈堂发．论传媒政策的"公共性"［J］．新闻大学，2005（3）：30-32，95.

③ 严功军．从戈尔巴乔夫到普京：俄罗斯传媒政策的变迁及反思［J］．社会科学战线，2003（4）.

界的推动下大众传播业的双重属性逐渐获得共识，新闻传播业开始进入改革的
轨道，这直接推动了我国传播政策的研究更多关注新闻改革。

当前的大众传播政策研究不等同于传统上的新闻媒介政策研究。在媒介新
技术的推动下，大众传播业的范围不仅涉及传统新闻业，还涉及广告、电影音
像娱乐、网络游戏、网络视频、互联网金融等相关产业。甚至可以说，新闻业
仅是今日大众传播业的一小部分。因此，如果当前还将视野局限在新闻业，会
导致我国传播政策研究的窄化偏向。

大众传播政策研究也不同于文化产业政策研究，二者具有一定程度的交
叉。虽然从产业属性来看，新闻出版、广播影视、音像、广告和互联网络信息
服务等都属于文化产业，但以上各产业部门的研究必然涉及产业政策，却不止
于产业政策，以上部门具有非常强的公共属性和意识形态属性。

20 世纪 80 年代以来，国外关于传播政策的研究主要受到政策研究学派的
影响，以多元政治科学和新古典经济学作为分析框架。其中传播政策研究的政
治学派持多元论倾向，把国家看作是利益竞争的复合机器，利益各方都介入决
策过程，尤其强调处理政策问题的法律法规形式体系。这导致该研究取向忽视
法律法规机关之外的权力资源和权力运用。传播政策研究的经济学派，主要以
公共选择理论来分析传播政策，把个人主义和实证主义方法应用于传播政策分
析，例如，撤销管制的成本与后果问题、广播波段的价值与分配政策等。这一
取向提出了政策过程的唯经济论观点，以市场、效用、优先权等经济学术语取
代了政治结构、权力等政治学术语。上述两个流派不仅在学理上存在缺陷，且
其所持的政治多元论和个人主义也不适合分析我国的传播政策。

传播政治经济学派认为上述两个政策研究流派虽然各有所长，但前者过分
强调政治方面，后者过分强调经济方面，都失诸偏颇。传播政治经济学派认
为，对于传播政策的研究应该在二者之间求得平衡，或者说从政治与经济的共
同基础出发。政治与经济，任何一个都不能对传播政策过程进行实质性的解
释，要完整理解传播政策，必须二者结合。不能因为立法权归属国家机构，
就只关注传播政策的政治性，而应该考查各种社会力量对政策的左右，考查

政策议题何时、以何种方式进入国家的议程，政策怎样推行等。此外，对传播政策的分析不能简单套用市场模式，因为市场的中立性是令人质疑的。传播政治经济学派认为传播政策研究应该将传播政策及其角色置于广阔的社会背景之中，如一个国家的经济体制、传播体制、社会状况甚至国际关系领域。这些为我们提供了可供借鉴的研究方法和思路。以传播政治经济学作为理论框架，结合政策研究，坚持历史的、整体论的分析方法，将宏观分析与微观分析相结合是传播政策研究的恰当路径。

改革开放四十多年来，我国大众传播政策在形成和运作等方面发生了重大变化，及时对这种变迁进行分析和评价具有历史价值。传播环境的全球化、媒介技术的融合等也给我国传播政策的制定和运行提出了严峻考验，如何制定现代传播政策，对内促进社会公平、公正，对外维护本国利益、维护民族文化的自立，是当下迫切需要解决的问题。因此，对于我国传播政策的研究要以改革开放后的社会政治经济发展为背景，全面分析改革开放以来我国大众传播政策的生成、运行及对传播业的影响，并在此基础上着力思考在全球传播背景下如何建构现代大众传播政策这一现实问题。

第二章　改革开放以来我国报业政策的变迁

在大众传播业的各个部门中，报业可以说是最具典型性地反映了改革开放以来我国大众传播业的政策变迁。改革开放后，报业政策变迁经历了三个不同时期：商品化报业政策时期，市场化、空间化的报业政策时期，产业化、融合化、全球化、法制化的报业政策时期。在不同时期，虽然政策的主导者始终是党和政府，但是市场在政策运行中的力量不断增强，因此，如何更好地维护人民利益，如何处理商业利益、国家利益和社会公共利益的关系，成为报业政策要解决的核心问题。政府作为政策的主导者，具有更强的能力将自身利益体现在政策运行中，而商业利益和社会公共利益如何在政策运行中得以体现，对政府而言就是一个很大的考验。

第一节　政府强势主导的商品化报业政策（1979—1991）

1977 年 8 月，在中国共产党第十一次全国代表大会上，党中央正式宣布"文化大革命"结束。"文化大革命"结束后，整个新闻业开始拨乱反正，一些在"文化大革命"期间停刊的报纸纷纷复刊，到 1978 年，全国报纸共有 186 种。关于实践是检验真理的唯一标准的讨论解放了思想，极大地推动了学界对新闻媒体双重属性的认识。由于此前的计划经济体制的影响，以及对新闻媒体的双重属性缺乏正确的认知，我国的报业作为党和国家的耳目喉舌，其功能定位只是宣传机构。报社的运行经费、人员、生产资料等皆由国家计划统一安排，报社并不以经济效益为目标。改革开放初期，报业政策开始重视报业作为经济组织的功能，引入了企业化管理，将广告业务合法化，并开始允许报社开展多种经营。

　　"商品化"是传播政治经济学分析传播业的常用概念之一。文森特·莫斯可认为："商品化指的是把使用价值转化为交换价值的过程，即决定产品价值的标准，由产品满足个人与社会需求的能力转变为产品能通过市场带来些什么的过程。"[①] 在我国，商品化报业政策意味着，政府承认新闻产品是可以产生经济价值的商品和报社作为新闻生产机构具有企业属性，允许报社进行企业化经营和赋予报社的盈利行为合法性。由于当时经济体制改革刚刚起步，改革开放初期的商品化报业政策进程是缓慢的、谨慎的、探索性的。虽然财政部早在1978年就批准人民日报社等8家在京新闻单位试行"事业单位，企业化管理"，次年又颁发《关于报社试行企业基金的管理办法》再次明确报社在财务管理上实行企业管理；但从1980年10月发布并于1981年1月1日开始执行的《新闻出版用纸申请、分配、管理办法》来看，至少当时的新闻用纸还是按照国家计划管理，统一供应。直至20世纪80年代中期，随着《中共中央关于经济体制改革的决定》、国务院转发国家统计局《关于建立第三产业统计的报告》等推进商品经济的政策法规的出台，商品化报业政策才得以深入推进。1984年的《中共中央关于经济体制改革的决定》明确指出，我国实行"有计划的商品经济"，"改革计划体制，首先要突破把计划经济同商品经济对立起来的传统观念，明确认识社会主义计划经济必须自觉依据和运用价值规律，是在公有制基础上的有计划的商品经济"，这一宏观经济政策是报业政策变迁的根本动力。

　　此后，相关部门陆续发布与"事业单位企业化管理"相配套的政策，激活报业经济，不再把报业仅仅看作是具有意识形态属性的宣传机构。如《国营报社成本管理实施细则》(1987)、《财政部税务总局关于对个体书贩和邮政部门以外的报刊发行单位征收营业税问题的通知》(财税营〔1987〕43号)、《关于报社、期刊社、出版社开展有偿服务和经营活动的暂行办法》(1988)、《新闻出版署、国家工商行政管理局〈关于报社、期刊社、出版社开展有偿服务和经

---

　　① 莫斯可.传播政治经济学［M］.胡正荣，等译.北京：华夏出版社，2000：140.

营活动的暂行办法〉的几点说明》（1988）等。

其中《关于报社、期刊社、出版社开展有偿服务和经营活动的暂行办法》（1988）对于激活报业经济发挥了巨大作用。这是第一次以行政法规的形式将报业的广告业务合法化，并允许报社开展国家政策允许的、与本身业务有关的多种经营活动和开办经济实体，但强调"报社、期刊社举办的公司、企业，均不得从事与本身业务无关的纯商业经营"，并明确指出"报社、期刊社、出版社的经营活动，应由经营部门负责。编辑、记者可提供信息，但不得从所提供的信息服务中提取个人报酬，不得参加经营活动"。

这些政策的出台标志着我国报业双重属性不再是停留在认识层面的理论观点，而是成为报业实践。商品化报业政策激发了报业市场活力，报业规模迅速扩大，"全国报纸总数 1978 年仅为 186 种，1982 年达 928 种，1992 年又猛增至 1 666 种"①。

随着报业广告的繁荣、报业发行改革以及报业多种经营的开展，国家对报业的监管也由党的宣传部门的监管发展为宣传部门、新闻出版部门、工商管理部门、公安部门等多部门参与的多维监管，市场开始进入监管政策视野，行政监管得到加强。

在内容监管方面，首先是党中央和各级宣传部门从宣传任务、宣传纪律方面加以规范，强调报纸的意识形态任务、定位和功能。《中共中央关于当前报刊新闻广播宣传方针的决定》（1981）强调"报刊、新闻、广播、电视是我们党进行思想政治工作的重要武器"，报刊宣传"必须严格按照十一届三中全会以来党的路线、方针、政策进行宣传"；"要坚定不移地贯彻执行'双百'方针"；"要认真进行关于坚持四项基本原则的宣传"；"要大张旗鼓地宣传建设社会主义的高度精神文明"。其次，文化部、新闻出版署等部门相继出台一些行政法规对报纸内容加以规范。如《新闻出版署关于加强对报纸、期刊、图书审

---

① 黄瑚. 60 年风雨中耕耘　60 年阳光下收获：新中国成立以来新闻事业发展的历史轨迹 [J]. 新闻记者，2009（10）.

读工作的通知》（1988）规定的审读标准在强调意识形态标准的同时还涉及新闻出版专业标准，如"新闻报道、图片是否真实、全面、客观、公正，对严重失实报道是否及时公开更正，并采取善后措施"。

在报业经营方面，针对新闻单位的编辑部门和个人未经登记批准就擅自经营或代理广告业务，混淆新闻与广告的界限，刊播所谓"新闻广告"等违规行为，国家工商行政管理局联合广播电视部、文化部下发《关于报纸、书刊、电台、电视台经营、刊播广告有关问题的通知》（1985），对新闻出版广播电视的广告刊发进行规范，强调新闻媒体申请经营或兼营广告业务必须拥有广告经营许可证或营业执照，非经营广告业务的部门不得经营或代理广告业务，禁止以新闻记者的名义，招揽所谓"新闻广告"。

在出版发行的监管方面，严格市场管理。《印刷行业管理暂行办法》（1988）规定："承印图书、报刊的印刷企业，须报省、自治区、直辖市新闻出版局核准，发给图书、报刊印刷许可证。没有图书、报刊印刷许可证的印刷企业，不得印刷图书、报刊。"文化部、国家工商行政管理局、公安部联合下发《关于加强报刊出版发行管理工作的通知》（1985），强调："凡在市场上公开销售的报刊，必须是经审批报刊的主管部门批准，在省级以上出版行政管理机关办理登记，并在刊物上刊登登记证号码的报刊。未经批准登记的报刊，不得在社会上公开出售，如有发现，一律取缔。""经营报刊销售（包括批发）业务的国营单位（不含邮局和报刊出版单位）以及集体单位、个体户，必须经工商行政管理机关核准登记，领取营业执照。无照者，不准经营。"

特别是在1989—1991年全国开展治理整顿经济秩序的大背景下，书报刊和音像市场的全面整顿清理被提上日程。《中共中央办公厅、国务院办公厅关于整顿、清理书报刊和音像市场，严厉打击犯罪活动的通知》《邮电部关于进一步抓好整顿清理书报刊及音像市场工作的通知》《邮电部关于整顿报刊零售工作的通知》等从整顿、清理报刊零售经营管理机构，加强报刊零售财务管理，严格执行财务制度等方面规范报刊零售市场。

1990年《报纸管理暂行规定》出台，在报业的性质，报纸的出版发行、刊载内容、经营等方面做出规定。在出版发行环节实行审批制；报纸禁止刊载的内容中，违宪违法、危害国家利益和党的利益的相关内容列于首位；报纸的经营及其范围和条件规定，"凡出版正式报纸的报社，可在法律和政策规定的范围内，结合自身业务，开展有偿服务和多种经营活动"，"报社开展有偿服务和多种经营活动必须由报社的经营部门进行，其他部门和人员一律不得从事经营活动"。

《报纸管理暂行规定》施行了 15 年，直至 2005 年 12 月 1 日《报纸出版管理规定》实施后废止。《报纸管理暂行规定》在我国报业监管政策变迁中具有里程碑意义，它标志着报业管理不再单纯依赖党的宣传纪律的规范，政府监管得到加强，以促进报业经济的发展。

这个时期的商品化报业政策重心在于报业的"事业单位，企业化管理"，报业开始进入市场，广告业务和多种经营的合法化激活了报业经济。到 20 世纪 90 年代初期，我国报业市场渐成规模："据 1991 年 6 月底统计，我国共有报纸 1 534 种，已初步形成了有中国特色的社会主义报业结构：以党政机关报为主体，兼顾经济、科学、文化、生活诸方面内容，多层次、多品种，相辅相成。细一点讲，大致可分为 9 类。第一类是机关报，包括中国共产党中央、省、地、县 4 级机关报，以及各级政府、人大、政协、各民主党派的机关报，共 547 种，约占报纸种数的 1/3。第二类是全国综合性报纸，即除机关报外在全国有影响的报纸，如《经济日报》《光明日报》《中国日报》《参考消息》等 14 种。第三类是行业、专业报，这是各类报纸中最多的，共 634 种。此外，企业报 61 种，晚报 42 种，文摘报 13 种，社会群众对象报 135 种，生活服务报 78 种，军队报 10 种。"①

但是对于这种报业结构，时任新闻出版署报纸管理司副司长的俞敏撰文指出："各级各部门都办报是我国报业的一大'特色'。'三百六十行，行行都办报。'有人开玩笑，现在只差一张'中国公厕报'了。上面部门办什么报，下

---

① 1991 年我国报业结构简况［J］. 新闻研究资料，1991（3）.

面部门也层层办报。与此同时，县级报纸也纷纷上马，目前已接近 20 家［占全国行政区划县（市）的 8％］。这些报纸一般历史较短、编采力量不足、发行量很小，有相当部分是靠财政拨款维持的。这种行行办报、层层办报的状况不但加重了各级财政的负担，而且对主要报纸的发行造成了冲击，年年都要来一次'发行大战'。试想一个县里要发行自己办的报纸，还要发行所属地（市）区、省以及中央的报纸，在我国报纸目前以公费订阅为主（约占 80％）的情况下，还能有多少余力呢？报纸品种的增加，只是一种表面的'繁荣'，事实上，我国报纸的总发行量是逐年递减的。1987 年，全国报纸发行总数为 247 亿份（张），到 1991 年仅为 210 亿份（张）。"① 因此，中国报业表面繁荣的报业结构不得不调。

更为重要的是，随着社会主义市场经济的发展，"事业单位，企业化管理"的政策越来越不适应市场经济的发展要求。俞敏尖锐地指出："实际上，许多报纸作为'事业单位'经费并不从国库支出，而是被要求'独立核算、自负盈亏、照章纳税'；作为'企业管理'，只是在纳税时有效……报纸这种'非驴非马'的状况，在社会主义商品经济大发展的今天，显得尤其不适应。报纸的商品性是无法回避的。报纸是商品，报社具有实实在在的企业性质，这恐怕是很难回避的一个现实命题。"② 在此背景下，报业政策朝着推进报业的市场化改革方向发展。

第二节　市场化、空间化的报业政策（1992—2000）

商品化报业政策的不适应性问题、报业结构的不合理等因素对报业政策变迁提出了新的要求，而 1992 年之后经济体制改革为报业政策朝着市场化政策变迁提供了根本动力。

1992 年 6 月 16 日发布《中共中央、国务院关于加快发展第三产业的决

①② 俞敏．我国报业改革初探［J］．中国党政干部论坛，1992（12）．

定》，国家在经济建设上提出加快发展第三产业，并将文化卫生事业列为第三产业发展的重点之一。国家当时推出的第三产业发展政策极大地影响了报业政策的变迁。这类政策包括："积极进行多种形式的改革和试点，大胆利用海外资金、技术和销售渠道；通过发行债券、股票等各种途径、方式筹集资金；积极推进集团化经营，打破部门、地区、行业和所有制界限，组建全国性和区域性第三产业企业集团。""以产业化为方向，建立充满活力的第三产业自我发展机制。大多数第三产业机构应办成经济实体或实行企业化经营，做到自主经营、自负盈亏。现有的大部分福利型、公益型和事业型第三产业单位要逐步向经营型转变，实行企业化管理。""以社会化为方向，积极推动有条件的机关和企事业单位在不影响保密和安全的前提下，将现有的信息、咨询机构、内部服务设施和交通运输工具向社会开放，开展有偿服务，并创造条件使其与原单位脱钩，自主经营，独立核算。""鼓励第三产业企业跨部门、跨行业、跨地区兼并应关停并转的工业企业，在资产转让、债务清理、信贷和税收等方面给予优惠和支持。"[①] 等等。

同年 10 月党的十四大召开，正式确立了我国经济体制改革的目标是建立社会主义市场经济体制，市场在资源配置中的作用得到前所未有的重视。在这样的宏观经济政策指导下，我国的报业政策在 1992 年之后朝着市场化、空间化方向发展，具体表现在推进报业市场竞争，调整全国的报业机构，推进跨行业、跨地域的兼并，对报业实施产权治理以及加强市场监管等方面。

市场化报业政策是我国商品化报业政策在社会主义市场经济中的深化，其主要涉及以下几个方面。

首先，这期间政府部门针对包括报业在内的文化企业推出了财税扶持政策。财政部《关于进一步支持宣传文化企业发展的通知》（1993）提出，根据中央 9 号文件关于宣传文化企业上缴的所得税原则上返还宣传文化部门的精

---

① 中共中央、国务院关于加快发展第三产业的决定//十三大以来重要文献选编：下 [M].
北京：中央文献出版社，1993：15.

神，决定从 1993 年至 1997 年，将宣传文化企业上缴的所得税原则上返还给宣传文化部门，用于支持宣传文化事业发展；对实行"税利分流"试点的宣传文化企业暂不分利，对企业提取的折旧和税后利润免征能源交通重点建设基金和预算调节基金。

其次，对报业等机构实行产权治理。《中共中央关于加强社会主义精神文明建设若干重要问题的决议》（1996）提出，"改革文化体制是文化事业繁荣和发展的根本出路"。国家在政策层面推进报业的市场化改革。1996 年 10 月，《新闻出版署直属事业单位国有资产管理（试行）办法》出台，要求事业单位"建立和健全各项规章制度；明晰产权关系，实施产权管理；保障资产的安全和完整；对资产进行合理配置，使之充分、有效地使用；对经营性资产实行有偿使用并监督其实现保值增值"，并对事业单位在国有资产管理方面的职责、任务、资产产权登记的程序等做出规定。

这一办法的出台对于我国报业的集团化发展、市场化经营发挥了重要的推动作用。正如有学者指出的："由于传统的国有资产产权管理体系没有进行相应的改革，报业和其他国有产业中的国有资产权实际上处于'虚置'状态。明确产权关系，是为了使报业国有资产通过资产运行规律达到不断增值，实现价值保全和使用价值更新的双重要求。报业单位作为经营者，只有在拥有对国有资产的独立支配权、完整的经营权和投资权的情况下，才能充分激发其内在经营动力和活力，并承担对国有资产的保值、增值责任。"①

最后，市场监管和行政监管日益强化。20 世纪最后的十年是我国报业市场竞争逐渐加剧的十年，出现了各种不正当竞争和违反《报纸管理暂行规定》的行为。一些报社大量发行内容格调低下的"周末版""星期天刊""月末版"，甚至未经登记变相出版新报，买卖报号，非法出版报纸；一些内部报刊违规超范围发行、定价销售、经营广告。这些行为扰乱了国内报纸发行市场。

因此，自 20 世纪 90 年代初我国密集出台整顿报业的市场监管和行政监管

① 周培勤，叶小力. 关于转换报业经营机制［J］. 新闻战线，1999（11）.

政策。如新闻出版署《关于加强报纸出版"周末版"管理的通知》(1992)、《关于报纸应遵守办报宗旨严格出版秩序的通知》(1993)、《关于加强管理进一步办好报纸"周末版"的意见》(1994)、《报纸登记项目年度核验办法》(1994)、《关于海外报刊不得在内地自行征订发行的通知》(1994)、《关于进一步加强法制类报纸管理的通知》(1995)、《报纸质量管理标准(试行)》(1995)及《〈报纸质量管理标准〉实施细则(试行)》(1995)、《出版管理条例》(1997)、《出版物市场管理暂行规定》(1999)等。

其中《出版物市场管理暂行规定》(1999)较为详细地对出版物发行的审批,从事出版物总发行业务、出版物批发业务的单位应具备条件,从事出版物零售、投递、出租的单位和个人应具备的条件,经批准从事出版物发行业务的单位的经营范围等做出详细规定。《报纸质量管理标准(试行)》(1995)及《〈报纸质量管理标准〉实施细则(试行)》(1995)是《报纸管理暂行规定》的补充。《报纸质量管理标准(试行)》(1995)首先强调我国报纸的办报原则——"报纸出版必须以邓小平同志建设有中国特色的社会主义理论为指导,坚持为社会主义服务、为人民服务的基本方针,坚持四项基本原则和正确的舆论导向,坚持为全党全国工作大局服务的思想,正确宣传中国共产党和国家的方针政策,为社会主义精神文明建设和物质文明建设服务",报纸专业标准主要涉及刊载内容真实性、稿件选用、版面内容、版面设计、标题制作、栏目设置、文字校对、印刷制作、刊登广告、最低发行量等方面。

对此,时任新闻出版署副署长的梁衡指出,报纸质量管理标准是为了"解决'大错不犯,小错不断''数多量低''擦边不犯规,合法低质量'的问题,实现以'遵规守法'为目标的行政规范管理向以'达标上等'为目标的质量规范管理的转移,把过去使用的整顿、查处等手段,逐步转变为日常性的正规化管理,把定性管理转化为定量管理"①。他解释说:"从1994年1月全国宣传工作会议之后,报刊市场开始进入有序发展的阶段。这个时期的主要特点是:报

---

① 新闻界新闻 [J]. 新闻通讯, 1995 (7).

刊数量相对稳定，质量明显提高，形成了自费市场和公费市场相结合的较完备的市场体系。报刊的政治属性、信息属性、文化属性、商品属性均衡发展，在经营上办报人、办刊人开始研究市场的深层规律，寻找自己的市场定位，在管理上开始确立以政治为导向，以市场经济规律为依据，以质量为目标的管理体系。报刊市场在从无到有的基础上又进一步从有到好，从无序到有序，从定性到定量。这一时期报刊市场存在的主要问题是'擦边不犯规，合法低质量'。主要表现在，文章内容擦边，格调偏低，虚假报道时有出现，编辑、印刷和发行质量不高。"①

空间化是这个时期我国报业政策的另一个重要特征。传播政治经济学认为，"空间化在传播产业中尤其重要"②。这个时期我国的报业政策的空间化表现为推进报业市场的集团化发展。这一政策取向以调整报业市场结构为前提，以组建报业集团、完善报业市场为目标。

针对我国的报业市场结构散乱失衡的现象，中央和政府部门陆续出台限制性政策，清理报刊市场。1995 年 9 月，《关于暂停审批报刊增期、扩版、增刊的通知》发布，对报纸的版面、刊期实行"只减不增"的政策，要求各级政府管理部门一律暂不批准报纸增期、扩版和期刊增刊的申请，而对于报纸减期、减版和期刊减刊的申请，则"可酌情处理，适当同意减张"。特别是 1996 年《中共中央关于加强社会主义精神文明建设若干重要问题的决议》提出："加强对新闻出版业的宏观调控，采取有力措施解决目前总量过多、结构失衡、重复建设、忽视质量等散滥问题，努力实现从扩大规模数量为主向提高质量效益为主的转变。"③ 以后，根据 1996 年初中宣部、新闻出版署提出的包括报纸、杂志在内治散治滥的精神，一些系统开始清理行业报刊。例如，1996 年 7 月

① 新闻界新闻 [J]. 新闻通讯，1995（7）.
② 莫斯可 . 传播政治经济学 [M]. 胡正荣，等译 . 北京：华夏出版社，2000：169.
③ 中共中央关于加强社会主义精神文明建设若干重要问题的决议（1996 年）[EB/OL].（2016 - 02 - 15）[2021 - 08 - 28]. http://www.wenming.cn/ziliao/wenjian/jigou/zhonggongzhongyang/201602/t20160215_3144989.shtml.

《中国人民银行关于清理、压缩金融系统所办报刊的通知》（银办发〔1996〕53号）下发，要求各国有商业银行、交通银行，中国人民保险公司在该文件下发后一个多月内完成行业报刊清理工作。其中中国建设银行主动停办50种报刊。①

1996年12月下发的《中共中央办公厅、国务院办公厅关于加强新闻出版广播电视业管理的通知》提出："按照'控制总量、调整结构、提高质量、增进效益'的原则，采取有力措施，实行综合治理，促进新闻出版和广播电视业从扩大规模数量为主向提高质量效益为主转变。"报刊业治理，重点转化内部报刊，压缩待业报刊。

1997年3月，新闻出版署发出《关于报业治理工作的通知》，开始推进全国范围的报业治理整顿工作，计划1997年下半年、1998年集中治理整顿，主要是取消内部报纸，压缩公开报纸，压缩比例为15%。通知要求转化内部报纸为内部资料，纳入机关文件资料管理范畴；压缩已编入国内统一刊号的报纸，以调整结构、减少重复、提高质量、突出重点；精简法制公安类报纸、专业行业报等；将原有"公开发行"和"内部发行"的发行类别，改为"国内外发行""国内发行""省内发行"三种发行类别。

在清理整顿报刊增版增刊、内部报刊之后，国家开始整顿国家机关部委、军队所办报刊。1999年11月发布的《关于落实中央"两办"30号文件调整报刊结构的意见》要求，在2000年6月底前根据《中共中央办公厅、国务院办公厅关于调整中央国家机关和省、自治区、直辖市厅局报刊结构的通知》精神，对全国报刊结构进行调整。这次调整对象主要是中央和各级国家机关、各部门以及军队所办报刊，其目的是"适应建立社会主义市场经济体制和政府职

---

① 尽管这期间清理行业报刊，严格控制报纸增版增期，但还是有条件地放开了地方广告专版。1996年，《关于报纸增出地方广告专版的规定（试行）》出台，有条件地允许发行量100万以上的中央报纸试行增出地方广告专版，但须在出版前一月内由报社主管部门向新闻出版署申报获批后发行，一次最多只能申请增出三个月的地方广告专版；增版印数不足一万者不得出此类广告专版。

能转变的要求"，使行政行为与出版行为分离，解决公款订报刊和行政摊派等问题。这是我国改革开放后对报业市场最大规模、最彻底的一次清理，对于整顿报业市场发挥了关键作用。

在调整报业结构过程中，组建报业集团也被提上日程。无论是管理层，还是业界，对于集团化的呼声在 1992 年之后都越来越强。1992 年，时任新闻出版署报纸管理司副司长的俞敏撰文建议"鼓励报业的集团化"。"从 1992 年开始，本报（《广州日报》）先后在《新闻战线》《中国记者》等中央一级和其他新闻理论刊物上发表了多篇论文，专门探讨建设报业集团问题。"① 1994 年，时任《浙江日报》总编的江坪也撰文探讨筹建浙江报业集团，指出："适时地组建报业集团，使报业逐步集中到报纸质量高、经济实力强、以党报为主体的报业集团手中，有利于从组织上落实党中央关于'以正确的舆论引导人'的任务，适应客观形势发展的要求。"② 在 1994 年 11 月召开的由中国报业协会主办、广东省报业协会协办的全国报业经营管理经验交流会上，120 多家报社参会，"许多报社加深了对报纸企业化管理的认识，看到组建报业集团的必要性"③。不久，全国第一个报业集团——广州日报报业集团，经中宣部和新闻出版署批准于 1996 年 5 月 29 日正式挂牌成立。

此后，在 1998—1999 年间，光明日报社、经济日报社、南方日报社、《羊城晚报》、《文汇报》与《新民晚报》、深圳日报社、辽宁日报社、沈阳日报社、四川日报社、浙江日报社、哈尔滨日报社和大众日报社陆续获得新闻出版署批准成立报业集团。其中《文汇报》与《新民晚报》组成联合报业集团。

这一时期的报业政策的市场化和空间化特征是交融的、互相促进的。发行市场、广告市场、资金市场、资产市场等得到前所未有的重视，推动报业适应

---

① 广州日报社务委员会 . 建设社会主义现代化报业集团　为中国报业的改革和发展探索新路［J］. 新闻大学，1996（2）.

② 江坪 . 适应形势发展，组建报业集团：关于筹建浙江报业集团的几点思考［J］. 新闻战线，1994（9）.

③ 韩松 . 呼唤报业集团：全国报业经营管理经验交流会透视［J］. 新闻爱好者，1995（2）.

社会主义市场经济需求，从规模数量型向优质高效型转移成为政策的目标。调整报业结构和组建报业集团的空间化报业政策的实施是在党和政府的主导下自上而下地推进和实现的，这不同于西方自由市场体制下的依靠市场要素特别是资本要素推动的媒介集团化。这个特征是由我国的报业体制决定的，《报业管理暂行规定》（1990）第七条明确规定："我国的报纸事业是中国共产党领导的社会主义新闻事业的重要组成部分，必须坚持为社会主义服务、为人民服务的基本方针，坚持以社会效益为最高准则，宣传马克思列宁主义、毛泽东思想，宣传中国共产党和中华人民共和国政府的方针和政策；传播信息和科学技术、文化知识，为人民群众提供健康的娱乐；反映人民群众的意见和建议，发挥新闻舆论的监督作用。"

第三节 产业化、融合化、全球化、法制化的报业政策（2001— ）

进入 21 世纪以后，我国报业发展的国内外政治经济环境以及技术环境都发生了重大变化。国内的文化体制改革的深入发展、境外媒体的竞争、媒介技术的融合化发展等等对报业发展产生了重要影响，报业政策开始朝着产业化、融合化等方向发展。

在国内政治经济领域，2000 年 10 月，《中共中央关于制定国民经济和社会发展第十个五年计划的建议》提出，完善文化产业相关政策，加强文化市场的建设和管理，推动有关文化产业的发展。① 不久，文化产业发展被列入《中华人民共和国国民经济和社会发展第十个五年计划纲要》。根据《国家统计局关于印发〈文化及相关产业分类〉的通知》（国统字〔2004〕第 24 号）的内容，报业被列入文化产业部门。

---

① 1992 年，国务院办公厅综合司编著的《重大战略决策——加快发展第三产业》一书中第一次使用了"文化产业"概念，但真正意义上的文化产业政策陆续出台是在 2000 年之后。

2001 年年底，我国加入世界贸易组织，并承诺一年内允许外国投资者在我国从事图书、报纸和杂志的零售业务，三年内允许外国投资者在我国从事图书、报纸和杂志的批发业务；在广告服务领域允许外资以合资方式在我国开办广告公司，两年后（2003 年 12 月 11 日）外资可以控股，四年后（2005 年 12 月 11 日）可以独资；在视听服务和传输方面，在不违反中国现行的内容审查的基础上，允许外资以合资的方式进入除电影以外的视听产品传输业务；在电影方面，承诺每年引进的电影配额将上升至 20 部；在电影放映领域，承诺允许外资建造或改造影院，但外资所占份额不得超过 49％。我国媒介开始面临来自境外传媒企业的竞争。

从传媒业的环境来看，2000 年后随着互联网媒介的崛起，传统报纸、广播电视面临新的挑战，报业危机在全球范围内出现。我国报业以 2005 年为转折点，一度繁荣的报业开始走下坡路。全国大部分报团和报社的发行和广告收入都出现不同程度的下滑，2005 年上半年中国报业集团广告实际收入大都下跌 10％～30％，平均跌幅超过 15％。① 另外，由于电子技术的发展，传统媒介与电子信息技术的结合日益紧密，媒介融合发展日益明显，《中华人民共和国国民经济和社会发展第十个五年计划纲要》中提出了"加速发展信息产业，大力推进信息化"的目标，党的十六大报告也明确指出要"优先发展信息产业，在经济和社会领域广泛应用信息技术"，我国的信息产业分类出台。报纸出版作为"其他信息相关服务"被列入信息产业。

在以上因素的影响下，这一时期我国报业政策变化较大，新闻出版总署在 2003—2011 年间先后五次集中清理废止规范性文件，以适应新闻出版业的发展和加强社会监管的需要以及世界贸易组织的规则。这个时期国家的报业政策内嵌于文化体制改革以及新闻体制改革的进程中，开始朝着产业化、融合化、全球化、法制化方向发展。

进入 21 世纪以后，报业市场化改革进一步向纵深发展。我国陆续发布了

---

① 柳剑能，余锦家．中国报业集团的发展历程和转型策略［J］．传媒，2014（7）．

《中共中央办公厅、国务院办公厅关于转发〈中央宣传部、国家广电总局、新闻出版总署关于深化新闻出版广播影视业改革的若干意见〉的通知》(中办发〔2001〕17号)、《新闻出版总署关于贯彻落实〈关于深化新闻出版广播影视业改革的若干意见〉的实施细则》以及相关8个配套文件①。这些文件是进入21世纪后第一批对新闻出版广播电视业产生重要影响的政策文件,确立了深化新闻出版业改革,促进结构调整和市场整合,促进产业优化升级和规模效益增长的任务。

对于报业来说,除了强调"报业集团属于事业性质,实行党委(党组)领导下的社委会(编委会)负责制,党委(党组)书记兼任社长"之外,还强调推进报业集团改革,并试点报业集团建立现代企业制度,涉及投融资、行业兼并、人事制度改革等多个方面。例如,在投融资方面,以试点报业集团的编辑业务和经营业务机构分开为前提,编辑部门经集团主管部门同意并报中央宣传部和新闻出版总署批准,可在新闻出版系统融资;在投资方不得介入编辑业务的前提下,可以项目合作的方式吸收国有企事业单位的资本;试点报业集团的经营部门,经新闻出版总署批准,可按现代企业制度的原则组建成有限责任公司或股份有限公司,吸纳国有企事业单位的资本,集团和有关出版单位的国有资本应不低于51%;经中央宣传部和新闻出版总署批准,试点发行集团可吸收国有资本、非国有资本和境外资本,集团国有资本应不低于51%。也就是说,在投融资领域,报业的编辑、经营可以吸收非媒体的国企资本,而发行方面对各类资本开放。在推进媒介集团化方面,支持有关试点集团和试点单位与其他媒体经营单位进行跨媒体的兼并、重组和合作联营,鼓励通过兼并重组、

---

① 这8个配套文件是《关于新闻出版业集团化建设的若干意见》(新出办〔2002〕714号)、《关于规范新闻出版业融资活动的实施意见》(新出办〔2002〕715号)、《关于新闻出版业跨地区经营的若干意见》(新出办〔2002〕716号)、《新闻出版行业领导岗位持证上岗实施办法》(新出办〔2002〕717号)、《出版专业技术人员职业资格管理暂行规定》(新出办〔2002〕718号)、《关于进一步加强社会文化生活类报刊管理的通知》(新出办〔2002〕719号)、《印刷业经营者资格条件暂行规定》(中华人民共和国新闻出版总署令第15号)、《设立外商投资印刷企业暂行规定》(中华人民共和国新闻出版总署、对外贸易经济合作部令第16号)。

合作联营的方式实现跨地区经营。

以上政策出台后，2003 年文化体制改革试点工作启动。2003 年 6 月，根据在北京召开的全国文化体制改革试点工作会议的部署，新华日报报业集团、河南日报报业集团、大众日报报业集团、深圳报业集团这 4 家报业集团被列入中央文化体制改革试点集团。以采编系统与经营系统"两分开"为目标的改革逐步在报业集团中推行，旨在明晰产权、转企改制、以资产为纽带建立现代企业制度等改革事宜也提上了日程。为此，国家陆续出台针对文化体制改革试点单位和试点地区的改革政策。其中代表性的有《国务院办公厅关于印发文化体制改革试点中支持文化产业发展和经营性文化事业单位转制为企业的两个规定的通知》（国办发〔2003〕105 号）、《国务院关于非公有资本进入文化产业的若干决定》（2005）、《财政部、海关总署、国家税务总局关于文化体制改革试点中支持文化产业发展若干税收政策问题的通知》（财税〔2005〕第 2 号）、《新闻出版业"十一五"发展规划》（2006）等。

国办发〔2003〕105 号文允许党报、党刊的经营部分剥离转制为企业，并在确保国家绝对控股的前提下吸收社会资本；允许国有发行集团、转制为企业的科技类报刊和出版单位在原国有投资主体控股的前提下吸收国内其他社会资本投资；通过股份制改造实现投资主体多元化的文化企业，符合条件的可申请上市。《新闻出版业"十一五"发展规划》（2006）提出："打破单一资本结构模式，积极推进投资结构调整。要在出版发行企业和部分非时政类报刊社实行投资主体多元化，按照现代企业制度要求，建立符合社会主义市场经济规律和出版工作规律的法人治理结构，创新企业体制机制等方面，不断探索新的方法和途径。"

在此政策支持下，2004 年年初，广州日报报业集团获得新闻出版总署批准粤传媒上市，2004 年年底，《北京青年报》控股的北青传媒在香港上市，2007 年 11 月，粤传媒在深交所中小板正式上市。

党的十七大以后，文化体制改革上升到国家战略层面，"推进新闻出版体制改革，关乎文化产业整体实力和水平，关乎国家文化发展繁荣，关乎国家文化安全和意识形态安全，关乎中华文化的国际影响力和竞争力"[①]。2008年全球性金融危机爆发，全球报业受到较大冲击，而国内的经营性文化事业单位转制为企业的改革已经完成试点工作。在此背景下，根据中央关于深化文化体制改革的要求，新闻出版体制改革进入全面推开的关键时期，有关人士曾表示："在政策层面，报刊业改革的方向和路线图都已经十分明确。改革已经不仅是试点单位改革的事情，而是要逐步深入到所有出版单位。"[②]

在此背景下，新闻出版业改革政策出现新的调整。期间有重要影响的政策文件有：《国务院办公厅关于印发文化体制改革中经营性文化事业单位转制为企业和支持文化企业发展两个规定的通知》（国办发〔2008〕114号）、《关于进一步推进新闻出版体制改革的指导意见》（新出产业〔2009〕298号）、《关于进一步推动新闻出版产业发展的指导意见》（2010）、《国务院办公厅关于印发文化体制改革中经营性文化事业单位转制为企业和进一步支持文化企业发展两个规定的通知》（国办发〔2014〕15号）等。

国办发〔2008〕114号文允许经批准设立国有或国有绝对控股的文化产业投资基金对重点领域的文化企业进行股权投资，推动文化企业跨地区、跨行业改制重组和并购；鼓励文化企业利用银行贷款、发行企业债券等方式投资开发战略性、先导性文化项目；鼓励已上市文化企业通过公开增发、定向增发等再融资方式进行并购和重组；鼓励文化企业进入创业板融资。新出产业〔2009〕298号文和《关于进一步推动新闻出版产业发展的指导意见》（2010）对新闻出版体制改革以及新闻出版产业发展的指导原则、目标和任务等提出了总体规划。新闻出版体制改革的目标主要包括全面完成经营性新闻出版单位转制任务，推动跨媒体、跨地区、跨行业、跨所有制的战略重组，建立以政府为主导，以公益性单位为主体的新闻出版公共服务体系等。在以上政策背景下，

---

① 国家新闻出版署关于印发《关于进一步推进新闻出版体制改革的指导意见》的通知（新出产业〔2009〕298号）[N/OL]. (2010 - 01 - 06) [2021 - 04 - 25]. http://www.nppa.gov.cn/nppa/contents/312/23859.shtml.

② 朱伟峰. 正确把握报刊业改革的方向、重点和步骤 [J]. 青年记者，2008（10上）.

2011 年 10 月 19 日，粤传媒重大资产重组获中国证监会并购重组委审核有条件通过。2011 年浙报传媒实现了经营性资产整体上市。国办发〔2014〕15 号文除了强调融资渠道多元化政策外，还提出开展国有文化企业股权激励机制和国有传媒企业探索实行特殊管理股制度的试点，以进一步探索建立现代企业制度。

这一时期政府在政策层面积极推进媒介融合，这种融合化取向本质上是空间化报业政策在技术加持下的全面推进。

政府在媒介经营管理层面推进媒介集团化以及跨行业、跨媒介、跨地区、跨国界和跨所有制的兼并。早在 2002 年，《新闻出版总署关于新闻出版业集团化建设的若干意见》就提出"多媒体兼营"政策，开始着手在媒体经营单位进行跨媒体的兼并、重组与合作联营的试点。这实际上是在经营管理层面推进媒介融合的政策。南方日报报业集团、辽宁日报报业集团、湖北日报报业集团在 2003 年之后陆续进行了跨媒体兼并，分别发展为传媒集团。

新闻出版总署新闻报刊司相关负责人在 2008 年撰文指出："从世界传媒业发展的趋势来看，各国媒体都在突破书、报、刊乃至影视、网络、唱片等多种传媒界限，进行跨媒体经营。因而，我们探讨报刊业改革的时候，应该把它放在整个传媒业发展的角度来考虑。""目前，任何一种单一的媒体均不足以满足大部分群众的文化需求，因此，打破行业壁垒对于中国报刊业来说已经如箭在弦上。""今后几年，新闻出版管理部门还将进一步重点扶持若干家规模大、成长性好，竞争力强的大型报刊传媒集团，走集约化发展道路，确立跨地区发展、跨媒体经营的战略方向，培育国有大型骨干文化企业和战略投资者……我们将推动这些集团在宣传业务和经营业务两分开的原则下，普遍建立母子公司体制，实现国有资产的授权经营，扩大同业合作、国有投资、公开上市等投融资渠道；鼓励它们资产重组，兼并其他报刊；支持它们发展网络媒体、视频媒体、数字媒体和印刷、发行、广告、物流等相关产业，形成一批实力雄厚、具有较强影响力和竞争力的国有大型综合性的报刊传媒机构。"①

---

① 朱伟峰. 正确把握报刊业改革的方向、重点和步骤［J］. 青年记者，2008（10 上）.

在技术发展层面，推进出版行业数字化转型。《新闻出版业"十一五"发展规划》（2006）把大力发展数字出版列为国家"十一五"新闻出版业发展战略重点，提出要积极实施"数字出版"战略，大力发展电子报纸、手机报纸等新型数字媒体。《全国报纸出版业"十一五"发展纲要（2006—2010）》（2006）将发展数字报业列为"十一五"期间的重要任务，实施"数字报业实验室"计划和"中国报业信息网络传播权保护联盟"行动计划，推动报业在出版方式和经营模式方面的转型，促进数字内容产业健康有序发展。

《关于进一步推动新闻出版产业发展的指导意见》（2010）提出新闻出版产业的重点任务之一就是推动传统新闻出版产业向多种介质出版产品共存的现代出版产业转型，要求传统纸媒发展纸介质立体、有声读物，打破出版载体界限。此后，针对数字出版内容投送平台数量众多、缺乏规划、散而不强、管理缺失等问题出台了《关于加强数字出版内容投送平台建设和管理的指导意见》（新出政发〔2013〕11 号），针对数字出版发展中出现的问题提出政策建议。

2014 年，国家新闻出版广播电影电视总局联合财政部出台《关于推动新闻出版业数字化转型升级的指导意见》，财政部将对已经具备实现整体转型升级基础的新闻出版企业给予财政支持，计划利用三年时间实现新闻出版企业在经营模式和服务方式方面的转变。

2015 年，《关于推动传统出版和新兴出版融合发展的指导意见》（新广发〔2015〕32 号）提出了传统出版业和新兴出版业融合发展的重点任务以及支持政策，包括：创新内容生产和服务，探索和推进出版业务流程数字化改造；整合、集约优质内容资源，推动建立优质投送平台；创新发行渠道，整合电子商务，延伸产业链；拓展新技术新业态；完善经营管理机制；等等。2015 年 4月 9 日，国家数字复合出版系统工程启动大会在北京举行。

在这些政策的支持下，报业集团开始向全媒体集团转型。例如，烟台日报传媒集团在 2008 年 7 月正式启动"全媒体数字采编发布系统"，初步实现数字化传播，在此基础上产品实现了包括纸质报、手机报、多媒体数字报、电子纸移动报、户外视屏的全媒体产品。此外，《宁波日报》《温州日报》等地市级党报集团都纷纷走上全媒体之路。

这个时期的报业政策开始注重国际市场的拓展，呈现出全球化取向。早在2002年发布的《新闻出版总署关于新闻出版业集团化建设的若干意见》中就已经提出，经中央宣传部和新闻出版总署批准，选择少数试点报业集团与境外知名媒体集团进行合作，鼓励具备条件的出版、发行单位到境外创办出版公司和发行企业。但是由于新闻体制改革尚处于试点时期，这方面的政策尚处于探索阶段。此后，随着新闻体制改革的深入，"走出去"战略逐渐具体化。《新闻出版业"十一五"发展规划》（2006）提出以国际汉文化圈和西方主流文化市场为重点，推进四个"走出去"——出版物、版权、新闻出版业务、资本走出去，以提升国际市场的竞争力。《全国报纸出版业"十一五"发展纲要（2006—2010)》（2006）提出实施海外报业市场拓展计划，制定对"走出去"的报业集团的优惠政策。

在新闻体制改革全面铺开后，新出产业〔2009〕298号文提出要积极打造外向型出版传媒企业和国际出版版权交易平台，鼓励出版传媒企业以国外主流市场、国际汉文化圈和港澳台地区为目标，采取独资、合资、合作等多种形式到海外兴办各类出版实体。

"走出去"战略相关政策中最为具体的是2010年推出的《关于进一步推动新闻出版产业发展的指导意见》。该文件提出了多条指导性措施推动新闻出版业拓展海外市场。主要涉及新闻出版产品生产与产品形态创新、进入海外市场的渠道及其拓展、境外投资、市场营销网络和营销队伍、出口信贷和金融支持等。

在监管政策方面，这一时期国家提出"用改革的思路来抓治理、抓整顿、抓监管"，健全新闻出版法规体系，进一步完善准入制度、执业资格、行业规范和市场监管等方面的法律和规章。

加强舆论管控一直是监管政策的重心。2000年5月29日，中央宣传部、新闻出版署发布《关于印发〈关于建立违纪违规报刊警告制度的意见〉〈违纪违规报刊警告制度实施细则〉的通知》（简称《通知》），针对报刊宣传出现的新情况、新问题，特别是小报小刊的舆论导向管理，要求建立违纪违规报刊警告制度，以确保党对新闻舆论的宏观管理和报刊正确的舆论导向。《通知》提及的违纪违规行为涉及七条：否定马列主义、毛泽东思想、邓小平理论的指导地位，造成恶劣的社会影响；违背党的路线、方针、政策，出现严重的政治错误；泄露国家秘密，危害国家安全，损害国家利益；等等。此后，《新闻出版总署关于进一步加强社会文化生活类报刊管理的通知》（2001）下发，要求对这类报刊中偏离正确舆论导向、刊载虚假报道、炒作"社会热点"等行为加强管理，并开展集中的治理整顿。其间，不再批办社会文化生活类报刊，并撤销严重违纪违规报刊。

《新闻出版总署关于进一步加强和改进报刊审读工作的通知》（2001）强调，设立专款，设立报刊审读机构，安排人员对报刊进行审读，并将"学术理论、时事政治、文化生活以及文摘类等报刊作为审读工作的重点"。

此后有关新闻出版体制改革的相关政策也都把舆论导向放在重要位置。例如，《新闻出版总署关于贯彻落实〈关于深化新闻出版广播影视业改革的若干意见〉的实施细则》强调："深化新闻出版改革必须坚持党性原则，牢牢把握正确导向。新闻出版业既有一般行业属性，又有意识形态属性，既是大众传媒，又是党的宣传思想阵地，事关国家安全和政治稳定，负有重要社会责任。无论在什么情况下，党和人民喉舌的性质不能变，党管媒体不能变，党管干部不能变，正确的舆论导向不能变。"

除了内容审查，政府还通过加强对新闻从业人员的管理来实现有效监管。例如，《新闻出版总署关于进一步加强记者证管理的通知》（新出报刊〔2001〕824 号）、《新闻出版总署关于进一步加强对报社记者站管理的通知》（新出报刊〔2001〕878 号）先后发布。

自 2001 年起，报业监管朝着法制化轨道进一步推进，国家陆续修订或颁布了一系列法律法规，基本形成了新闻出版业的法律法规体系。

与报业相关的法律法规主要有《出版管理条例》（2001 年颁布，2020 年第五次修订）、《印刷业管理条例》（2001 颁布，2020 年第三次修订）、《新闻出版行业标准化管理办法》(2001，2014)、《印刷品承印管理规定》(2003)、《出版物市场管理规定》(2003，2004)、《外商投资图书、报纸、期刊分销企业管理办法》(2003)、《报纸出版管理规定》(2005)、《报社记者站管理办法》(2005，2009，2017)、《新闻记者证管理办法》(2005，2009)、《报纸期刊年度核验办法》(2006)、《报纸期刊审读暂行办法》(2009)、《关于〈外商投资图书、报纸、期刊分销企业管理办法〉的补充规定（二）》(2009)、《关于规范网络转载版权秩序的通知》(2015)、《新闻出版许可证管理办法》(2016)、《网络出版服务管理规定》(2016)、《报纸期刊质量管理规定》(2020)等。

进入 21 世纪以来，报业政策的产业化、融合化、全球化取向实际是对前期市场化和空间化产业政策的进一步深化，政府在政策制定和推行中占据绝对的主导地位，市场机制逐渐被重视，以编辑业务机构和经营业务机构分离为前提的转企改制有利于发挥市场在资源配置中的作用，并保证党对报业的领导和维护社会效益第一原则。报业的跨行业、跨地区、跨媒介、跨国界和跨所有制的兼并和重组，全媒体平台建设的融合化取向以及拓展国际市场的全球化取向是空间化报业政策在新技术环境下的发展，这种发展的变化是突破了前一阶段报业集团化的行业边界和所有制边界。

改革开放 40 多年来，我国报业政策经历了国内政治、经济、文化体制改革，中国加入世界贸易组织，世界报业危机，以及媒介技术融合等重大的社会变迁。报业政策从最初的确认新闻产品的商品属性，报社作为企业的属性，推进报业企业化管理，发展为强调报业市场机制以及集团化发展，最终朝着产业化、融合化、全球化、法制化的方向发展。

在这一变迁中，政策生成的主导力量是党和政府，报业政策的变迁实际上融入了国家主导的整个文化体制改革，特别是新闻出版业的体制改革中。另一方面，中国加入世界贸易组织，中国经济卷入世界市场，报业也随着"走出去"战略的推进，涉足国际市场。在此背景下，报业政策的着眼点必然要从最初的确保党报在社会上发挥舆论主导作用这个单一维度发展为多维：既要"巩固舆论阵地"，又要让国有资产保值增值，促进经济增长；既要不断满足人民群众多样化、多层次、多方面的精神文化需求，又要增强中华文化的影响力。换句话说，国家在政策的制定过程中要充分考量国家、企业、社会公众等多方利益。

从政策变迁来看，虽然我国的报业体制决定了党和国家在报业政策制定中居于主导地位，政策层面强调社会利益第一原则，但是市场力量的强大影响是不容忽视的。市场机制下对经济利益的追逐会威胁社会公共利益。《关于进一步推进新闻出版体制改革的指导意见》（2009）提出，新闻出版体制改革的原则之一是"必须坚持一手抓公益性新闻出版事业，一手抓经营性新闻出版产业，促进新闻出版业全面协调可持续发展；必须把握新闻出版工作的正确导向，坚持把社会效益放在首位，努力实现社会效益和经济效益的统一"，并提出要"研究制定公益性报刊基本标准"。但是多年过去了，截至 2020 年年底，虽然我国经营性报业的改革稳步推进，公益性文化事业在政策推动下有了长足发展，但公益性报刊的相关政策尚需进一步完善。因此，未来报业政策的重心应着眼于社会公共利益，积极推进与公益性报刊相关的具体政策的出台。

我国目前经营性报业的扶持政策缺少系统性，表现出碎片化特点。例如，虽然投融资政策和税收优惠政策力度在不断加大，但是，二者之间缺少必要的联动。经营性报业的监管法律法规体系亟须完善，必须突破长期以来形成的宣传工作监管思维框架，适时加强市场监管和依法监管。今后的报业政策应该在投融资、税收、技术等方面实现联动，政策制定不应该是一两个部门的"单兵作战"，而应是多部门的协调，实现政策融合，未来的报业政策也不再是传统的报业政策，而将是适应媒介融合技术特征的全媒体或融媒体政策。

第三章　改革开放以来我国广播电视业政策的变迁

改革开放前，与我国计划经济体制相适应，我国广播电视业政策从制定到运行都强调政治功能，带有鲜明的政治本位的色彩，政策运行也是自上而下的行政指令式管制。这一时期的传播政策的制定和运行受到国内外因素的影响。

从国内因素来看，新中国刚刚成立，面临着建设国家的艰巨任务，需要统一的国内舆论环境，党和政府需要大众传媒做好各方面工作的宣传和动员。因此，广播电视机构是作为党和政府的耳目喉舌来发挥作用的，是政治宣传的工具。而随着"左"倾冒险主义政治路线的出现，1958年的第五次全国广播会议提出了"广播是阶级斗争的工具"的观点。在"文化大革命"时期，广播电视机构也沦为政治斗争的工具。从国际因素来看，新中国成立后处于冷战的国际环境中，国际政治领域的斗争也反映在国际传播领域，并进而影响到国家的传播政策。例如，中苏关系的变动就直接影响到我国的广播业。我国在新中国成立初期曾经把学习苏联工作经验作为新闻工作的重要指导，1954年中国广播代表团访问苏联，在当年11月召开的第二次全国广播工作会议中，提出通过学习苏联经验改进我国广播工作的建议，如"以中央台为基础、地方台为补充构成一个宣传整体"，并决定"以多数时间转播中央台的节目，少数时间播送自办的地方台广播"。但中苏关系破裂后，学习苏联新闻工作经验被全盘否定，1956年召开的第四次全国广播工作会议否定了当时提出的建议和决定。

这个时期，广播电视业政策作为公共政策，较多强调了其阶级性的一面，即"政策由以政府为主要代表的社会公共权力机构制定和执行，而社会公共权力机构总是代表一定阶级利益"①。当时我国广播电视业政策的制定和运行强调广播电视业的意识形态功能，广播电视业作为党和政府的耳目喉舌发挥着上传下达的政治功能。

1978 年，党的十一届三中全会确立了实行改革开放的国策，中国社会进入了新的历史时期。这次会议也带来了思想领域的大解放，对新闻事业的双重属性、新闻传播基本功能的再认识、经济体制改革的开展有力地推动了广播电视传播政策的变迁。

第一节　商品化取向：广播电视业政策（1979—1991）

改革开放以后，广播电视机构的属性和功能定位被重新认识，是广播电视业政策变迁的前提之一。1980 年 10 月，广播事业局召开了第十次全国广播工作会议，会议否定了"文化大革命"期间所奉行的广播是"阶级斗争的工具"的观点，同时坚持广播电视机构是党和政府的耳目喉舌的基本原则。强调广播电视宣传的中心任务是为经济建设服务，指出"我们的广播、电视是受党领导的、具有无产阶级阶级性的新闻舆论工具，是对人民群众进行宣传教育的工具"，"无条件地为党和人民的利益服务"。

1981 年 11 月 16 日，中共中央书记处在听取了广播事业局的工作汇报后指出："广播电视是教育、鼓舞全党、全军和全国各族人民建设社会主义物质文明、精神文明的最强大的现代化工具。"1983 年 10 月中共中央《关于批转广播电视部党组〈关于广播电视工作的汇报提纲〉的通知》（简称中共中央37 号文件）再次明确广播电视机构的这一性质，并补充广播电视"也是党和政府联系群众的最有效的工具之一"。在 20 世纪 80 年代初，国外的大量电视剧、电影涌入中国，其文化价值观念对中国社会造成了强烈冲击，再加上当

---

① 王骚. 公共政策学［M］. 天津：天津大学出版社，2010：15.

时社会上出现了怀疑和否定中国共产党领导、否定社会主义道路等错误思想浪潮，鉴于此，广电部多次强调，广播电视是党和国家的宣传工具，是党和政府的耳目喉舌。

1983 年 3 月召开的第十一次全国广播电视工作会议确立了广播电视改革方针——以宣传工作为中心，以新闻改革为突破口，强调广播电视机构作为宣传工作的重要阵地，宣传工作是广播电视机构的中心工作，广播电视机构实行上级广播电视部门和同级党委、政府的双重领导，以同级党委、政府领导为主的管理体制。与此同时，提出了实行"四级办广播、四级办电视、四级混合覆盖"的广播电视业发展政策及与之配套的技术政策等一系列改革措施。

此前我国只允许中央、省、市三级办广播电台，中央和省两级办电视台。1983 年的"四级办"政策规定，凡具备条件的省辖市、县，都可以根据当地的需要和可能开办广播电台和电视台。除了转播中央和省级广播电视节目外，还可以播出自办的节目，覆盖当地。这一政策的出台是中央和地方利益互动的结果，地方办广播电视的积极性被调动起来，客观上推动了我国广播电视事业的发展。1988 年，全国广播电台从 1982 年的 118 座增加到 461 座，电视台从 1982 年的 47 座增加到 422 座。[①] 但也带来了一些问题，如广播电台的重复建设、资源浪费等。一些县市级电视台资金、人力和物力条件不足，节目质量低下，为维持生存，大量播放广告或低劣的影视剧节目。

在改革开放的大背景下，面对新的经济形势、国际环境和各种社会思潮，广播电视业政策也发生了很大变化，出现了商品化取向。

首先，允许广播电视机构播放商业广告。1979 年 11 月，中宣部批准新闻单位可承办商业广告，当年 12 月，中央电视台开始播放广告，而在此之前，上海电视台、广东电视台已经在播放商业广告，并且收入不菲。此后，其他省市的电视台迅速跟进。1983 年，第十一次全国广播电视工作会议提出广播电

---

① 国家广播电影电视总局发展研究中心. 2009 年中国广播电影电视发展报告 [M]. 北京：新华出版社，2009：398.

视业要"广开财源，提高经济效益"，"不能只依靠国家投资，还应采取措施开源节流，以便有更多资金加快广播电视事业的发展"。此后，商业广告就成为广播电视必不可少的内容，商业性收入也逐渐成为广播电视机构的主要经费来源。例如，1987 年，中央电视台和上海电视台的事业经费中商业性收入已占2/3。对商业收入的追逐也带来了很多问题，特别是商业利益与公共利益的冲突。1990 年 11 月 26 日，广播电影电视部出台《关于加强廉政建设，纠正行业不正之风的若干规定》，以规范广播电视业的广告、赞助、创收等商业行为。

其次，改革广播电视机构内部运行体制，推行企业化经营。1979 年，中央电视台的财务体制由全额预算改为差额补贴，允许其有广告、赞助等商业性收入，1984 年又将其财务体制改为预算大包干，国家按播出总时数核定事业费定额，在完成承包定额的前提下，超收部分按比例留成。此后，企业化经营成为中国广播电视业基本的内部运行体制。1988 年 10 月召开的全国广播电视厅局长会议进一步明确，广播电视机构不能民办、不能与外资合办，但可以集资合办节目，实行有偿服务。另外，1983 年召开的第十一次全国广播电视工作会议决定建立广播电视内部"三位一体"的管理体制——总编辑（负责宣传工作）、总工程师（负责技术工作）、秘书长（负责行政事务），但由于宣传工作很多时候是由党委宣传部领导的，所以这一体制并没有完全落实。

最后，在国际传播方面，放弃了冷战思维，中国先后与美国、比利时、英国、德国等国家签署文化领域的相关合作协定，广播事业局也先后与瑞士、意大利等国开展合作。我国从美国、日本、巴西、墨西哥等各国引进电视剧、系列片、动画片等，并积极发展卫星传播技术开展对外传播。例如：1979 年1 月 31 日《中华人民共和国政府和美利坚合众国政府文化协定》签订，1984年 1 月 12 日《中华人民共和国政府和美利坚合众国政府科学技术合作协定》签订，中美政府开始在文化、艺术、人文学、新闻和体育等方面开展广泛的交流，中国进口美国的通信卫星设备。一方面，国家积极发展国内的卫星广播事业，1984 年我国自行研制的第一颗试验通信卫星发射成功，到 1987 年年底，全国卫星地面接收站达 4 609 座[①]；另一方面，面对境外节目的跨国传播，我国限制个人购买地面卫星接收装置，并实行接收许可制。例如，1990年广播电影电视部、公安部等单位联合发布《卫星地面接收设施接收外国卫星传送电视节目管理办法》，规定只有领取许可证才能接收规定范围内的节目，并严禁将所接收的外国卫星传送的电视节目在国内电视台、有线电视台、录像放映点播放或者以其他方式进行传播。

在对外传播方面，1983 年的第十一次全国广播电视工作会议提出："对国外广播要努力为全世界人民服务，做到有的放矢，在宣传中准确而又鲜明地树立社会主义中国的形象，实事求是地向各国听众介绍中国的情况，宣传我国的政策和主张，增进各国人民对中国的了解。"在改革开放的政策下，许多省（区）、市广播电台、电视台通过不同渠道同国外广播电台、电视台建立了节目交换、人员交流等业务合作关系。

从总体上看，这一时期的广播电视传播政策出现了明显的商品化取向，政策的运行也由过去的完全指令性的运行逐渐变为高度依赖行政手段的政策运行。过去的完全指令性的运行已经不能奏效。例如，在落实"四级办"政策中，虽然广播电影电视部多次发文，要求市县级电视台以转播中央和本省的电视节目为主，只办地方新闻和发布地方政令，暂不办文艺节目，但效果不佳。县市级电视台与中央台的矛盾，省级电视台与市县级电视台的冲突已经不是上传下达的文件指令所能解决的了，各台的经济利益成为矛盾的焦点。

由于我国当时还处于有计划的商品经济发展阶段，广播电视业政策的运行虽然高度依赖行政手段，但也开始积极探寻法律法规等其他手段。例如，1986年，广播电影电视部积极推进法律法规建设，曾经着手起草《广播电视法》和《电影法》。1987 年，针对当时有线电视业发展中出现的一些问题，广播电影电视部起草了《有线电视管理规定》。1988 年出台了《广播电视无线电管理办

[①] 徐光春. 中华人民共和国广播电视简史：1949—2000 [M]. 北京：中国广播电视出版社，2003：328.

法》。1990年11月，《有线电视管理暂行办法》正式获国务院批准施行。1991年4月20日，广播电影电视部又颁发了第5号令《〈有线电视管理暂行办法〉实施细则》。

这一时期的政策变迁的根本动力源于改革开放初期的政治经济体制改革，"四级办"政策的出台很大程度上与国家计划在经济发达地区推行以中心城市带动农村、逐步实行市领导县的政策有密切关系。

第二节　市场化、空间化：广播电视业政策（1992—2000）

1992年，党的十四大总结了党的十一届三中全会以来14年的实践经验，确定了我国经济体制改革的目标是建立社会主义市场经济体制。与此相适应，我国广播电视业政策的市场化、空间化取向日益凸显，政府积极推进广播电视业的市场化，积极对广播电视业进行产业改造，调整广播电视业结构，推进广播电视集团化。

1992年6月发布的中央和国务院《关于加快发展第三产业的决定》明确指出广播电视业属于第三产业[1]，与过去一直强调广播电视机构作为党和政府的耳目喉舌不同，此决定明确了传媒的双重属性。这一时期除了进一步深化上一阶段的广播电视内部管理机制的改革，引入市场机制外，还对以往的宏观政策进行了重大调整。

这一时期的市场化主要表现为推动广播电视业内部管理机制改革。广播电视业内部管理改革是这个时期广播电视政策的核心，为后来的广播电视集团政策、融资政策的出台奠定了基础。

在推进广播电视业内部管理机制改革方面，主要是推行新的财税政策和经营体制改革政策。在财税政策方面，进一步强化广播电视部门的财务管理，并

---

① 1985年，在《关于建立第三产业统计的报告》中，文化、广播电视已被列入第三产业。

给予税收等方面的支持。在 1993 年 9 月召开的全国广播电视财务管理工作会议上，财政部有关人士强调广电部门要建立和完善与新形势相适应的财务管理制度，要实现规范化、制度化、科学化，同时也提出会对广电部门提供进一步的财税支持。如："要继续对各级广播电视部门和单位实行各种形式的预算包干和承包经营责任制，以调动部门、单位筹集资金和增收节支的积极性。""凡是纳入单位预算并用于事业发展的收入，视同财政拨款，作为抵支收入，继续享受免征所得税和两金的优惠照顾。""要继续执行和鼓励事业单位因增加了收入，实现了由全额预算管理到差额预算管理、由差额预算管理到自收自支管理、由自收自支管理到企业管理过渡的，而不改变单位的事业性质的政策。"①不久，财政部推出了《广播电视事业单位财务制度》。

1999 年 7 月，国家广电总局在全国广播影视系统内部管理会议上明确提出，要建立起一套适应市场经济体制的、以事业单位内部成本核算为主要内容的内部管理制度。对广播电视业的内部改革以财务改革为核心，其着眼点就是从市场经济原则出发，提高广播电视业的生产力。

在推动经营体制改革方面，1993 年 10 月，《关于印发〈广播电影电视部贯彻《全民所有制工业企业转换经营机制条例》实施办法〉的通知》（广发政字〔1993〕第 700 号）下发，进一步激活了广电部下属企业的活力，赋予企业生产经营决策权、产品、劳务定价权、产品销售权等。如："企业可以根据国家宏观计划指导和市场需要，自主做出生产经营决策。除电影片的生产、发行外，凡符合国家产业政策导向和广播、电视、电影发展计划的，不需报部审批，企业可以开展多种经营，一业为主，兼营其他，自主决定在广播电视和电影行业内或者跨行业调整生产经营范围并直接到工商行政管理部门办理变更或开业登记手续……除电影故事片、科教片、纪录片、美术片外，部内各部门原则上不得向企业下达指令性生产计划。企业自行安排生产，责任自负。"这个政策对于广播电视业的市场化运行发挥了巨大的推动作用。此后陆续发布相关

---

① 木子. 全国广播电视财务管理工作会议在湖南召开 [J]. 财政，1993（12）.

政策法规，如《电视剧制作许可证管理规定》(1995)、《影视制作经营机构管理暂行规定》(1995) 等。

这个时期政策的空间化表现为调整广播电视业结构，推进集团化和有线台网分离。针对 20 世纪 90 年代初期广播电视业资源配置浪费、效率低下等问题，1996 年 12 月，《中共中央办公厅、国务院办公厅关于加强新闻出版广播电视业管理的通知》下发，要求按照"控制总量、调整结构、提高质量、增进效益"的原则，采取有力措施，综合治理新闻出版和广播电视业，以促进新闻业从扩大规模数量为主向提高质量效益为主转变。这一文件对于包括广播电视业在内的大众传播业的发展具有深远的影响。

根据该通知要求，县级广播电台、电视台、有线电视台要合并为一个播出实体，省以下教育电视台在评估后如不具备条件的要予以撤销或改为转播台，已有的县级教育电视台可以与县广播电视播出机构合并。1996 年，在全国广播电视（影视）厅（局）长会议上，广电部门提出："按照现代企业制度的要求和走集团化、实业化、国际化道路的思路，通过改革、改组、改造，组建若干广播影视企业集团，以此带动我国广播影视事业由规模数量型向优质高效型转移，由粗放型向集约型转移，并在坚持社会效益第一的前提下，实现社会效益与经济效益的统一。"① 在 2000 年 8 月召开的全国广播影视局局长座谈会暨"村村通"广播电视现场会上，广电部门提出："抓紧提出广播影视集团化发展的原则意见，报中央批准后实施。""在组建广播影视集团方面取得突破性进展，努力形成一批在国际国内有竞争力、有影响力的大型广播影视传媒集团。"② 之后广电集团化进入实质性阶段。2000 年 12 月，中国第一家省级广播影视集团——湖南广播影视集团挂牌，此后山东省广播电视总台、上海文广集团、北京广播影视集团等先后成立。这些影视集团都坚持事业单位性质、企业

---

① 孙家正. 把握导向 多出精品 促进广播电影电视工作迈上新的台阶：在全国广播电视（影视）厅（局）长会议上的报告 [J]. 中国广播电视学刊，1996 (3).

② 徐光春. 加快广播影视事业的改革和发展：在全国广播影视局局长座谈会暨"村村通"广播电视现场会上的讲话（摘要）[J]. 电视研究，2000 (9).

化管理的原则，实行宣传与经营分开的路径。

这一时期我国广播电视网络迅速发展，至 1998 年 12 月，已建成有线电视传输网约 225 万千米，全国有线电视用户已达 7 700 多万。关于有线电视业的业务及其管理，广电部门和信息产业部门产生了冲突。例如，1998 年 5 月 7 日，《国家广播电影电视总局关于加强广播电影电视管理若干问题的通知》下发，强调："有线广播电视传输覆盖网是广播电视覆盖的重要手段，为了维护广播电视网络的完整，确保中央政令的畅通，各级网络的产权、经营管理权必须掌握在广播电视部门手中。"而一个月后，《国务院办公厅关于加强广播电视传输网络建设管理的通知》（国办函〔1998〕33 号）（简称第 33 号文件）下发，正式提出有线电视业台网分开，通知要求"广播电视传输网络的管理，应严格实行政企分开，成立企业化的广播电视传输公司，接受信息产业主管部门的统筹规划和行业管理，广播电影电视主管部门不得进行行政干预"。

此后国家在政策层面推进广播电视传输网络的企业化改革和台网分离，有线台和无线台的合并。1999 年下发的《国务院办公厅转发信息产业部国家广播电影电视总局关于加强广播电视有线网络建设管理意见的通知》（国办发〔1999〕第 82 号），再次强调了 1998 年第 33 号文件的要求："抓紧落实广播电视传输网络的建设和管理实行政企分开，成立企业化的广播电视传输公司，接受信息产业主管部门的统筹规划和行业管理。""电信部门不得从事广播电视业务，广播电视部门不得从事通信业务。"

这个时期，市场和法律手段日益参与传播政策的运行，监管政策更加强调市场要素。《中共中央办公厅、国务院办公厅关于加强和改进书报刊影视音像市场管理的通知》（中办发〔1994〕19 号）明确指出，我国文化市场处于"发育的初始阶段，法制不够健全，管理比较薄弱"，要求有关部门加强市场监管、法制法规建设，培育市场。不久，《广播电影电视部关于加强影视市场稽查工作的通知》（广发社字〔1995〕152 号）发布，建立影视市场稽查队伍，对影视市场进行日常的稽查管理。

1995 年的全国广播电影电视工作会议后，广播电视业的管理日益依赖法律和市场手段，而不像过去那样高度依赖行政指令。1996 年，中央提出要对新闻出版和广播电视业进行综合治理，如加强对广播电视节目引进和播出的管理，严格审批、管理电视剧制作单位和拍摄许可证，尽快制定《广播电视管理条例》等。此后广播电视相关管理部门陆续出台配套政策法规，如《广播电影电视部关于对广播电视台（站）年检的规定》（广发法字〔1996〕第 436 号）、《广播电台电视台设立审批管理办法》（广播电影电视部令第 19 号）、《广播电影电视部、国家教育委员会关于教育电视台、教育电视收转台管理暂行办法》（1996）、《卫星传输广播电视节目管理办法》（1997）。特别是 1997 年 9 月 1 日正式实施的《广播电视管理条例》是我国第一部全面规范管理广播电视事业的行政法规，代表着我国广播电视业的管理在法制化轨道上迈出了关键性的一步。此后，在 1999—2000 年间，广电管理部门密集出台了一系列监管政策，如《经营广播电视节目传送业务审批管理暂行办法》（1999）、《网上播出前端的设立审批管理暂行办法》（1999）、《群众参与的广播电视直播节目管理暂行办法》（1999）、《信息网络传播广播电影电视类节目监督管理暂行办法》（2000）、《电视剧管理规定》（2000）、《有线电视视频点播管理暂行办法》（2001）等。

在国际传播方面，广播、电视、互联网并重，力图打破西方的信息垄断。1994 年，广电部和国务院新闻办提出"广播电视并重，内宣外宣并举、中央台地方台联合"的指导思想，要求建立"以国际台为龙头，以各省（区、市）台为依托"的广播大外宣网络；1997 年中国国际广播电台建立自己的网站；电视一方面通过卫星向境外传送节目，另一方面致力于在全球范围内建立中国电视节目录像制品销售网。1996 年 12 月，中央电视台上网。

在境外卫星电视的传播方面，我国先后出台了《卫星电视广播地面接收设施管理规定》（国务院令第 129 号，1993）、《〈卫星电视广播地面接收设施管理规定〉实施细则》（广播电影电视部令第 11 号，1994），对境外加扰卫星电视节目的接收范围、设备获取方式等加以规范，同时扩大放宽了境外电视节目在中国的传播范围，如《广播电影电视部发布关于接收境外卫星电视节目管理的有关问题的通知》（1995）允许省、计划单列市、省会市级电视台、有线电视台经批准可以以卫星传送的方式引进体育、风光、科技、动画、少儿、教学、音乐等题材的境外电视节目，但不得以此方式引进影视剧及综艺性节目。

这一时期政策变化的主要动因是国家推行社会主义市场经济体系的建设，广播电视业的双重属性被人们普遍接受。作为第三产业的一部分，广播电视业的运行必须遵循市场经济的规律，广播电视业要从规模数量型走向高效型必须改变原有的广播电视格局。另外，互联网技术的发展，打破了广播电视机构原有的空间布局，加剧了国内媒介以及跨国媒介的竞争，广播电视业要在这种竞争环境中生存下去，必须适时做出政策调整。

但这一时期广播电视业政策总体上还是审慎的，多少带有些迟滞的色彩，广电业的发展有实践先行的特征。例如，在1998年的《国家广播电影电视总局关于加强广播电影电视管理若干问题的通知》要求："广播电影电视经营单位的股票上市问题，因有本身的特殊性，根据中央领导同志的指示精神，都要报国家广播电影电视总局审核同意。"但实际上，为解决广播电视产业经营所面临的资金不足问题，早在1992年，上海广电局成立了全国第一家文化企业股份有限公司——东方明珠股份有限公司，并于1994年在上海证券交易所挂牌上市，成为中国第一支文化股票，1997年6月，中央电视台以无锡影视基地的资产为基础，成立了上市公司——中视传媒股份有限公司。

再有，这一时期互联网技术、电信技术以及广播电视技术的融合已经是大势所趋，而广播电视业政策却做出了逆势的选择，即国办发〔1999〕第82号文的出台。全国第一个省级报业集团——广州日报报业集团早在1996年就正式挂牌成立，而全国第一家省级广播影视集团——湖南广播影视集团在2000年年底挂牌。广播影视集团的发展较报业界团的发展晚了几年。可见，这一时期广电业的政策与报业政策相比，没有很好地适应媒介技术发展，在市场化改革的进度上也是稍显迟滞。

第三节　产业化、国际化、融合化、公共性：
广播电视业政策（2001—　　）

　　随着中国加入世界贸易组织、媒介融合趋势的日益增强、全球媒体的竞争压力加剧，我国传播政策的制定和运行面临着前所未有的复杂环境，世界传播业已经从跨国传播时代迈进全球传播时代。特别是 2002 年党的十六大召开后，我国的传播政策开始了新一轮的重大调整。随着广播电视产业改造的深入，政策呈现出产业化、国际化、融合化、公共性的取向。政策运行上主要依赖市场和法律手段，并辅以必要的行政手段。

　　第一，这个时期对我国广播电视业政策产生主要影响的因素之一就是中国正式成为世界贸易组织成员。尽管中国并没有对入世后广播电视网络的开放做出承诺，但一些相关领域，如电影、音像、广告、通信等则在不同程度上承诺开放。入世改变了我国广播电视业的外部环境，广播电视业不可避免地被卷入世界市场，面对来自不同方面的挑战。推进广播电视产业化和广播电视集团化发展，成为政策的首选。2001 年，《关于转发中央宣传部、国家广电总局、新闻出版总署〈关于深化新闻出版广播影视业改革的若干意见〉的通知》（中办发 17 号文）第一次明确要求积极推进集团化。同年底，国家广电总局下发了《关于积极推进广播影视集团化改革的实施细则（试行）》，正式提出推动广播电视的集团化。2001 年 12 月 6 日，中国广播影视集团成立，这是当时我国规模最大的新闻集团。该集团由中共中央宣传部领导，国家广电总局党组代管，实行党组领导下的管委会负责制。到 2002 年，我国已经成立广电集团 12 家，电影集团 5 家。

　　2001 年发布的《关于广播影视集团实行多媒体兼营和跨地区经营的实施细则（试行）》推动广播影视集团实行多媒体兼营和跨地区经营。例如，允许广播影视集团及广播电台、电视台和电影集团兼营报刊、图书、音像电子出版，电影集团、报业集团、出版集团及报刊、通讯社、出版社可以制作广播电视节目或与电台、电视台合办栏目（时段）、节目。鼓励中央以及省级广电集团、电视台进行跨地区经营。

2003 年年底，国家广电总局提出《关于促进广播影视产业发展的意见》，进一步细化了广播电视产业的经营内容——节目经营、频道经营和跨行业经营，并提出实现网台分离、行政职能与管理职能分离、制播分离、宣传与经营分离。这些政策的出台有力地推动了中国广播电视业的产业化进程。

这一时期，随着中国广播电视业日益卷入国际市场，跨国媒介日益对中国市场跃跃欲试，中国广播电视政策已经表现出全球化取向。例如，在资本方面适度对民间资本、外国资本开放。2001 年 12 月，广电总局出台了《关于广播影视集团融资的实施细则（试行）》，在强调"广播电台、电视台及频道、频率等新闻媒体由国家主办经营，不得吸收境外资本和私人资本。经国家广电总局批准，广播电台、电视台可以吸收新闻出版部门、广播影视和其他单位的资金进行节目制作、项目合作"的同时，对电视剧制作、广播电视网站、广播电视传输、广播电视报刊发行等的融资渠道做了较为具体的规定。2003 年 6 月发布的《关于改进广播电视节目和电视剧制作管理办法的通知》确定广播电视节目制作进一步向社会开放。2004 年颁布的《关于促进广播影视业发展的意见》规定了外国投资者可以成立从事联合制作电视节目的中外合资企业。2005 年颁布的《国务院关于非公有资本进入文化产业的若干决定》指出，在国有广播影视单位控股 51％以上的前提下，可以吸收境内非公有资本参与有线电视数字化整体转换及业务开发。2012 年，《广电总局关于鼓励和引导民间资本投资广播影视产业的实施意见》（广发〔2012〕36 号）对民间资本投资广播影视业做出具体规定，如民间资本可以投资广播电视节目制作经营活动（时政新闻及同类专题、专栏除外）、电视剧制作、电影制片、发行、放映、电影院、有线电视分配网建设和有关业务等。

在引进外资方面，发布的主要政策有《关于文化领域引进外资的若干意见》（2005），该意见在允许外资独资或合资或有条件地进入包装装潢印刷、书报刊分销、可录类光盘生产等领域的同时，明确禁止外商投资或经营新闻机构、广播电视台（站）、广播电视传输覆盖网、广播电视节目制作及播放、电影制作、互联网文化经营、互联网上网服务营业场所、网络视听节目服务、新闻网站和互联网出版等业务。

在国际传播方面，一方面，放弃过去对于境外卫星直播电视频道"围追堵截"的做法，改为有选择地批转落地，即三星级以上宾馆、非新闻类频道落地。2001 年，广电总局批准"华娱""星空""凤凰卫视中文台""本港""国际""MTV"6 个境外卫星频道在广东省落地；2003 年 12 月 4 日，广电总局第 22 号令发布了《境外卫星电视频道落地管理办法》，允许"具备与中国广播电视互利互惠的综合实力，承诺并积极协助中国广播电视节目在境外落地""同意通过广电总局指定的机构统一定向传送其频道节目，承诺不通过其他途径在中国境内落地"的境外媒体的非新闻频道经批准可以在三星级以上宾馆落地。① 但不久以后政策收紧，中共中央宣传部等六部门联合发布的《关于加强文化产品进口管理的办法》明确要求："境外卫星电视频道在境内落地，须由广电总局指定机构独家代理并实施严格的审批管理，其节目须经指定机构实施内容监督处理后统一定向传送。原则上不再批准境外卫星电视频道在境内落地。切实加强对现有获准落地的境外电视频道的管理。采取必要监控手段，有效防止有害节目的侵入。"

此外，还对境外节目的引进和播出等做出详细的规定，如 2004 年出台《境外电视节目引进、播出管理规定》对节目进口进行监管，2006 年国家广电总局印发《关于进一步规范电视动画片播出管理的通知》等也对境外节目的播出时间、占比等做出了规定。②

另一方面，积极推进"走出去"工程，采用各种方式，通过各种渠道使中国的广播电视节目在境外的媒介平台有效落地。2001 年推出《国家广播电影

---

① 这一时期也继续执行《卫星电视广播地面接收设施管理规定》及其《实施细则》的各项规定，禁止居民个人、小区进行境外卫星电视节目的接收，禁止未经许可的单位经营境外卫星电视专用设备的销售及安装业务，并在 2001 年开展了集中清理境外卫星设施的专项行动。相关政策有《国家广播电影电视总局关于加强境外卫星电视节目审批管理有关问题的通知》（广发社字〔2001〕第 151 号）、《国家广播电影电视总局、信息产业部、国家工商行政管理局关于加强卫星电视广播地面接收设施及境外卫星电视节目广告管理的通知》（广发社字〔2001〕第 247 号）、《国家广播电影电视总局关于全面清理境外卫星电视地面接收设施的紧急通知》（广发社字〔2001〕第 1182 号）。

② 这方面的政策分析详见第四章和第五章。

电视总局关于广播影视"走出去工程"的实施细则（试行）》。该细则可以说是在当年颁布的众多细则中最具体的一份，足见政府对广播电视国际传播的重视。该细则不仅确立了五年和十年的发展目标，还在技术和设备投入、营销和融资、节目质量等方面提出要求。后来陆续出台规范措施，如2002年2月10日发布的《赴国外租买频道和设台管理暂行规定》（广电总局第12号令）强调，在总局统筹规划、统一管理和指导下实施广播影视"走出去工程"，未经总局批准，不得到国外租、买广播电视频道（频率）、时段和设立广播电台、电视台。2004年9月20日发布的《国家广播电影电视总局关于进一步加强广播影视"走出去工程"管理工作的通知》，针对一些地方台未经总局批准，擅自将其卫视频道在海外落地，或将部分节目在境外频道中播出等行为加强监管。

2009年，商务部等五部门联合发布《关于金融支持文化出口的指导意见》，提出搭建合作平台，重点支持文化企业和项目"走出去"，为文化出口企业拓展海外市场提供信息支持、风险规避措施、投融资支持等。2010年，《商务部等十部门关于进一步推进国家文化出口重点企业和项目目录相关工作的指导意见》出台，加大对文化出口重点企业和重点项目的支持力度，如制定和调整《文化产品和服务出口指导目录》，通过贷款贴息、项目补助、奖励、保费补助、税收优惠、提供通关便利等多种方式支持文化出口。在广播电视领域，国家支持广播电视频道或节目在境外落地、购买境外的广播电视播出时段、开办广播电视频率频道、购买报刊版面以及其他对外劳务合作等。

第二，与以往不同，这个时期传播政策的变化受传播技术的影响较大。移动媒体技术、数字电视技术、网络传播技术等的发展促进了媒介融合，电信业、互联网业、广播电视业之间的技术壁垒已经不复存在，以往的那种行业分割政策已经不具有现实适应性。例如，国办函〔1998〕33号文[①]和国办发

---

① 《国务院办公厅关于加强广播电视传输网络建设管理的通知》（国办函〔1998〕33号）明确要求，广播电影电视主管部门应坚决按照党的十五届二中全会和九届全国人大一次会议通过的政府机构改革方案和国务院批准的"三定"规定执行，即广播电视传输网络的管理，应严格实行政企分开，成立企业化的广播电视传输公司，接受信息产业主管部门的统筹规划和行业管理，广播电影电视主管部门不得进行行政干预。

〔1999〕第 82 号①形同虚设。

事实上，早在 2001 年第九届全国人民代表大会第四次会议上通过的《国民经济和社会发展第十个五年计划纲要》中就已经提出"促进电信、电视、计算机三网融合"。同年年底，国家广播电影电视总局在《关于加快广播影视高新技术应用的实施细则（试行）》中提出"推进影视合流，推动广播电视网与电信网、计算机网的三网融合，促进模拟技术尽快向数字技术的平稳过渡"。但是，三网融合并无实质性进展。

随着 IPTV 的出现，电信部门与广电部门的利益冲突日益显著。2004 年年底，国家发改委向科技部、信产部、广电总局等 5 部委提出"条件成熟时，推动电信和广播电视市场相互开放、业务交叉竞争"。2006 年的《国民经济和社会发展第十一个五年计划纲要》提出："积极推进'三网融合'。建设和完善宽带通信网，加快发展宽带用户接入网，稳步推进新一代移动通信网络建设。建设集有线、地面、卫星传输于一体的数字电视网络。构建下一代互联网，加快商业化应用。制定和完善网络标准，促进互联互通和资源共享。"不久，"加快改革，从业务、网络和终端等层面推进'三网融合'"被写入了《2006—2020年国家信息化发展战略》，国家广电总局、国家发改委等部门将"三网融合"纳入其部门的"十一五"发展规划。

2008 年 1 月，《国务院办公厅转发发展改革委等部门关于鼓励数字电视产业发展若干政策的通知》（国务院"1 号文"）②出台，打破了此前"第 82 号文件"有关电信、广电分业经营的规定，正式推进广电业与电信业的业务交叉，以促进行业竞争。此后，"实现广电和电信企业的双向进入，推动'三网融合'取得实质性进展"成为 2009 年深化经济体制改革的工作内容之一，三网融合

---

① 《国务院办公厅转发信息产业部国家广播电影电视总局〈关于加强广播电视有线网络建设管理意见〉的通知》（国办发〔1999〕第 82 号）重申："电信部门不得从事广播电视业务，广播电视部门不得从事通信业务。"

② 该文件规定，鼓励广播电视机构利用国家公用通信网和广播电视网等信息网络提供数字电视服务和增值电信业务。同时，在符合国家有关投融资政策的前提下，支持包括国有电信企业在内的国有资本参与数字电视接入网络建设和电视接收端数字化改造。

进入实质性推进阶段。

2010 年 1 月，国务院常务会议正式通过加快推进电信网、广播电视网和互联网三网融合的新政策，广电企业可以正式经营增值电信业务和部分基础电信业务、互联网业务；电信企业也可以从事广播电视节目制作和传输。① 这些政策的变化与技术发展有很大关系，其实施和运行虽然受到各方利益的牵制，但机制层面的融合已经成为必然。此后，"以推进广电和电信业务双向进入为重点，制订三网融合试点方案并开展试点，探索建立保障三网融合规范有序开展的政策体系和体制机制"仍然是 2010 年深化经济体制改革的重点工作。

2010 年 6 月 30 日，国务院办公厅公布了包括北京市、大连市、哈尔滨市、上海市、南京市、杭州市、厦门市、青岛市、武汉市、长株潭地区、深圳市、绵阳市在内的 12 个三网融合试点地区（城市）。国务院三网融合工作协调小组办公室于 7 月 20 日印发了《关于三网融合试点工作有关问题的通知》以指导试点地区的三网融合工作。

2011 年，"以广电和电信业务双向进入为重点，建立健全法律法规和标准，实现电信网、广电网、互联网三网融合，促进网络互联互通和业务融合"被列入《国民经济和社会发展第十二个五年规划纲要》。同年年底，三网融合第二阶段试点地区（城市）名单公布，三网融合试点城市又增加了 42 个。至此，三网融合步伐加快。

2015 年 8 月，国务院办公厅发布《三网融合推广方案》，提出全面推进三网融合，加快发展融合业务和网络产业，推进信息消费的目标以及任务和保证措施。具体任务包括：在全国范围分批推动广电、电信业务双向进入，按照"成熟一个，许可一个"的原则，开展双向进入许可申报和审批工作，推动数

---

① 会议提出 5 年内全面实现三网融合，并提出了三网融合的阶段性目标和推进三网融合的 5 项重点工作。2010 年至 2012 年重点开展广电和电信业务双向进入试点，探索形成保障三网融合规范有序开展的政策体系和体制机制；2013 年至 2015 年，总结推广试点经验，全面实现三网融合发展，普及应用融合业务，基本形成适度竞争的网络产业格局，基本建立适应三网融合的体制机制和职责清晰、协调顺畅、决策科学、管理高效的新型监管体系。

字出版、移动多媒体等相关产业发展，促进三网融合关键信息技术产品研发制造，加强网络基础设施建设等。《三网融合推广方案》将各项任务以及保障措施分配到发展改革委、工业和信息化部、国资委、新闻出版广电总局、公安部、网信办等各个政府部门。该方案的实施意味着三网融合进入全面发展阶段。

2016 年年底，中共中央宣传部、财政部、国家新闻出版广电总局联合下发的《关于加快推进全国有线电视网络整合发展的意见》提出，到"十三五"末期基本完成全国有线电视网络整合。① 据广电部门负责人介绍，"虽然各省（区、市）基本实现'一省一网'，但随着网络和数字技术快速发展，有线电视网络业务创新、转型升级受到分散运营、分割发展的制约，资源优势、规模效益得不到充分发挥，可持续发展面临重大挑战，必须加快整合步伐"②。

除了基于信息技术层面的网络融合，近年来，随着技术的发展，广播电视业的政策融合已经发展为推动广播电视媒体与新兴媒体在产品、技术、服务方面的融合。《国家新闻出版广播电影电视总局印发〈关于进一步加快广播电视媒体与新兴媒体融合发展的意见〉的通知》提出，推动广播电视媒体的频率频道与新兴媒体（网站、移动客户端）在节目、技术、平台、人才等方面实现共享融通，实现四个转变——广播电视节目向产品转变、观（听）众向用户转变、分类传播向协同传播转变、传媒服务向现代传媒及综合信息服务转变。这将是未来传播业政策的重心。

第三，在推进产业化、国际化和融合化的同时，广播电视业政策日益强调公共性。中共十七届六中全会强调要大力发展公益性文化事业，构建公共文化服务体系，保障人民基本文化权益。在此背景下，广播电视政策朝着公共性方

---

① 该意见提出"两步走"的发展战略。第一步，中国广播电视网络有限公司入股省级非上市有线电视网络公司，协同推进网络整合、互联互通平台建设和全国性业务开展；第二步，推动全国性有线电视网络股份公司上市，并通过股权置换、吸收合并等方式，与已经上市有线电视网络公司整合。

② 田进：全国有线电视网络整合和互联互通平台建设"快马加鞭"[N/OL]．（2017－03－22）[2017－09－30]．http://www.c114.com.cn/swrh/1993/a1000072.html.

向做出努力。例如，在广电总局关于贯彻执行《〈广播电视广告播出管理办法〉的补充规定》的通知中，把取消电视剧中间插播广告上升到广播电视业构建公共文化服务体系的职责和任务的高度加以重视。

再如，于1998年启动的广播电视"村村通工程"最初是为了解决我国部分农村地区收听不到广播、收看不到电视的突出问题，提高我国广播电视人口覆盖率。进入21世纪以后，全国大部分行政村已实现"村村通"，2004年7月广电部门正式启动自然村"村村通"工程，重点解决新通电行政村和50户以上已通电自然村收听不到广播、收看不到电视的问题。2006年广电部门提出了到2010年年底，全面实现20户以上已通电自然村通广播电视的目标。此后，国家发展改革委、财政部、国家广电总局等部门先后发文推进"村村通"工程。2016年，《国务院办公厅关于加快推进广播电视村村通向户户通升级工作的通知》（国办发〔2016〕20号）提出，广播电视村村通要实现精细化入户服务、数字化清晰接收、多层次多方式多业态服务三方面的升级，并强调"加快广播电视村村通向户户通升级是构建现代公共文化服务体系的重要举措"。

不难看出，在进入21世纪以后，政策层面越来越重视广播电视机构公共性的一面，但与推进广电业的经济效益相比，政策力度明显不足。

第四，日益步入全球市场的中国广播电视业已经给传播政策的运行提出了新的要求，政策立足于国内文化建设、国家文化安全，更加注重运用市场手段，并增强了政策运行的权威性和合法性，政策制定者进一步建设和完善适合市场经济的广播电视法律法规体系，更加强调对广播电视业进行依法管理。

2001年以后，国家广播电影电视总局先后在2002年、2003年、2005年、2007年、2009年、2010年废止或修订了大量广播影视规章。与此同时，《互联网等信息网络传播视听节目管理办法》《广播电视设备器材入网认定管理办法》《广播电视广告播放管理暂行办法》等一批新的行政法规先后颁布实施。

2003年，国家广电总局在《关于促进广播影视产业发展的意见》中提出："要根据我国广播影视业面临的新情况新问题，抓紧修改和补充不适应产业发展的广播影视现行政策法规，抓紧出台促进广播影视产业发展的一系列政策意见和措施，并及时将有关政策措施通过法律程序上升为法规规章。要积极推动《广播影视传输保障法》《广播电视法》和《电影法》等重要法律的起草和颁布实施。"同年，国家广电总局颁布的《广播电影电视立法程序规定》明确了广播电视业的立法程序。《中华人民共和国无线电管理条例》《中华人民共和国电影产业促进法》等相继施行。

纵览改革开放后广电业政策的变迁，我国广播电视政策在三个方面还有待进一步调整。首先，重视媒介技术的发展对广播电视业的影响。与报业政策相比，我国广播电视业政策在面对新技术的变迁时做出的反应相对滞后。相对于纸媒而言，广播电视业作为电子传播媒介的部门，与互联网业、电信业的融合最具优势，而由于长期的行业垄断以及部门利益，广电业的融合政策推进相对缓慢。目前，我国广播电视业政策要努力适应电子媒介技术发展的要求，打破传统媒介政策思维框架，打破行业垄断，无论是在广电业的产业发展，还是广电业监管和舆论导向方面，都应该从互联网思维出发，充分重视电子媒介技术变革所带来的新空间和新方向，在政策层面推进传播机构融合。

其次，"走出去"政策要具有市场思维。国家高度重视广电业的海外市场拓展，推出了"走出去"工程，在2001年就制定了《关于广播影视"走出去工程"的实施细则（试行）》，此后又出台了其他一些相关政策。从政策的内容看，广电业的"走出去"政策在强调中央台在走出去中的龙头作用，中央为主、地方为辅的同时，给地方广播电视机构的空间偏窄，不利于激发地方广播电视机构拓展海外市场的积极性。"走出去"政策受宣传思维框架限制，缺少面向全球的市场思维。要使我国的广电业向全球市场推进，应该在政策上简化行政手续，激发地方媒体的活力。

最后，广电业政策作为一项公共政策，其根本出发点要强调公共利益。今后的广电业政策亦应关注发展公共广播电视机构，把当前广播电视业中的经营性生产和公共性服务区分开，而不仅仅从广告监管、"村村通"这个层面去实现广播电视业在推进公共文化建设中的作用。

第四章 改革开放以来我国引进境外剧政策的变迁

境外剧主要是指境外（海外）电影、电视剧、动画片、电视节目等的合称。我国的境外剧监管政策涉及三个领域。第一，进口或引进境外剧的监管，这是境外剧监管的主要领域；第二，中外合拍合作影视剧的监管，这部分在我国也是按照境外剧实施监管；第三，境外卫星电视节目的监管。本章主要研究引进境外剧的监管政策。有关境外剧的政策法规，大部分是关于境外剧的引进和播出的。除了专门的境外剧监管的政策以外，有关境外剧的政策法规也常见于与影视剧管理、互联网视听节目管理以及境外卫星电视政策等相关的政策中。

第一节 重视文化交流和政治利益：境外剧
政策（1978—1991）

从新中国的电视业诞生到改革开放之前，我国的广播电视业主要是与苏联、古巴、朝鲜等社会主义国家建立合作关系。从 1977 年开始，北京电视台（中央电视台前身，1978 年 5 月 1 日更名为中央电视台）开始播放外国电影、电视剧。1977 年 9 月，播放了南斯拉夫影片《瓦尔特保卫萨拉热窝》和《桥》；11 月 29 日播放了南斯拉夫的电视剧《巧入敌后》。"北京电视台（中央电视台前身）引进了南斯拉夫电视剧《巧入敌后》，拉开了中国引进外国电视剧的序幕"①。1978年1月，北京电视台播放了英国广播公司（BBC）出品的电视连续剧《安娜·卡列尼娜》。同年10月还播放了日本故事片《望乡》和《追捕》。

改革开放初期，电视业开始迅速发展，1979年5月16日，北京电视台正式试播。至此，除西藏外，各省、自治区、直辖市都建立了电视台。② 1979年全国有电视中心台38座，一千瓦以上的电视发射台和转播台238座；到1983年，全国有电视中心台52座，一千瓦以上的电视发射台和转播台385座。③ 但电视节目制作水平还相对较低，电视节目源紧张，再加上电视剧生产尚处于复苏期，短时间内无法满足电视台的需求，引进的境外影视剧成为节目源之一。这一时期，我国开始从美国、日本、巴西、墨西哥等国引进电影、电视剧、系列片、动画片等。1978年12月16日，中美双方同时发表《中美建交联合公报》，之后中美文化协定签订，美国影视剧开启了进入中国的历史。中央电视台在1979年和1980年引进播出了美国科幻剧《大西洋底来的人》和惊险动作剧《加里森敢死队》。

20世纪80年代初，大量的国外电视剧电影开始涌入中国。除了美国产的电视剧，法国的故事电影《红与黑》、中日合拍的第一部电视单本剧《望乡之星》、日本电视连续剧《血疑》、巴西电视连续剧《女奴》等风靡全国。

与此同时，随着对外文化交流活动的开展，中外合拍合作影视剧日益增多。例如，1987年《中华人民共和国政府和加拿大政府关于联合拍摄电影的协议》签署，我国与加拿大开始共同投资拍摄影片，范围包括可在影院、电视、录像机上或以其他形式放映的故事片、纪录片、科教片、动画片、广告片等，并均不受长度和语言版本的限制。

这一时期的引进境外剧政策并不是放任自流式的。由于这个时期我国电视业、电影业改革都刚刚启动，影视剧生产和交易并没有按照市场方式运作，当

---

① 潘洪莲. 引进剧助推国产电视剧市场 [J]. 电视研究，2015 (7).
② 国家计委"中国社会发展暨国际比较"课题组. 中华人民共和国社会事业大事辑要（1949—1990）[J]. 经济研究参考，1993 (Z5).
③ 数据来自国家统计局公布的国家数据。

时主要是中央台以补贴的形式免费播映各电视剧制作单位生产的电视剧，或者省级台、地级市台之间进行节目交换。因此，国家在这个时期对境外剧的监管政策也基本没有对市场要素的考量，而主要是基于国家政治利益和意识形态层面。这表现在，早期对境外剧的官方态度是审慎的开放政策，时任中共中央总书记的胡耀邦曾批示："电影放映和电视广播选择影片……一定要照顾我国的现实问题和历史发展的情况，照顾我国各民族的风俗习惯。脱离这些，也就要脱离不少群众。为了减少不必要的议论和防止副作用，我主张略加控制，即略为严一点。"①

在此背景下，1981 年，《进口影片管理办法》发布，但该办法相对简单，主要涉及境外影片的进口环节和播映环节。如在进口环节规定中国电影发行放映公司负责境外影片的进口，禁止个人进口境外影片。在播映环节，主要强调了外国人对其携带的影片的内部播映范围，禁止国内单位和个人借映。此后，又针对当时境外唱片、录音带和录像等录音录像制品流入我国的情况出台了《中共中央、国务院关于严禁进口、复制、销售、播放反动黄色下流录音录像制品的规定》。该规定从精神文明建设的角度，指出一些音像制品的内容是"黄色下流甚至反动的"，其流传"严重地腐蚀着干部、群众特别是青年的思想，对我们社会主义精神文明的建设十分有害"，但是对于什么是"黄色下流"却没有下定义。与此同时，从政策的阐述上，并没有禁止进口境外录音录像资料，只是强调非国家指定的音像出版部门不得从事境外文艺录音录像制品的经营活动。②

1983 年召开的第十一次全国广播电视工作会议提出广播电视业要"广开

---

① 任远. 中国电视 50 年的风风雨雨［N/OL］.（2009 - 09 - 10）［2021 - 09 - 30］. https：//www.tvoao.com/a/10906.aspx.

② 规定强调："外国录音录像制品并非都是黄色下流的，其中健康的、正当的或虽只有娱乐性但尚非低级趣味的部分，必须区别对待，不能一律查禁。为满足广大文艺工作者和人民群众欣赏、借鉴外国文艺节目的需要，促进各国人民间的文化交流，对海外文艺录音录像制品，由国家指定的音像出版单位有选择地出版，或有计划地选择某些唱片、有声录音带、录像带，作为参考资料，内部发行。非国家指定的音像出版单位，一律不得经营上述业务，现仍在经营的一律禁止继续经营，以便堵塞黄色下流制品继续流传的漏洞。"

财源，提高经济效益"，此后商业性收入逐渐成为广播电视机构的主要经费来源。这次会议还出台了一项重要政策："四级办广播、四级办电视、四级混合覆盖"，简称"四级办"。到 1988 年，全国广播电台从 1982 年的 118 座增加到461 座，电视台从 1982 年的 47 座增加到 422 座。[①] 一时间，电视台节目缺口非常大，一些县市级电视台资金、人力和物力条件不足，节目质量低下，为维持生存，大量播放广告或低劣的影视剧节目。国内的电视节目供应市场尚未形成，而电视台数量急剧膨胀。在节目需求迫切的背景下，引进境外剧作为节目源成为电视台的最佳选择，这不但填充了播出时间，而且带来了可观的广告收入。

此后，广电部门陆续出台了针对境外剧的政策法规，如广电部在 1985 年10 月、11 月先后下发《关于加强对电视节目的管理、纠正滥播香港和外国电视剧的通知》《关于进口电视剧管理的暂行办法》，中宣部、广播电影电视部、文化部、公安部、国家工商行政管理局、海关总署联合下发《关于坚决制止私自引进和放映走私影片、严厉打击走私影片活动的通知》（广发影字〔1989〕788 号）等。但这些政策的执行效果并不理想。

1990 年年初，全国电视剧创作题材规划和引进海外电视剧管理工作会议召开，第一次把引进海外（境外）电视剧列入重要议程。会议指出了当时存在的问题，如引进数量多、购销渠道混乱、播出比例大等。"近几年由于控制失度，批准建台太多，节目套数和播出时间增加太多，而节目制作能力跟不上，节目源缺口太大，各台都以引进电视剧来填充时间，招徕广告，造成海外电视剧的播出量日趋增加，出现了失控的趋势。据地宣局调查，有些台播出海外电视剧占电视剧总播量的 35%～50%，个别市级台高达 65%，而且大多安排在晚上黄金时间播出。更严重的是，违纪播出的现象屡禁不止。据不完全统计，仅 1989 年就有 40 多个台违纪播出了未经报部审批的海外电视剧，有的竟把录

[①] 国家广播电影电视总局发展研究中心 . 2009 年中国广播电影电视发展报告［M］. 北京：新华出版社，2009：398.

像点放映的海外片拿到电视台播出。"① 政府部门强调："引进海外电视剧是一项政治性和政策性很强的工作。针对当前的国内外形势，特别要从反渗透和反和平演变的高度来认识，以做好引进海外电视剧的管理工作。"②

在此背景下，《广播电影电视部关于引进海外电视节目管理的暂行规定》和《广播电影电视部关于引进海外电视剧的审查标准》于 1990 年 11 月 28 日出台。其中《广播电影电视部关于引进海外电视节目管理的暂行规定》（简称《暂行规定》）对海外电视节目的引进权限、播出、交流做出更为详细的规定。③ 例如，在引进方面，《暂行规定》要求引进海外节目要获得作者授权；除了北京、上海、福建、广东四省（直辖市）电视台用于本台播出的引进电视剧、电影录像带由该省、市广播电视厅（局）审查之外，其他地方电视台引进的用于本台播出的海外电视剧、电影录像带必须报广播电影电视部审查批准；广电部门对引进电视剧、电影录像带的进口和国内交流实行价格限制。在播出方面，要求各电视台每天所播出的每套节目中"我国自制的不得少于百分之八十，引进海外的不得超过百分之二十，其中黄金时间（18 时至 22 时）播出海外影视剧不得超过百分之十五"。

《广播电影电视部关于引进海外电视剧的审查标准》是改革开放后第一个专门针对境外剧的内容审查标准。该标准主要涉及三个层面——同意播出、禁止播出和删节修改后播出，分别列举了每个层面的具体内容标准。

此外，针对大量非法进口的激光视盘（故事片）涌入文化市场、海外激光视盘日益泛滥的失控局面，1990 年中共中央宣传部联合新闻出版署、广播电影电视部、文化部、公安部、海关总署发布《关于停止进口和播放激光视盘（故事片）的通知》（中宣通〔1990〕第 17 号），我国开始实行全面禁止进口和播映激光视盘的政策。

---

①② 王枫. 统筹规划、加强管理 发挥系统优势、注意综合效益：王枫副部长在全国电视剧规划会和引进海外电视剧管理工作会议上的讲话 [J]. 中外电视，1990（8）.

③ 根据《暂行规定》，引进电视节目，是指我国从外国及我国台、港、澳地区购买、交换或由对方赠送的供电视台播出的专题节目、动画节目、电视剧和电影录像带。

在以上政策的推动下，境外剧进口环节得到了较好的治理，但播出环节仍然是问题层出不穷。正如广电负责人所指出的，"1991 年度……大多数省级台（第一套节目）能按规定播出海外剧，侵权纠纷现象明显减少"。但"存在的主要问题是播出管理亟待加强。一些省级电视台的第二套节目和一些地、市级电视台仍违反规定超量播出海外电视剧，尤其是播出某些格调不高的剧目，造成了不良影响"①。

从整体上看，这个时期的监管政策更强调文化交流和政治利益。一方面，要"借鉴海外优秀文化，促进中外文化交流，丰富我国的电视荧屏，增进观众对世界的了解，进而为社会主义精神文明和物质文明建设服务"②；另一方面，更强调国家的政治利益至上，例如，《广播电影电视部关于引进海外电视剧的审查标准》最后强调，"鉴于国际形势的变化，根据斗争的需要，在一定时期内对某些或某个国家电视剧，虽然思想性和艺术性都能接受，也应暂停播出"。这说明，在 20 纪 90 年代初期，国家政治利益是引进境外剧监管政策制定的一个重要考量指标。再如，将"反对社会主义制度，反共反华、分裂中国，丑化、歧视华人的""以宣扬资产阶级'人权'、'民主'、'自由'、'平等'价值观念为主题的""美化资本主义压迫、掠夺落后民族和国家的发迹史的""美化超级大国扼制第三世界民族独立，干涉别国内政活动的"内容列于禁播之首。因此，有研究直接指出，"在当时的政治形势下，保障政治文化安全，防止海外反华势力的政治文化渗透构成这个标准制定的主要动力"③。

20 世纪 90 年代出台的监管政策考量较多的另一个要素就是意识形态安全，特别是为了对抗资产阶级自由化思潮。例如，艾知生在《进一步端正创作

① 王枫. 认清形势 科学规划 强化管理 多出好剧：为进一步繁荣社会主义屏幕努力奋斗 [J]. 中国电视，1992 (6).
② 广播电影电视部关于引进海外电视剧的审查标准 [EB/OL]. [2021-04-30]. https：//www.pkulaw.com/chl/5279fb98f8e204e9bdfb.html.
③ 张永峰. 中国电视剧审查制度的形成 [J]. 新闻大学，2014 (1).

方向 繁荣电视剧艺术：1990 年度全国电视剧创作题材规划和电视剧（录像片）管理工作会议上的讲话摘要》中指出："应当看到：一方面，电视剧每年年产量已达到千余部（集），而其中优秀作品数量太少，存在着为数不少的平庸的乃至低劣的作品；另一方面，由于近几年资产阶级自由化思潮和其他错误思潮的影响，电视剧创作中确实还存在着一些值得注意的倾向性问题；再加上我们引进了大量的外国的和港台的电视剧，其中也确实带进了值得警惕的某些资本主义的文化糟粕和精神垃圾。""有些电视剧美化西方资本主义世界和资产阶级生活方式，丑化社会主义的现实和无产阶级艰苦奋斗和无私奉献的精神，特别是引进了相当数量的电视剧和录像片，在观众中，尤其是青少年中产生了很不好的社会效果。这样的作品，什么都是外国的好，甚至月亮都是外国的圆，宣扬西方资本主义社会如何文明、如何发达，展现资产阶级生活如何豪华、如何舒适，实质上是一种文化渗透。面对西方垄断资产阶级对我国实行'和平演变'战略，东欧形势发生急剧变化，这种文化渗透现象应当引起我们的高度警觉。"①

由于仍受传统计划经济思维下的重视政治利益和意识形态安全的影响，对已经进入企业化运作的电视机构追求商业性收入的现象没有足够重视，因此，随着电视业市场化改革的深入，这种监管政策的执行效果在中央、省级电视台和市县级电视台并不理想。

第二节　强调社会效益第一，开始重视经济效益：
境外剧政策（1992—1999）

随着社会主义市场经济体制的确立，广播电视业、影视业开始推进市场化改革。到 1992 年，我国的电视业已经达到一定规模，据 1992 年年底的统计，

---

① 艾知生. 进一步端正创作方向 繁荣电视剧艺术：在 1990 年度全国电视剧创作题材规划和电视剧（录像片）管理工作会议上的讲话摘要［J］. 中外电视，1990（7）.

我们国家电视机的社会拥有量是 22 997 万台，人均拥有量每百人将近 20 台，电视的人口覆盖率达到 81.2%，卫星地面站达到了 3.2 万座。① 与此同时，有线电视业兴起，电视节目的供应不足问题更加严峻，"当前各级电视台的播出量越来越大，有线电视网也在纷纷建设之中，只凭电视台系统和电影厂、文艺团体系统的人力、财力拍摄电视剧，明显不足"②。

随着有线电视事业的发展，政府部门及时出台了《有线电视管理暂行办法》《〈有线电视管理暂行办法〉实施细则》《广播电影电视部关于有线电视台、站电视节目管理的暂行规定》。政策要求有线电视台、站播放的外国及我国港澳台地区影视剧、录像制品不得超过每周影视剧、录像制品总播出量的 1/3；播放的外国及我国港澳台地区影视剧必须是经广播电影电视部地方管理司审查同意的、由省级供片机构购买统一供片；广播电影电视部每年核定当年供有线电视台、站播放的外国及我国港澳台地区影视剧的数量。

尽管境外剧的监管很快覆盖到有线台，但是滥播境外剧现象有增无减，由于这一时期盗版严重，"滥播"引进境外剧的情况依然严重。在 1994 年的全国电视剧题材规划会上，艾知生指出："目前地方电视台进口节目比例过大，我部曾抽样调查了全国 46 家电视台（其中省级台 13 家，地市级台 3 家），结果表明：这些台每周播出海外电视剧少则 6～8 集，多则 20 多集，更为严重的是有 60 多部海外电视连续剧是没有经过广播影视部批准播出的，数量之大，时间之长，前所未有。""除了大量播出的海外进口电视剧格调不高甚至海淫海盗以外，国产电视剧精品不多，相当一部分摹仿海外电视剧，迎合一些观众的低级趣味。"③ 对于进口片充斥荧屏的原因，广电部门负责人指出，"除了受拜金主义的影响外，另一个原因是我们自己的东西还不够多，还不够好，还不能

---

① 1993 年全国电视剧题材规划会会议纪要 [J]. 中国电视，1993（5）.
② 国务院有关各部委（局）系统加强电视剧生产管理座谈会纪要 [J]. 中国电视，1992（3）.
③ 艾知生 . 一手抓管理 一手抓繁荣 以优秀的作品鼓舞人：在 1994 年度全国电视剧题材规划会上的讲话（摘要）[J]. 中外电视，1994（5）.

完全占领阵地来吸引观众"，"归根到底也是'一切向钱看'的倾向作怪，因为进口片便宜，进口以后还可以再交换出售，还可以带广告赚钱"①。

与此同时，出现了把电视剧市场化、商业化的呼声与争论，特别是 1993 年，中央电视台破例以 350 万元人民币的高价购买了北京文化艺术音像出版社制作的 40 集电视连续剧《爱你没商量》，这一事件引发了非常强烈的社会反响。有人认为："这是我国电视剧生产与播出由行政计划取向向市场取向转变的一次积极而有意义的尝试。"② 但也有学者冷静地指出："一方面，增加对电视剧节目的投资、意欲引进市场竞争机制的精神是可嘉的；另一方面，它播放的社会效益证实这只不过是一次偶发的多少带有盲目性的市场行为，对于改革整个电视剧艺术生产运作机制并不具有普遍意义。因为不仅这次交易在实质上并未真正体现'按质论价'的市场法则，而且今后在实际上也绝不会有第二家电视台有能力出此高价购买相同质量相同数量的电视剧。"③

的确如此，20 世纪 90 年代初期，我国电视剧生产和交易尚未建立完善的市场机制。党的十四大确立了建设社会主义市场经济体制的目标，电视业的改革也被提上了议事日程。在 1993 年召开的全国电视剧题材规划会上，提出要积极稳妥地推进电视剧市场化改革，进行电视剧创作、生产、流通、管理体制的改革，有步骤地引进市场竞争机制，促进电视剧生产逐步实现"良性循环"。如中央电视台黄金时间播出的 360 集电视剧实行"优质优价优播"的原则，省级台之间的交换网络和市级台之间的交换网络在条件成熟的时候，也要有步骤地进行这方面的改革试验。

面对走入市场的影视业的相关主体对经济效益的追逐，国家在监管政策层面开始明确强调："在建立社会主义市场经济过程中，特别要处理好电视剧的经济效益和社会效益的关系。我们从事精神生产，按照现代产业的划分，是第

---

① 艾知生. 一手抓管理 一手抓繁荣 以优秀的作品鼓舞人：在 1994 年度全国电视剧题材规划会上的讲话（摘要）[J]. 中外电视，1994（5）.

② 商尔刚. 电视剧生产的市场取向 [J]. 中国电视，1993（4）.

③ 仲呈祥. 试论电视剧生产运作机制的改革 [J]. 文艺理论与批评，1993（4）.

三产业。我们生产的精神产品具有商品属性。但是它是社会主义精神文明建设的组成部分。我们的电视剧要为改革开放服务……这是我们适应社会主义市场经济的建立的首要任务，也是我们追求的最大的社会效益"。"引进市场机制，讲求经济效益，这是第二位。坚持把社会效益放在首位的同时，应当努力使文艺的社会效益和经济效益统一起来。"① "在实践中，我们体会到电视剧等精神产品虽然也有商品属性，也要看到价值规律的作用，但更需要宏观调控，绝不能盲目听任市场调节。"②

在电视业进行市场化改革的背景下，广播电影电视部于 1994 年 2 月 3 日出台《关于引进、播出境外电视节目的管理规定》（广播电影电视部令〔1994〕第 10 号），1990 年的《广播电影电视部关于引进海外电视节目管理的暂行规定》被废止。《关于引进、播出境外电视节目的管理规定》与《广播电影电视部关于引进海外电视节目管理的暂行规定》的明显差异有：

第一，该规定将我国境外节目的范围扩大，除了我国从外国及我国港澳台地区购买、交换或由对方赠送的供电视台播出的专题节目、动画节目、电视剧，还包括境内影视机构与境外影视机构或其他机构合作摄制的供电视台播出的各类节目。

第二，对境外剧的播出限制做出调整，规定各电视台每天所播出的每套节目中，境外电视剧不得超过电视剧总播出时间的 25％③，其中黄金时间（18 时至 22 时）不得超过 15％。

第三，管理更加细致，对一般引进剧与少儿、动画节目等进行区分管理。电视台引进播出境外电视剧（含合办栏目中的境外电视剧）、合（协）拍电视剧需要经省级广播电视行政管理部门审查并签署意见后报广播电影电视部审查

---

① 1993 年全国电视剧题材规划会会议纪要 [J]. 中国电视，1993（5）.
② 艾知生. 一手抓管理 一手抓繁荣 以优秀的作品鼓舞人：在 1994 年度全国电视剧题材规划会上的讲话（摘要）[J]. 中外电视，1994（5）.
③ 《广播电影电视部关于引进海外电视节目管理的暂行规定》要求各电视台每天所播出的每套节目中，电视剧、电影安排应为：我国自制的不得少于 80％，引进海外的不得超过 20％。

批准。而电视台引进境外少儿、动画、科技、专题节目则实行分层管理：购买本台播映权的由本台自审自播；购买本省（自治区、直辖市）播映权的，由省级广播电视行政管理部门审查；购买全国播映权的，由播出该节目的电视台所在的省级广播电视行政管理部门审查。

第四，政策不再强调对引进价格进行干预，不再强调行政部门对引进价格和国内交流的价格限制，而是强调引进境外剧的交流在省市级电视台现有的节目交流网络或广电部门认定的机构组织有计划开展。这是一个非常大的政策进步，表现出对市场规律的重视，减少了政府对引进剧市场的过度干预。

1995 年 8 月 28 日，《国家广播电影电视部关于进一步加强和改进境外影视剧引进和播出管理的通知》（广发社字〔1995〕547 号）发出，除了强调未经广播电影电视部审查批准的境外影视剧，各地电视台一律不得播放，并规定每天 19：00—22：00 的黄金时间境外影视剧的播放比例不得超出 15％之外，还强调将监管重心放在引进交流环节的监管上，如要求各电视台在与外方草签协议之前，必须将所要购买的电视节目的详细文字材料提前报广播电影电视部社会管理司，引进境外剧的长度原则上不得超过 30 集。在国内交流方面，只批准引进本台播映权的境外剧不能发行或交换播出，只限本台播出。

1996 年召开的全国广播电视（影视）厅（局）长会议上，"建立健全引进审查制度、加强进口影片和广播电视节目的管理"被列为当年的主要任务。会议提出引进剧管理"关键是要把住'三关'。首先是进口关。片目的选择内容一定适合我国的国情，有益于青少年的身心健康，有益于社会主义精神文明建设，从节目的产地、题材、内容、形式等方面都要把握适当的比例。其次是审片关。对那些内容低俗、荒诞不经、粗制滥造的作品，一定要从严把关，不予通过。最后是播映关。必须严格遵守播放境外影片和广播电视节目的规定，防止和杜绝盗版以及乱播滥放。电影要继续坚持统一引进、统一标准、统一审查的方针。广播电视节目的引进要加强宏观调控，根据中办 27 号文件精神，在现有引进数量暂不改变的前提下，今后凡引进广播电视节目，一律由部统一审查。为此，要进一步完善引进审查制度，建立健全部引进影片和广播电视节目审查委员会"①。同年,《广播电影电视部关于加强广播电台、电视台、有线电视台播出管理的通知》下发,该通知要求各电视台、有线电视台要严格控制境外影视剧在播出影视剧节目总量中的比例,其中,黄金时间(18：00—22：00)不得超过 15％。其中重大的政策变化是对境外影视剧实行统一审查制度。此前北京、上海、福建、广东、四川五家省级电视台引进用于本台播出的境外影视剧不需要报审,该通知下发后也改为报广播电影电视部统一审查后方可播出。

此外,这个时期还严厉打击走私和非法放映影片的活动,整顿电影市场,陆续发布了《关于坚决查禁、严厉打击走私和发行放映非法影片活动的通知》(广发影字〔1997〕140 号)、《文化部、广播电影电视总局关于开展打击走私影片活动的通知》(文市发〔1999〕3 号)等,强调国家广播电影电视总局设立的电影审查机构是国家唯一批准的影片进口审查机构,中国电影公司是唯一合法的开展进口境外电影经营的单位,其他任何单位或个人从事影片进口经营活动都是违法行为。

1999 年 4 月 7 日,《电视剧审查暂行规定》施行,我国正式确立电视剧审查制度。《电视剧审查暂行规定》对电视剧的审查机构、审查标准和审查程序等做出明确规定。电视剧审查工作由国家广播电影电视总局设立的电视剧审查委员会和电视剧复审委员会和各省、自治区、直辖市广播影视厅(局)设立的省级电视剧审查机构负责。未经电视剧审查机构审查通过的电视剧,不得发行、播放、进口、出口。对于引进剧的内容审查,强调"引进外国及港、澳、台地区电视剧应当具有积极的主题思想、较高的审美情趣和文化艺术借鉴价值",在审查标准上,与国产剧和合作剧相同,并无特别标准。

这个时期的引进境外剧监管政策与改革开放初期有了明显的差异。改革开放初期的监管政策实际上是在计划经济思维下的强调政治利益和意识形态安全

---

① 孙家正. 把握导向 多出精品 促进广播电影电视工作迈上新的台阶：在全国广播电视(影视)(厅)局长会议上的报告 [J]. 中国广播电视学刊, 1996 (3).

的政策。"引进海外电视剧是一项政治性和政策性很强的工作。针对当前的国内外形势，特别要从反渗透和反和平演变的高度来认识，以做好引进海外电视剧的管理工作。"① 当时境外剧的引进、购销环节都是严格按照国家计划进行的，不允许把引进电视节目作为牟利手段，严控各种各样的节目展销会、交流会、订货会。但1992年之后的监管政策将市场这一要素纳入考量范围，国家政治利益、意识形态安全、电视剧市场的培育等成为政策考虑的三个不可分割的要素。这与这一时期的国际政治环境、国内经济改革，特别是广电业的发展有密切关系。

1991年以来，我国电视剧生产逐渐进入成熟期，到1994年，"电视剧的生产基本稳定在5 000～6 000集，我国已成为世界上制作电视剧最多的国家之一"②。也就是说在数量上，国产电视剧已经具有一定规模。与此同时，1996年12月，《中共中央办公厅、国务院办公厅关于加强新闻出版广播电视业管理的通知》下发，针对改革开放后我国新闻出版和广播电视事业由于规模数量增长过快、重复建设等导致的散、滥现象，提出按照"控制总量、调整结构、提高质量、增进效益"的原则，实行综合治理。在此背景下，县级广播电台、电视台、有线电视台、教育电视台合并，省以下教育电视台不具备条件的被撤销或改为转播台，企事业单位的有线电视台改为有线电视站；广播电台、电视台、有线电视台开办的各类专业台一律改称专业频道或第几套节目。

这样，一方面是电视剧、电视节目生产能力大大提升；另一方面是电视台治散治滥，使电视台节目资源不足的状况得到缓解。在此背景下，在1995年的全国电视剧题材规划会议上，提出了"电视剧创作应当强化精品意识，把提高质量放在首位"的要求，国产电视剧"抓精品"政策出台，与之相呼应的就是这一时期的引进境外剧监管政策。"西方同我们斗争的方式今后主要表现为

---

① 王枫. 统筹规划、加强管理 发挥系统优势、注意综合效益：王枫副部长在全国电视剧规划会和引进海外电视剧管理工作会议上的讲话 [J]. 中外电视，1990 (8).

② 杨伟光. 强化精品意识，把提高电视剧质量放在首位：在全国电视剧题材规划会上的讲话摘要 [J]. 中国电视，1995 (5).

经济领域的竞争和意识形态的斗争……面对西方和港台反对势力的'两化'攻势，我们对策主要有两条：一是加强行业管理，禁止收看海外卫星电视，控制海外电视片的进口；二是提高国产节目质量，丰富电视屏幕。"① 因此，从这个角度看，这一时期的引进境外剧监管政策本质上与当时发展国产电视剧政策相辅相成。

国产电视剧"抓精品"政策在强调"社会效益"第一的同时，开始重视经济效益，强调："一部优秀电视剧不仅本台播，中央台、省台、市台都播。还可以卖给外国电视台播，多渠道收回成本。"② 国家政策层面谨慎地推进电视剧市场化，到1999年，广电部门已经提出今后的电视剧生产要"狠抓质量，多出精品"，而且"不要限制社会生产力量"参与电视剧生产，提倡制作与编播相对分离的运行机制。在此背景下，引进境外剧监管日益严格，其目标之一就是保护国产电视剧市场。

第三节　市场思维下的文化自主：
引进境外剧政策（2000—　　）

进入21世纪后，我国加入世界贸易组织，广播电视业改革不断深化，互联网普及，政治经济环境和媒介环境都发生了重大变化。网络媒体的崛起，特别是网络视频产业的蓬勃发展，使境外剧的播放平台多样化，互联网甚至超越传统的广播电视机构，成为境外剧的主要播出平台，再加上境外剧市场形成，竞争白热化，因此，境外剧的管理更加复杂。这个时期的引进境外剧政策逐渐从以电视台为平台发展到互联网平台，直至融合的境外剧监管。

一、以电视台为主要监管对象的引进境外剧政策及其动因分析

由于一些电视台、有线广播电视台违规播放引进剧，主要是在黄金时间超

---

①② 杨伟光. 强化精品意识，把提高电视剧质量放在首位：在全国电视剧题材规划会上的讲话摘要 [J]. 中国电视，1995（5）.

量集中播放引进剧的现象日趋严重，甚至影响了国内电视剧生产，出现了一些模仿引进剧的"假国产剧、假合拍剧"，因此，"为规范电视剧播出秩序，促进国产电视剧繁荣"，2000 年 1 月 4 日，国家广播电影电视总局发布《关于进一步加强电视剧引进、合拍和播放管理的通知》，要求进一步加强引进剧的管理，特别是加强对引进剧产地和题材的调控，避免集中引进同一个国家、地区或题材重复雷同的电视剧，对播出环节的规定更加严格了。例如，明确指出有关宫廷和武打题材的引进剧不得超过年引进剧总量的 25％；除了要求严格执行1994 年《关于引进、播出境外电视节目的管理规定》，控制引进剧的播放比例和播出时段，黄金时间（18：00－22：00）播放引进剧的比例不得超过 15％之外，还提出各电视台以及有线电视台未经广电总局允许，不得在 19：00－21：30 的时间段播放引进剧，同一部引进剧不能在三个以上的省级电视台上星节目频道播放。

之后不久，2000 年 1 月 30 日，中宣部、国家广电总局发出《关于加强省级电视台上星节目频道管理工作的通知》，除了整改一些地方擅自调整或变相增办节目频道上星、使用未经批准的呼号等问题外，还特别强调了节目管理，严格控制引进剧的播放量，并重申《关于进一步加强电视剧引进、合拍和播放管理的通知》的要求。

不难看出，境外剧滥播现象在进入 21 世纪以后更加严重，不仅在一些电视台、有线电视台出现，而且进一步蔓延到上星频道。2000 年 2 月 24 日，国家广播电影电视总局、海关总署联合下发《关于加强广播电视节目电影片进口管理的通知》（广发社字〔2000〕第 91 号），明确境内广播电视台、有线广播电视台、教育电视台、中国电影集团公司、中国电影资料馆及广播电视节目制作经营机构等从境外进口广播电视节目、电影片、资料带等，统一由国家广播电影电视总局归口管理。

2000 年 6 月 15 日，《电视剧管理规定》颁布，国家对电视剧制作、进口、发行等环节实行许可制度，未经省级以上广播电视行政部门设立的电视剧审查机构审查通过并取得《电视剧发行许可证》的电视剧，不得发行、播放、进口、出口。在进口电视剧方面，境外电视剧由国家广播电影电视总局指定机构统一进口和发行，并实行内容审查和发行许可制。对播出时段和数量的要求与以往规定并无不同。除了强调实行内容审查、发行许可以及播出限制之外，特别提及了利用信息网络、卫星等方式进口、传输电视剧的管理办法另行制定。这意味着境外剧监管开始把网络平台和卫星平台纳入监管范围。经过上述的境外剧引进控制，到 2000 年"引进剧的总量明显下降，产地较为均衡，质量有所提高。与 1999 年相比，引进剧总集数下降了 30.2%，其中古装、武打剧总量下降了 33%。2000 年引进剧的产地分布为欧洲、美洲、大洋洲和亚洲的 18个国家和地区"①。

2005 年，出于加强文化产品进口，维护国家文化安全的目的，中共中央宣传部联合文化部、国家广电总局、新闻出版总署、商务部、海关总署五部门发布《关于加强文化产品进口管理的办法》，根据"控制进口总量，优化品种结构"的原则，统一制定文化产品进口的总体规划、年度计划和进口审查标准，加强对文化产品进口的宏观调控和分类管理。境外电视剧、电影、影视动画片及电视节目的引进，实行引进项目申报制，以加强内容审查和总量控制；以卫星等传输方式引进境外电视节目，由省级以上广播电影电视行政部门审核后报广电总局审批，原则上不再批准境外卫星电视频道在境内落地；与境外合作制作电影、电视剧和动画片，须经广电总局批准，并加强合拍电影、电视剧和动画片的立项管理，严格对合拍电影、电视剧和动画片的审查。

虽然政策在进口环节实行总量控制和内容审查，并取得了较好的效果，但是，引进境外剧的"滥播"现象并没有得到根治。国家广电总局分别于 2003年 1 月、9 月和 11 月先后发出《关于对黄金时段电视剧播出情况检查的通知》《关于重申黄金时段电视剧播出规定的通知》和《关于对黄金时段电视剧播出情况检查的通报》以检查主要政策的落实情况，并于 2004 年 3 月 3 日下发

---

① 吉炳轩. 弘扬五种精神，奏响时代强音：在 2001 年度全国电视剧题材规划会上的讲话 [J].中国电视，2001 (4).

《关于严肃宣传纪律，制止违规播出行为的通知》对引进剧播出进行复查。

　　在此背景下，面对屡治不愈的境外剧"滥播"顽疾，2004 年 10 月《境外电视节目引进、播出管理规定》（国家广播电影电视总局令〔2004〕第 42 号）实施。但该规定的重心仍然在规范境外电视节目包括境外剧的引进环节，强调广电总局对引进境外影视剧的总量、题材和产地等进行调控和规划，由广电总局指定的单位申报。但在播出环节，其规定相对简单，只有第十八条强调"电视台播出境外影视剧，应在片头标明发行许可证编号。各电视频道每天播出的境外影视剧，不得超过该频道当天影视剧总播出时间的25%……未经广电总局批准，不得在黄金时间（19：00—22：00）播出境外影视剧"。也就是说，除了强调境外剧播放的片头要标明发行许可证编号外，还将未经广电部门允许不得播放境外剧的黄金时间段从过去的 19：00—21：30延长至 19：00—22：00。

　　2012 年 2 月 9 日，国家广电总局下发《关于进一步加强和改进境外影视剧引进和播出管理的通知》，针对境外剧的引进和播出做了政策调整。在引进政策方面有所放宽，在强调引进立项和审批程序的同时，要求优先引进高清版的境外影视剧，并将引进境外影视剧的长度放宽至"原则上控制在 50 集以内"，此前一直执行《国家广播电影电视部关于进一步加强和改进境外影视剧引进和播出管理的通知》（广发社字〔1995〕547 号）的规定，限制在 30 集以内。但在播出方面监管更加细致和严格，强调了发行许可、禁止黄金时间播出、每日播出时间占比、栏目插播时长、国别比例管理、违规频道的处罚等。

　　这个时期国家对引进境外剧的监管更加强调引进环节和播出环节，除了考虑国家意识形态把控和精神文明建设的需要，另一个结构性要素——市场得到高度重视，引进剧政策的目标定位于繁荣国产电视剧市场。这个时期除了继续强调境外剧的播出限制，加强境外剧的引进和管理，还开始强调"以进带出"，强调对国产电视剧的扶持。例如，在 2000 年召开的全国电视剧题材规划会议上，明确提出："在限制进口剧的同时，要从进口剧的随片广告的收入中提取出一部分资金来鼓励支持国产剧，特别是重点剧和少儿节目的创作。"① 国家在这个时期推出优秀电视剧剧本扶持引导项目、网络视听节目内容建设专项资金扶持项目、少儿节目精品发展专项资金扶持项目、国产纪录片及创作人才扶持项目、中国原创动漫出版扶持项目等，大力扶持本土各类影视剧生产。

国家广播电影电视总局在《关于进一步加强电视剧引进、合拍和播放管理的通知》中强调"促进国产电视剧繁荣"，特别是在合作片拍摄上，对国产电视剧的扶持已经明显。例如，对于参与合拍剧的单位，不但要求其取得《电视剧制作许可证（甲种）》，还附加了一个条件，即"必须生产完成60集国产剧，并经审查通过后，方可申请与境外合拍一部20集的电视剧"。

在2002年下发的《国家广播电影电视总局关于加强引进剧规划工作的通知》中明确强调广播影视节目的"以进带出"政策，自2003年起对引进剧实行规划管理，要求具有引进资格的单位根据当年引进计划，在正式办理报审工作之前，先进行引进剧的立项申请，通过立项申请的引进剧可列入当年的引进规划，并据此办理引进剧的正式报审手续。各引进单位在完成引进剧工作的同时，努力做好国产电视节目的外销工作。

在引进境外剧的发行流通环节，进一步推动境外剧的流通市场化。例如，2012年2月9日，国家广电总局《关于进一步加强和改进境外影视剧引进和播出管理的通知》规定："各级电视台申报并获得总局批准引进的境外影视剧必须在本台首播，首播之后才可以再次发行在其他电视频道播出。"也就是说，允许再次发行，而原《国家广播电影电视部关于进一步加强和改进境外影视剧引进和播出管理的通知》（广发社字〔1995〕547号）强调："引进境外影视剧的目的是丰富和繁荣我国的电视文化，满足人民群众对于电视节目的多种需求，因此，不应将引进剧作为牟利的手段。各台在引进工作中，一定要注意规范操作，严禁对引进剧进行倒手买卖以牟取暴利的行为。"

与以往相比，电视台的引进境外剧监管政策更加注意遵循市场规律。这是

---

① 2000年全国电视剧题材规划会综述［J］. 中国电视，2000（5）.

因为这一时期我国的电视剧生产已经成为吸引大量社会资本进入的产业，电视剧交易市场也日益完善。在 2003 年的全国电视剧题材规划会上，管理部门明确提出改变当时的"小农经济"的电视剧生产方式，提倡和鼓励以多种所有制形式来推进电视剧生产，在体制、机制上进行改革，在经营模式上进行创新。当时提出的措施主要包括："第一，体制上的问题，电视剧制作单位要企业化运作。今后各部委的电视剧中心全部都要跟机关脱钩，自负盈亏。机关不能投钱拍摄电视剧，电视剧中心的利润也不上缴给机关。这个方向是明确的，有关部门是要拿出实施意见的……公司化运营，就是意味着自己闯市场。只有面向市场，进入市场，变压力为动力，电视产业才能真正发展壮大。我们要走电视剧产业化的发展道路，改革现有的行政指令性的生产体制，使电视剧制作单位与政府部门分离，成为自主经营的竞争主体。第二，要改革电视剧市场运行机制，建立公开的、透明的电视剧交易市场……现在电视剧交易市场已经形成，建立公开的电视剧交易市场并对其进行有效的监管，杜绝暗箱操作，制止以权谋私已势在必行。"① 此后，在国家产业政策的支持下，电视剧市场日益成熟和完善，有广电部门从业者指出："作为我国文化产业中市场化程度最高，产业力量最强，民营资本进入领域最广的行业，电视剧生产制作带动了我国文艺的繁荣和发展。"② 在这样的背景下，境外剧的监管政策也开始注重市场规律。

影响这一时期的境外剧监管政策的另一主要因素是中国加入世界贸易组织（WTO）后广播电视业所面临的挑战。徐光春曾指出："根据 WTO 服务协定的原则，广播、电视是不开放的，但实际上，中国的电视开放到何种程度了，在座的同志都很清楚。看看我们的荧屏，里面有多少外国的东西？多得很！人家没叫我们开放，我们自己就在那里开放了。大量的外国电影、接连不断的进口电视剧在荧屏上播放，不断地与中国观众见面……我们不是一概地排斥外来文化。外来电视节目固然能够丰富我们的荧屏，但是，过多地引进外国的文化，

---

① 徐光春 . 繁荣发展电视剧创作：在 2003 年度全国电视剧题材规划会上的讲话（摘要）[J]. 电视研究，2003（6）.

② 胡占凡 . 在 2005 年全国电视剧题材规划会上的讲话 [J]. 中国电视，2005（4）.

会给民族文化的繁荣和发展带来致命的打击……这是一个民族精神、民族传统的问题，从某种程度上说，也是一个主权问题，文化主权问题。"也就是说，这一时期的境外剧监管政策话语在强调社会价值时已经逐渐从20世纪的意识形态话语，如"反和平演变""意识形态斗争""反渗透"，转变为以诸如"民族文化""民族传统"等文化主权话语为主。与此相呼应，电视剧政策也"变守为攻"，提出了国产电视剧"走出去"政策，并把它与引进境外剧政策紧密结合起来。

因此，在2000年之后，与我国的电视剧市场化改革深入、电视剧规模化生产和市场化机制不断完善密切相关，引进境外剧的监管政策是着眼于文化市场竞争力和文化主权的角度，不再单一强调意识形态安全了，而是更多以参与国际文化市场竞争、维护民族文化自主性为目标。

二、互联网平台引进剧的监管政策

随着互联网业的崛起，关于互联网传播影视节目的相关政策在2000年后陆续出台，特别是大量民营视频网站兴起后，与网络传播视听节目相关的监管政策更是密集出台。在2014年前，关于互联网机构引进和播出境外剧的政策体现在一些关于网络传播视听节目的政策中，并无专门政策。而此后，随着互联网平台传播境外剧的规模不断扩大，专门针对互联网平台的境外剧监管政策陆续出台。

早在2000年，《信息网络传播广播电影电视类节目监督管理暂行办法》发布，国家广播电影电视总局被确定为信息网络传播广播电影电视类节目的主管部门，信息网络传播广播电影电视类节目实行许可管理。通过信息网络向公众传播的影视剧类节目必须从广播电影电视类节目专用目录中选取。禁止播放从网络或境外媒体上收录下来的境外节目。此后，《关于加强网上传播广播电影电视类节目管理的实施细则（试行）》（广发社字〔2001〕1496号）进一步明确开展网上传播广播电影电视类节目业务、传播影视剧类节目的业务所需要的条件和审批方法以及监管方式。例如，网络平台以全屏方式广播视频节目的，按建立有线电视频道的审批办法管理；以全屏方式点播视频节目的，按开办视频点播业务的审批办法管理。虽然该细则最后强调通过技术端口对网络平台实施监听监看的日常管理，但从本质来看，其网络平台传播影视节目的监管政策主要还是按照广播电视媒体传播影视节目的监管思路来实施管理的。这种忽视网络传播技术特性的监管政策在实际运行中注定要遇到很多困难。

2003 年发布的《互联网等信息网络传播视听节目管理办法》（国家广播电影电视总局令第 15 号）规定，通过信息网络向公众传播的影视剧类视听节目必须取得《电视剧发行许可证》或者《电影片公映许可证》。该办法第二年被废止，取代它的是自 2004 年 10 月 11 日起施行的《互联网等信息网络传播视听节目管理办法》（广电总局令第 39 号），39 号令实施了 12 年，后被自 2016年 6 月 1 日起施行的《专网及定向传播视听节目服务管理规定》取代。

其中，《互联网等信息网络传播视听节目管理办法》进一步规范了从事互联网传播视听节目的业务许可和业务监管。该办法第二十三条规定："利用信息网络转播视听节目，只能转播广播电台、电视台播出的广播电视节目，不得转播非法开办的广播电视节目，不得转播境外广播电视节目。利用信息网络链接或集成视听节目，只能链接或集成取得《信息网络传播视听节目许可证》机构开办的视听节目，不得链接或集成境外互联网站的视听节目。"在监管上除了强调广播电视行政部门建设视听节目监控系统、建立公众监督举报制度外，实施了坊间所说的"自审自播"，即要求从事传播视听节目的互联网机构，应建立健全节目审查、安全播出的管理制度，实行节目总编负责制，配备节目审查员，对其播放的节目内容进行审查。传播视听节目的名称、内容概要、播出时间、时长、来源等信息，持证机构应当至少保留 30 日。

2005 年，为落实中办国办《关于进一步加强互联网管理工作的意见》，国家广播电影电视总局全面开展对信息网络传播视听节目业务机构的清理整顿工作，其中之一就是对传播境外有害广播电视节目的网站进行监控，实施封堵。

此后的一些互联网视听节目监管政策虽然并没有直接针对境外剧，但其关于影视剧、网络剧的监管政策在实际运行中也适用于引进境外剧。如国家广电总局在 2007 年 12 月 28 日下发的《关于加强互联网传播影视剧管理的通知》（广发〔2007〕122 号），针对一些涉嫌侵权盗版以及含有有违社会道德、色情淫秽甚至危害国家安全内容的影视剧在互联网上传播，强调未取得《电影片公映许可证》的境内外电影片、未取得《电视剧发行许可证》的境内外电视剧、未取得《电视动画片发行许可证》的境内外动画片以及未取得《理论文献影视片播映许可证》的理论文献影视片一律不得在互联网上传播。

2008 年 1 月 31 日施行的《互联网视听节目服务管理规定》（广电总局、信息产业部令第 56 号）要求，用于互联网视听节目服务的电影电视剧类节目和其他节目，应当符合国家有关广播电影电视节目的管理规定。

2009 年 3 月 31 日，广电总局发布的《关于加强互联网视听节目内容管理的通知》在重申《互联网视听节目服务管理规定》第十六条规定和影视剧的网上传播前提条件的基础上，详细列举了 21 条视听节目内容审查剪节、删除的标准，强调互联网视听节目服务单位要完善节目内容管理制度和应急处理机制、节目版权保护制度。

2010 年颁布的《互联网视听节目服务业务分类目录（试行）》把网络剧（片）、电影、电视剧、动画片类视听节目的汇集、播出服务都归属于第二类互联网视听节目服务。同年下发的《广播影视知识产权战略实施意见》提出加强对视听节目服务网站播放正版节目的监督工作，严厉打击互联网侵权盗版行为，重点打击影视剧作品侵权盗版行为。

以上这些政策虽然没有专门提及引进境外剧，但实际上与引进境外剧密切相关。因为这个时期，我国网络传播的视听节目来源除了少量网络自制剧，唱主角的正是引进境外剧。这一时期在视频网站播出的境外剧，大体有两个来源：一个是通过正规渠道购买版权，另一个是 UGC（用户生成内容）。后者带来了非常大的侵权风险，成为版权治理的对象。

国家广播电影电视总局在 2012 年 7 月下发《关于进一步加强网络剧、微电影等网络视听节目管理的通知》（广发〔2012〕53 号），除了重申信息网络传播视听节目许可制、节目内容编审管理制度、内容审查标准以外，还强调互联网视听节目服务单位要按照"谁办网谁负责"的原则，对网络剧、微电影等网络视听节目实行"先审后播"管理制度。2014 年 1 月 2 日，国家新闻出版广电总局下发《关于进一步完善网络剧、微电影等网络视听节目管理的补充通知》（新广电发〔2014〕2 号），再次强调落实好"先审后播"的管理制度，严把播出关。如强调互联网视听节目服务单位自审自播的网络剧、微电影等网络视听节目，应在上网播出前完成节目信息备案和备案号标注工作，否则不得上网播出。

2014 年 9 月 2 日，国家新闻出版广电总局下发《关于进一步落实网上境外影视剧管理有关规定的通知》（新广电发〔2014〕204 号），这是我国第一个专门针对网络传播境外影视剧的政策规定，对境外剧引进的资格、引进数量、发行和播出做了严格限制。

在引进资格方面，引进境外影视剧的网站首先必须依法取得国家新闻出版广电总局颁发的《信息网络传播视听节目许可证》，并且许可范围包括"第二类互联网视听节目服务第五项：电影、电视剧、动画片类视听节目的汇集、播出业务"。

在引进数量上，强调适量引进境外影视剧供信息网络传播。国家新闻出版广电总局负责制定用于信息网络传播的引进境外影视剧的总体规划，规定一家网站年度引进播出境外影视剧的总量，不得超过该网站上一年度购买播出国产影视剧总量的 30%。引进专门用于信息网络传播的境外影视剧的网站，应提前将其引进计划向管理部门申报。①

在播出方面，实行"先审后播"，内容审查标准按照电影、电视剧内容审核相关规定执行，要符合《境外电视节目引进、播出管理规定》（广电总局令第 42 号）第十五条规定。此外还需取得《电视剧发行许可证》，并在"网上境

---

① 具体规定是，引进专门用于信息网络传播的境外影视剧的网站，应当将本网站年度引进计划于上一年度年底前经省级新闻出版广电局初核后，向国家新闻出版广电总局申报（中央直属单位所属网站直接向总局申报），包括拟引进影视剧的名称、集数、产地、著作权人、内容概要等信息，以及该网站上一年度购买国产影视剧的相关证明。

外影视剧引进信息统一登记平台"进行登记，各网站不得播放未在平台上登记和公告的境外影视剧。[①]

在发行方面，规定各网站只能引进用于本网站播放的境外影视剧，也可在本网站播放的同时，在符合版权要求的情况下，销售给其他具有影视剧播放资质的持证网站播放。各网站不能引进境外影视剧专门销售给其他网站播放。

自2016年6月1日起施行的《专网及定向传播视听节目服务管理规定》继续实施信息网络传播视听节目许可制，内容提供服务单位应当建立健全节目审查、安全播出等节目内容管理制度，先审后播，强调专网及定向传播视听节目服务单位传播的电影、电视剧、动画片、纪录片等节目，应当符合国家广播电影电视相关管理规定，并遵守著作权法律、行政法规的规定，采取版权保护措施，保护著作权人的合法权益，把视听节目内容审查的十条标准调整为七条。

从以上政策脉络发展来看，网络平台传播的境外剧政策从一开始的起于广播电视境外剧引进播出政策，经过十余年的演变，最终回到了起点。当然，这种电视台与网络平台传播境外剧的监管政策融合适应了电子媒介融合的趋势，政策融合是大势所趋。例如，2014年5月，湖南卫视不再销售旗下拥有完整知识产权的自制节目的互联网版权，而是全部在旗下视频网站"芒果TV"独播，以此打造自己的互联网视频平台。但不得不指出，目前网络平台传播境外剧监管政策存在两种不适应的情况。

第一，对网络技术的不适应。当前的网络平台传播境外剧监管政策几乎完全照搬了电视台引进境外剧的监管政策，对网络传播技术特征重视不足。互联网技术的优势就是即时传播，在技术上，网络平台境外剧的播放完全可以做到与海外同步，但是目前的网络平台传播境外剧的引进程序和播出规定已经让这

[①] 各网站将按年度引进计划引进的专门用于信息网络传播的境外影视剧的样片、合同、版权证明、剧情概要等材料，报所在地省级新闻出版广电部门进行内容审核，审核通过的发给《电视剧发行许可证》。通过不同渠道引进的用于信息网络传播的境外影视剧，都应当在"网上境外影视剧引进信息统一登记平台"上进行登记。

一优势丧失殆尽。这将导致网络视听服务流失大量受众。那么问题是网络流失的受众会回归电视台吗？答案是未必。电视台未必在此政策中受益，而该政策会对网络视听服务业产生消极影响。其原因是我国版权保护还不完善，网络盗版非常严重，如果网络视听服务商播放境外剧的时间慢于网络盗版的时间，其后果不言自明。而现实的确很残酷，以美剧为例，网络盗版一般能在美剧在美国放映后第二天即更新，因此，还没等到视频网站把美剧播出来，网友们已经看过盗版了。其后果就是视频网站点击量下降以及由此带来的广告收入下降。忽视网络技术特征的监管政策必然会对网络视频业的发展产生消极影响。

第二，脱离了网络视听节目服务业的市场。由于体制性差异，互联网视听服务业一开始就是商业化运作的，网络视听业民营资本占有很大比重，追求利润是其主要目标。为了获取流量以及广告收入，网络视听节目服务商往往不惜成本以高价引进境外剧。面对高额的引入剧成本，各个视频网站需要承受较大的成本压力。据媒体报道，"在韩剧制作商将视线转向中国视频网站之初，韩剧每集网络传播权售价为 1 000 美元至 3 000 美元，到 2013 年单集突破 1 万美元，此后售价频频刷新纪录。2013 年韩剧《继承者们》热播，单集售价为 3 万美元，网络传播权售价自此开始不断攀升。MBC 电视台电视剧《命中注定我爱你》网络传播权售价为每集约 12 万美元，2014 年年底 SBS 电视台电视剧《匹诺曹》每集价格更是高达 28 万美元（约合 178.8 万人民币）"①。2014 年部分韩剧单集引进价格，如表 4-1 所示：

表 4-1　2014 年部分韩剧单集引进价格

剧名	每集价格（美元）
《来自星星的你》	3.5 万
《危情三日》	4.5 万
《Doctor 异乡人》	8 万
《命中注定我爱你》	12 万

---

① 韩剧转型迎合中国市场：接轨海外 提振韩国经济 ［N/OL］. (2015-08-24)［2021-04-30］. http://www.xinhuanet.com/world/2015-08/24/c_1116344438.htm.

续表

剧名	每集价格（美元）
《对我而言，可爱的她》	20万
《匹诺曹》	28万

韩剧单集引入价格在《来自星星的你》一剧热播之后便急剧攀升。高额的成本使网络视听节目服务商的盈利压力非常大。虽然不断暴涨的网络版权费、日益严格的监管政策倒逼视频网站寻找新的盈利点——发展网络自制剧、尝试网络付费模式，但是动辄打价格战的影视剧市场急需政府给予关注。

此外，监管上推行的网络剧自审自播实际是"监管悖论"，网络剧审查员实际上是网站的内部工作人员，对本网站的网络剧播出行使否决权会直接触及本网站的经济利益，这种所谓的自查行为难免会受到想要维护网站利益的人的不当干涉。这种所谓的自我审查无异于网站既是运动员，又是裁判员，以这种二元悖论的身份，如何能保证对网络剧的有效监管？

第四节 关于引进境外剧管理创新的建议

纵览引进境外剧的监管政策，无论是针对传统广播电视媒体的监管政策，还是网络平台传播境外剧的监管政策，政治和文化安全一直是居核心地位的政策着眼点。虽然广播电视业市场化改革不断深入，互联网视听节目市场日益繁荣，但是市场这一要素在政策制定过程中并没有得到应有的重视。

在1978—1991年这一时期，市场经济模式尚未确立，广播电视业虽然开始尝试"事业单位，企业化管理"的模式，但并未形成实际的企业化运营模式，再加上当时的国内外政治环境，用监管政策来对境外影视剧进行调控是可行的。然而，随着市场力量逐渐凸显，监管政策频频出台，仍然无法根治电视台滥播境外剧的顽疾。一些电视台为了收视率，为了广告收入，采用各种办法规避政策，如开辟"930"剧场。

1992年之后，广播电视业成为第三产业的一部分，广电业市场化改革进一步深化，制播分离极大地推动了广播电视节目市场的发展，电影业改革也促进了国产电影发展，国内影视节目交易市场逐渐形成。在此背景下，监管思维已经不符合时代发展的需要。高度产业化的影视剧市场已经是"牵一发而动全身"。因此，虽然面临与之前相同的政策目标，但将旧的政策思维移植到"网络"上必然会导致低效。

首先，在引进境外剧的管理政策变迁中，国家的政治利益和意识形态安全、影视机构的利益得到高度关注，公众只被视为政府保护的对象而非权利主体。未来的政策应该更加关注受众的权利，维护公共利益。未来引进境外剧管理政策应兼顾政府利益、商业利益、社会公众利益三方，将政策重心放在规范市场竞争、协调各个市场主体的利益、引导市场可持续发展上。

其次，随着广电业与互联网业在影视剧业务上的融合日益增多，国家的引进境外剧的管理政策层面也应该实现政策融合，探索建立符合我国国情的融合管理模式。

最后，在引进境外剧的监管上，应该着力培育行业性的社会监督组织，如影视剧行业协会、网络视频行业协会等，协助其建立自律管理制度和行业道德准则，使其充分发挥行业自律功能，从而实现行政监管与行业自律相统一。"在媒介面向市场，加强市场运作过程中，这类中介组织可以有效协助政府对媒体的市场行为进行有效的监督，维护市场竞争的'三公'原则。"①

---

① 刘晓红 . 频道专业化与节目交易中介［J］. 电视研究，2002（8）.

第五章　改革开放以来我国动画（漫）业政策的变迁

　　关于动画（漫）业的政策变迁，大部分研究关注的是 2000 年后，特别是 2003 年以后的动漫产业政策。具有代表性的研究有：朱春阳、黄筱的《基于钻石模型视角的区域动漫产业扶持政策比较研究：以杭州、长沙为例》，苏锋的《我国动漫产业政策的错位与调整》，张鸣的《中国动漫产业政策的回顾与展望》。此外，还有一些文化产业政策的研究专著涉及动画产业政策的研究，如李思屈等著的《中国文化产业政策研究》，王文锋、何春雨著的《中国文化产业政策研究》等。

　　对于动画（漫）业的政策变迁，笔者认为在时间节点上可以向前推进。改革开放后，随着电影体制的改革，我国动画业市场化，21 世纪后的产业政策与前期的市场化推进有密切关系。此外，如果研究动画（漫）业政策的变迁，不能只着眼于产业政策，动画（漫）业的监管政策也是重要的组成部分，不能忽视。

第一节　动画（漫）业体制改革迟滞，外资动画企业管理宽松（1978—1989）

　　我国的动画片诞生于 1922 年。改革开放以后，动画片往往被称作"美术影片"，1979 年上映的《哪吒闹海》是我国第一部彩色宽银幕动画长片，在国内外电影节多次获奖，被认为是中国动画昔日的巅峰之作。

由于在 20 世纪 90 年代前动画业还不是独立的产业部门，动画片作为美术影片，涉及动画片的早期政策主要体现在电影方面的法律法规中，其表述往往是"美术影片（含动画、木偶、剪纸片等）"。可以说，在较长一段时间里，政策话语中并没有"动画片"这一表述，而是以"美术影片"代之。

改革开放后的电影体制改革始于电影发行体制改革。1979 年 8 月，国务院批转《关于改革电影发行放映管理体制的请示报告》，恢复已有的电影发行放映网，确定中影公司的领导管理地位。在财务管理上，要求加强集中统一和扩大省、市、自治区的财权；调整了发行收入分成比例（影片发行收入的70％交给中影公司，30％分配给省、市、自治区公司），地方分成比例明显提高，并在地方公司实施利润留成办法，即地方电影发行放映单位的利润，20％上缴财政，80％作为发行放映的基金（此政策被称为"二八"政策），该政策推动了我国电影发行放映事业的建设和发展。1979 年 11 月 16 日，《关于改革国营电影发行放映企业管理体制的试行方案》发布。1984 年，电影业按照经济体制改革要求被规定为企业性质，独立核算、自负盈亏、缴纳税收。根据广电部 1987 年（975）号文件，放开制片厂和中影公司拷贝结算的上下限，提供了代理发行、一次性买断和按比例分成等多种结算手段。但是 1989 年又恢复到按拷贝结算，拷贝单价增长了 1 500 元。

以上这些电影发行体制改革政策陆续推出，虽然在具体执行中有不甚令人满意的地方，但客观上推动了国内电影业包括动画片的发展。除了改革电影发行，国家还出台政策鼓励电影创作，如文化部于 1979 年 8 月颁布的《优质影片生产奖励试行办法》《优秀电影创作奖暂行办法》等。

20 世纪 80 年代初期广播电视改革的"四级办广播、四级办电视、四级混合覆盖"方针改变了全国广播电视业格局。1988 年，全国广播电台从 1982 年的 118 座增加到 461 座，电视台从 1982 年的 47 座增加到 422 座。[①] 电视台数

---

① 国家广播电影电视总局发展研究中心. 2009 年中国广播电影电视发展报告 ［M］. 北京：新华出版社，2009：398.

量的激增导致节目源不足，电影成为重要的节目源之一。虽然电影市场不景气，但巨大的电视节目市场却给动画片发展提供了非常好的机遇。

在国家电影体制改革政策、电视节目市场需求旺盛等因素推动下，20世纪80年代动画业出现了短暂的中兴。除了电影制片厂外，各个电视台也积极生产动画片。到1988年，动画片生产机构已经由改革开放前的一家——上海美术电影制片厂，发展为十多家。如长春电影制片厂美术片分厂、南京电影制片厂动画组、福建电影制片厂美术片组、八一电影制片厂动画组、北京科学教育电影制片厂动画车间、辽宁科学教育电影制片厂动画组、中国电视剧制作中心美术片创作室，以及上海电视台、湖北电视台、四川电视台、吉林电视台等一些地方电视台，等等。中国动画人坚持从中国民族美学、传统文化中吸取养分，动画制作不但数量上增长很快，形式和题材也不断创新，创作了《阿凡提》《山水情》《九色鹿》《黑猫警长》《三毛流浪记》《葫芦兄弟》《邋遢大王奇遇记》《舒克和贝塔》等出色的动画片。其中"1985年美术片的创作，是个丰收的年景。全国美术片（包括电影和电视片在内）据不完全统计，共摄制了29部，出现了一批优秀作品"①。

但是随着海外商业化动画片大量涌入中国，并迅速占据电视荧屏，本土动画保守的运行体制对动画片发展的掣肘日益显现。虽然国家在政策层面对电影业实行企业化改革，但动画片的制作发行仍然在按计划体制运作，明显迟滞于当时的电影体制改革。例如，1989年5月31日，广播电影电视部、财政部发布的《关于试行承包电影发行收入基数的通知》明确强调，"科教、纪录、美术等长短片的拷贝，仍实行计划供应"。这种保守的政策取向实际上很快成为不利于动画片发展的阻碍性因素。

由于体制上的制约，本土动画业实行国家统购统销政策，加之动画片的制作周期长，单独依赖政府资金的本土动画片的生产根本无法满足电视节目市场的旺盛需求，各家电视台纷纷引进海外动画以填充节目时间。《变形金刚》《米

---

① 中国电影家协会. 中国电影年鉴（1986）[M]. 北京：中国电影出版社，1988：7-11.

老鼠与唐老鸭》《铁臂阿童木》《蓝精灵》《聪明的一休》等国外动画以其生动的人物形象、有趣的故事情节、精良的制作迅速吸引了中国孩子们的眼球，从而对中国本土动画影片造成了巨大的冲击。广电部门领导直言："电视屏幕上的动画片节目，长时间被海外节目占领。至今美影厂和中央台生产的动画片数量都很少，加上其他各地生产的也不过几个小时，而我们需要的是数百小时的节目，差距实在太大了。"①

改革开放初期，我国经济特区的外资政策非常宽松，1980 年 8 月 26 日，第五届全国人民代表大会常务委员会第十五次会议批准施行《广东省经济特区条例》，鼓励外国公民、华侨、港澳同胞及其公司、企业投资设厂或者与我方合资设厂，兴办企业和其他事业。在此背景下，国际动画公司纷纷将目光投向中国广东经济特区，它们或者在中国寻找制片厂代工，或者在中国建立独资和合资公司。"从 1985 年开始至 1988 年为止，已先后成立了 5 个动画公司，它们是：深圳的翡翠动画公司、太平洋动画公司、广州的时代动画公司、杭州动画公司、大连的阿凡提动画公司。这些公司都是中外合资或外方独资兴办的动画企业。它们主要承接欧美、日本等国家的动画系列片的加工业务。"②

"当年的深圳动画企业，面临的最大挑战就是没有动画人才，可以说是全国挖人，甚至因彼此之间互挖而引起员工工资'价格大战'，形成了动画企业高工资的局面。高工资吸引了不少年轻人加入，因此，当年有很多声讨翡翠和太平洋的声音，说人都被它们挖走了。"③ 以上海美术电影制片厂为例，早在 1979 年 8 月，上海美术电影制片厂就为日本东映株式会社代工，此后还为法国、美国等国代工，赚取了大量外汇，如"1985 年就创汇 21 万美元，到 1986 年是 35 万美元，1987 年增加到 41 万美元，所以三年下来，创

---

① 王枫. 统筹规划、加强管理 发挥系统优势、注意综合效益：王枫副部长在全国电视剧规划会和引进海外电视剧管理工作会议上的讲话［J］. 中外电视，1990（8）.

② 中国电影家协会. 中国电影年鉴（1989）［M］. 北京：中国电影出版社，1991：93.

③ 杨丽萍. 当年画动画就像"画钱"一样［N］. 深圳特区报，2010-05-14（A10）.

汇将近一百万美元"①。

代工是一把双刃剑,虽然既给国家创汇,动画业也学到了国外的先进管理理念,但其负面效果也日益显现。这些中外合资或外方独资公司建立后面临人才短缺的困境,故以高工资吸引国营制片厂的人才,致使国营制片厂的动画人才大量流失,给本土动画生产带来一定的不利影响。对本来就面临人才短缺困难的国产动画业来说,可谓是雪上加霜。

国产动画的状况从上海美术电影制片厂当时的窘境可窥一斑。上海美术电影制片厂原厂长周克勤在《"美影":难忘的1989》中这样写道:"公元1989年是我们美影厂难以忘却的年头,因为它是我厂建厂以来最为困难的一年。几年来,我厂的创作人员大量流向南方几个外资的动画加工厂,自1986年至1989年外流近百人,其中主要是动画片的动画和动画设计。大批的人才外流使我厂创作人员结构出现断层,造成生产能力下降,加剧经济滑坡。生产利润从1987年的143万元,下跌到1988年的48万元。当然,除上述原因外,原材料的价格上涨,摄制成本提高,各种税金的增加,制片与发行分配上的差异等也是产生经济滑坡的重要因素。紧随经济困难而来的是厂内思想混乱,人心涣散,直接影响到全厂的凝聚力和战斗力。这种严峻的局面,曾被人揶揄为'大逃亡''大翻船'。"② 可以说,上海美术电影制片厂当时的情况实际上是整个本土动画生产面临的普遍问题。

由于当时文化体制改革尚处于初期,动画业迟滞的制作周期、技术上的掉队、人才的流失、产量的低迷等一系列问题纷至沓来,再加上国外动画片的涌入,国产动画片流失了大量受众,中国动画难以和产业化制作的海外动画相抗衡。自20世纪80年代中后期开始,我国的本土动画生产开始走向低迷。

---

① 李镇,卢嘉毅,周夏,等. 严定宪访谈录 [J]. 当代电影,2012 (5).

② 中国电影家协会. 中国电影年鉴(1990)[M]. 北京:中国电影出版社,1992:117 - 118.

第二节　市场化政策起步，境外动画管理
适度加强（1990—1999）

　　20世纪80年代是海外动画产业进行全球扩张的时期，一些外国动画公司在中国寻找代工和建立独资、合资动画公司，这对中国本土动画片的生产造成了巨大冲击。"据初步统计，到1991年年底为止已开设的外资和中外合资的动画加工企业有18家。这些企业的综合生产能力，已大大超过了国产动画片。这种竞争势态，使国产动画制片业面临着严重的挑战。"① 海外动画抢占国内动画市场的局面在20世纪90年代已经非常明显，引起业内和业外人士的高度关注。有业内人士认为代工以及国外动画公司对中国本土动画业的生产造成不利影响，面对国产动画生产的困境，呼吁政府对本土动画片施行保护政策。

　　"这些独资和合资的动画公司主要为国外生产动画片，几乎不制作国产动画片。它们生产一集22分钟的外国动画片，可从国外获得6万～14万美元，平均也有8万美元，而且不承担前期编剧、导演和后期的对白、音乐、动效等工作，而国内制作一集22分钟的动画片，全部投入平均为20万元人民币左右。目前，国内动画制作的从业人员约有4 000人，其中有2 000多人在独资和合资的动画公司工作，他们的月工资一般均在3 000港币以上，最多的一个月收入在10 000港币以上。而制作国产动画片则绝不能有这样高的收入。因此，很多动画从业人员纷纷流向这些独资和合资的动画公司，加工、制作外国动画片以获得高额工资。与此同时，制作国产动画片的人员相对地愈来愈少，其生产也愈加艰难。""外商可以很容易地在我国建立动画公司，加工生产外国动画片。之后，这些在我国加工生产的动画片有一部分又返销我国。这种情况不改变，国产动画片的生产制作就很难摆脱目前的困难局面。"②

　　① 中国电影家协会. 中国电影年鉴（1991）［M］. 北京：中国电影出版社，1993：221.
　　② 程放. 千呼万唤始出来：有感于国产动画片的生产现状［J］. 中国电视，1994（10）.

在 1990 年 10 月召开的首届全国动画制作单位联席会议上，与会单位一致通过《关于发展我国动画电影事业的汇报》。汇报"恳请党和政府对动画片生产企业采取坚决的扶植和保护措施，从政策上解决现阶段迫切需要解决、又有可能解决的几个问题"，并对动画业政策提出四项建议。①

但真正限制我国本土动画业发展的主要原因还是我国的动画业生产体制："因为目前国产美术片的产品均由中国电影发行放映公司统购包销，而美术片在影院上映是赔本的买卖，一般影院也不愿上映美术片，如果在国内电视台播出，同样无利可图，只能讲社会效益；对外输出渠道也不够畅通，加上数量有限，缺乏大型系列片，难以与人家竞争，一般短片出售国外播放权，收入也很低。总之，内外发行的收入都无法补偿成本。从商品经济的规律来说，电影公司所以要采取限额收购美术片的办法也是无可非议的。因为增加美术片的产量，就意味着增加中影公司的亏损，缩减美术片的产量反而可以减轻负担，这种反常的生产规律，是造成我国美术片产量难以飞跃的根本原因。"②

一方面，国内的动画片生产还受计划经济思维影响，资金不足，产能不足，制作水平落后；另一方面，国内动画市场需求巨大，特别是电视业的发展带来节目源的巨大需求。但由于本土动画产量低，无法满足需求，海外动画乘势占据国内市场，中国动画业举步维艰。市场化改革是中国电影业包括动画片发展的必然选择。1992 年以后，在市场经济体制改革的推动下，电影体制改革不断深化，也对动画业的发展起到了一定的推动作用。

---

① 《关于发展我国动画电影事业的汇报》提出四项建议：第一，必须对新开办的各类（包括三资）动画企业予以严格控制，其审批权归口广电部电影局。第二，在《著作权法》规定的范围内应允许制片单位经营与动画片有关的录像、书刊的出版发行以及动画片造型的玩具、广告等产业。第三，用国产系列动画片占领电视屏幕。为了保证制片单位的利益，应与电视台制定合理的播放价格或版权转让价格。第四，各单位生产的动画片必须经广电部电影局审批通过，方可交电视台播映或委托音像出版部门发行。[首届全国动画制作单位联席会议在威海举行//中国电影家协会. 中国电影年鉴（1991）[M]. 北京：中国电影出版社，1993：213.]

② 中国电影家协会. 中国电影年鉴（1989）[M]. 北京：中国电影出版社，1991：92.

一、深化电影体制改革，激活电影市场

为适应经济体制改革的新要求，电影行业深化体制改革，1993 年 1 月 5 日，广电部正式发布《关于当前深化电影行业机制改革的若干意见》（广发影字〔1993〕3 号），重新确认了电影作为精神产品的市场属性，强调坚持"二为"方向和"双百"方针，用经济效益和社会效益衡量电影市场，"按市场经济基本要求理顺制片、发行、放映之间的经济关系"，确立了电影事业改革分步实施、分类指导的改革策略。广发影字〔1993〕3 号文极大地推动了我国电影业的市场化改革，它适应了市场经济体制改革的要求，提出"培育电影市场""尊重企业应有的权利""电影局和各级政府主管部门要转变职能"等要求，打破了国产故事影片由中影公司统一发行的传统，逐步推行电影厂自主决定发行比例，并原则上放开电影票价，这对激活电影市场发挥了积极作用。

此外，1991 年 1 月 9 日，《关于明确电影票价管理权限和建立国家电影事业发展专项资金的通知》下发。根据该通知，党和国家提倡的革命历史题材和现实题材故事片、重点纪录片、科教片、儿童片、美术片被列入资助范围，国家开始对本土动画片进行扶持。1997 年 1 月 1 日，《国家电影事业发展专项资金管理办法》施行，对包括美术片在内的一些影片实施资助和奖励。

1994 年 10 月 31 日，《关于对 1949 年 10 月 1 日至 1993 年 6 月 30 日期间国产电影发行权归属的规定》出台，这一规定终止了长达 40 年的电影业产销脱节的计划经济模式，废止 1953 年发布的〔53〕电王字第 1682 号文，并依据《著作权法》有关规定，对 1949 年 10 月 1 日至 1993 年 6 月 30 日期间的国产电影（包括故事片、纪录片、科教片、美术片）发行权的归属做出规定。该规定将包括动画片在内的电影业全面推向市场，这对电影业的发展具有里程碑式的意义。

1995 年 9 月 1 日，《影视制作经营机构管理暂行规定》（广播电影电视部令〔1995〕第 16 号）发布，对从事电视剧、电视综艺、电视专题节目和动画故事节目的制作、复制、发行等活动的单位进行规范管理，原则上不允许个

人、私营企业设立影视制作经营机构，不允许境外组织和个人单独或与境内组织和个人合作在我国境内设立、经营影视制作经营机构。同年 11 月，再次发布《关于实施〈影视制作经营机构管理暂行规定〉若干问题的通知》，进一步强调成立影视制作经营单位的资格条件及其全民所有制性质。通知要求原则上只批准省级（含省、计划单列市）以上专业文化、宣传单位作为上级主管单位成立影视制作经营机构。对国家行政机关、协会、学会或研究机构作为影视制作经营机构的上级主管部门的，要严格控制。一般只能由国家部（委、局）和有主管部门的国家级研究机构以及·级协会、学会、基金会等作为主管部门设立影视制作经营机构。个人或私营企业、股份制公司或责任有限公司等不得作为上级主管部门或者成立影视制作经营机构。境外组织和个人（包括三资企业）不得以任何形式在国内成立影视制作经营机构。

二、加强境外影片和电视节目的管理，间接保护本国动画片

这一时期，国家对电视节目、电影业的监管不断加强，颁布的政策法规对动画片均有涉及。

1990 年 11 月 28 日，《广播电影电视部关于引进海外电视节目管理的暂行规定》颁布，对从外国及我国港澳台地区购买、交换或由对方赠送的供电视台播出的专题节目、动画节目、电视剧和电影录像带的引进和播出加以规范。特别是要求"各电视台每天所播出的每套节目中，电视剧、电影安排应为：我国自制的不得少于百分之八十，引进海外的不得超过百分之二十，其中黄金时间（18 时至 22 时）播出海外影视剧不得超过百分之十五"，这从侧面保护了当时本国的电影电视节目生产。

广发影字〔1993〕3 号文强调："继续抓好国产片和进口片的审查；进口片、合拍片、协拍片继续实行统一管理。进口节目仍维持原来比例。"1993 年6 月 4 日，《电影审查暂行规定》发布，将美术影片（含动画、木偶、剪纸片等）纳入审查范围。

1994 年 2 月 3 日，广播电影电视部《关于引进、播出境外电视节目的管

理规定》（广播电影电视部令〔1994〕第10号）发布。该规定扩大了境外电视节目的范围，对从外国及我国港澳台地区购买、交换或由对方赠送的供电视台播出的专题节目、动画节目、电视剧（含电影录像带、激光视盘等），以及境内影视机构与境外影视机构或其他机构合作摄制的供电视台播出的各类节目进行规范。同时该规定加强电视台引进节目的监管，电视台引进的少儿、动画、科技、专题节目，只购买本台播映权的，由本台自审自播；购买本省、自治区、直辖市播映权的，由省级广播电视行政管理部门审查；购买全国播映权在全国交流的，由播出该节目的电视台所在的省级广播电视行政管理部门审查。

由于广播影视业规模数量增长过快，重复建设，人员素质和管理工作跟不上，政府开始治理新闻出版、广播电视业中的散、滥现象。1996年12月14日，《中共中央办公厅、国务院办公厅关于加强新闻出版广播电视业管理的通知》下发，要求加强对广播电视节目引进和播出的管理，用于电视播出的境外影视剧、动画片等，由广播电影电视部统一引进和审查。对违反规定乱播滥放的播出机构要严肃查处。

总体上看，这一时期涉及国产动画的政策对动画业的推动力有限，并且无力改变当时本土动画业面临海外商业动画冲击而无力招架的困境。

第三节　境外动画管理趋严，产业扶持政策发力（2000—　）

20世纪90年代末，虽然在政策上国家开始加强对境外影视片的引进播出的监管，但政策的出发点更多倾向于广播电视业的监管，并非有计划地保护国产动画片，只能说发挥了间接的保护作用。国产动画片的羸弱的生产力和当时对海外动画片的依赖从官方数据中可窥一斑。2000年，"引进动画片数量较大，2000年总局共为12部590集引进动画片核发了《引进动画片发行许可证》，总量约为 14 750 分钟，相当于目前国产动画片年产量的两倍半"①。

进入 21 世纪后，国家陆续出台政策扶持本土动画片生产。针对境外动画片的引进、播出的政策越来越严格，连续出台多项产业扶持政策规定，国家对国产动画片的政策保护意识日益鲜明。

一、境外动画管理趋严，目标指向保护国产动画片

国家广播电影电视总局《关于加强动画片引进和播放管理的通知》（广发社字〔2000〕137 号）自 2000 年 6 月 1 日起执行，这是我国首个专门针对境外动画片的引进播出的监管政策，对用于电视播出的境外动画故事片（包括与境外合作制作的动画故事片）的引进、审查和播出做出规定。

在引进方面，引进机构必须经由广电总局指定或批准，未经批准其他任何单位和个人不能开展动画片引进业务。在审查方面，引进动画片由广电总局电视剧审查委员会审查，审查标准参照《电视剧审查暂行规定》执行，经审查通过后核发《动画片发行许可证》。在播出方面，只有取得了《动画片发行许可证》的引进动画片才能在各电视台、有线广播电视台播放，并根据《广播电视管理条例》第四十条的规定按比例播出：每天每套节目中，引进动画片的播放时间不得超过少儿节目总播放时间的 25％；引进动画片的播放时间不得超过动画片播放总时间的 40％。

2004 年，国家广播电影电视总局《关于发展我国影视动画产业的若干意见》明确提出境外动画片引进的"以我为主，洋为中用"方针，一方面引进动画片的内容要符合中国国情，另一方面引进的目的是要通过研究比较促进国产动画片制作水平的提高。《关于发展我国影视动画产业的若干意见》对引进动画片的电视台以及动画制作机构的引进资格又附加了一个新条件，即要生产国产动画片，且引进境外动画片与其生产国产动画片数量比例为 1∶1，这一比

---

① 吉炳轩. 弘扬五种精神，奏响时代强音：在 2001 年度全国电视剧题材规划会上的讲话 [J]. 中国电视，2001（4）.

例将随着国产动画片产量的增加而逐渐降低。也就是说未生产国产动画片的机构不得引进境外动画片。

2005 年 8 月 3 日，《关于加强文化产品进口管理的办法》（中宣发〔2005〕第 15 号）提出境外动画片的引进实行引进项目申报制，并实施内容审查和总量控制。对于合拍动画片，加强立项管理和内容审查，在境内发行或播出，必须取得广电总局颁发的许可证。

面对日益趋严的境外动画监管政策，一些电视台采取变通手法规避监管，开设所谓动画资讯栏目或动画专题节目，以介绍境外动画片为由违规播放未经审查并取得发行许可证的境外动画片，为此，国家广电总局多次发布动画片播出管理通知，治理境外动画片违规播放行为。如《关于禁止以栏目形式播出境外动画片的紧急通知》（2005）、《广电总局关于加强电视动画片播出管理的通知》（2008）。后者进一步减少境外动画片的播出时间，对境外动画片严格监管。国产动画片的播放比例、动画频道以及以未成年人为主要对象的频道每天播放的国产动画片与引进动画片的比例由过去的不低于 6∶4 提高到不低于 7∶3，禁止电视台播出境外动画片、介绍境外动画片的资讯节目以及展示境外动画片的栏目的时段由原来的 17∶00－20∶00 延长至 17∶00－21∶00。中外合拍动画片在这一时段播出，需报广电总局批准。要求各动画频道以及以未成年人为主要对象的频道在每天 17∶00－21∶00 必须播出国产动画片、国产动画栏目、自制的少儿节目，不得播出境内外影视剧。

对境外动画片的引进播出监管日益趋严，政府政策的立场也由"加强境外动画片引进和播放管理，保护少年儿童的身心健康，促进社会主义精神文明建设"①，发展为"为未成年人思想道德建设提供更多的思想精深、艺术精湛、

---

① 国家广播电影电视总局关于加强动画片引进和播放管理的通知（广发社字〔2000〕137 号）［DB/OL］．〔2021－04－21〕．http：//tfs. mofcom. gov. cn/article/date/i/n/cp/200212/20021200058991. shtml.

制作精良的优秀国产动画片，为国产动画产业的发展创造良好环境"①。

随着互联网视听业务的发展，政府对互联网境外影视剧的管理政策陆续出台，这些政策也涉及境外动画片，如《关于进一步落实网上境外影视剧管理有关规定的通知》（新广电发〔2014〕第204号）。

从政策变迁脉络来看，这一时期政府对境外动画产品在引进播出方面采取的限制性政策与早期对待境外文化产品的立场有明显差异：早期政策视角单一，更多着眼于意识形态，考量较多的是政治因素；而2000年之后，对于境外动画产品的限制性政策从多维视角出发，既有对意识形态的考量，以维护国家文化安全和有利于未成年人思想道德建设，又有对动画产业发展的考量，要促进动画产业的发展和繁荣。对境外动画产品的限制实际上是对本国动画业的保护，在一定程度上的确控制了境外动漫产品的大量流入，有效缓解了境外动画业对国内动画业的冲击。

二、产业扶持政策密集出台

这一时期在对境外动画采取限制性政策的同时，在文化体制改革的大背景下，国家还陆续出台了一些重要的指导性、规划性政策。我国的动画（漫）业政策的发展走过了从动画片扶持政策、影视动画产业扶持政策、动漫产业政策到文化产业融合政策的历程。

2000年10月11日，中国共产党第十五届中央委员会第五次全体会议通过《中共中央关于制定国民经济和社会发展第十个五年计划的建议》，该文件提出了深化文化体制改革、推动文化产业发展的任务。2001年3月15日第九届全国人民代表大会第四次会议批准的《中华人民共和国国民经济和社会发展第十个五年计划纲要》将"完善文化产业政策，加强文化市场建设和管理，推动有关文化产业发展"写入规划。

---

① 国家广播电影电视总局关于加强电视动画片播出管理的通知［DB/OL］．（2008-02-21）［2021-04-21］．http://cctvenchiridion.cctv.com/20080221/100562.shtml.

在此背景下，2002 年 4 月，《影视动画业"十五"期间发展规划》出台，影视动画业被明确定位为"知识密集型、劳动密集型、高科技密集型的文化产业"，并提出提高国产动画片的创作生产数量和质量，使国产动画业真正走上民族化、大众化、科学化、产业化的发展道路的任务。该规划还提出了一些政策措施，如：大幅度增加国产动画片的制作数量和电视台的播出比例；设立年度题材规划制度；鼓励社会各界以资金、技术、设备等多种形式参与国产动画片的生产和衍生产品的开发，允许境内机构和个人申请设立动画片制作机构；制定统一的动画片审查标准，完善动画片的发行与播出许可证制度；加强对动画片知识产权的保护力度；全面启动动画市场等。而在此前发布的《电影管理条例》里也明确提出，"国家鼓励、扶持科学教育片、纪录片、美术片及儿童电影片的制片、发行和放映"。《影视动画业"十五"期间发展规划》被看作是动画业发展的里程碑式政策文件，标志着动画业的政策从动画片扶持政策发展为动画产业扶持政策。

2003 年，《国家广播电影电视总局关于促进广播影视产业发展的意见》正式提出把动画作为弱势产业加以振兴的任务，强调更新创作观念，引入市场机制，强化市场运作，建立完善的产业结构体系，扩大动画生产规模，形成产业品牌，逐步改变国内动画市场"外强我弱"的局面，在占领国内市场的同时，积极打入国际市场，参与国际竞争。具体措施包括：加强宏观调控和监管、动画片的题材规划，认真执行国外动画片的进口与播放管理规定，争取更多的经济扶持，对动画片生产基地建设给予资金补助和信贷贴息等方面的扶持。

2004 年之后扶持动画产业的政策密集出台。2004 年是我国影视业指导性政策出台最集中的一年。其中 2004 年 1 月 8 日的《关于加快电影产业发展的若干意见》确立了对动画片的长期扶持政策，即以政府采购等形式扶持资助动画片的拍摄和发行放映，设立专项资金加大对动画片的长期扶持力度，对国产动画片专业制作机构争取免税政策。2004 年 4 月 20 日，国家广播电影电视总局印发《关于发展我国影视动画产业的若干意见》的通知，这是对影视动画产业进行详细规划的指导性政策。《关于发展我国影视动画产业的若干意见》提出"把我国影视动画产业做强做大"的任务，目标是"使影视动画产业成为我国文化产业的一支生力军，成为国民经济的支柱产业和新的经济增长点"。《关于发展我国影视动画产业的若干意见》不仅提出了发展影视动画产业的目标和思路，还提出了促进我国影视动画产业繁荣的对策和措施。如积极构建国产动画片播映体系、培育影视动画交易市场，要实行制播分离的制度，支持和培育动画交易中介机构的发展；要充分发挥中央电视台、上海美术电影制片厂、湖南三辰影库等大型动画制作基地的作用；鼓励多种经济成分共同参与我国影视动画产业的开发与经营；实施国产动画精品工程和"走出去工程"；积极争取税收优惠政策和促进我国影视动画产业发展资金；切实加强动画知识产权保护工作。

在国家对动画片以及动画产业的扶持政策推动下，我国动画片产量激增。2000 年以后，我国原创动画片的产量前所未有地呈现出几何级数的增长趋势。2002 年产量较 2000 年增长 143％，2004 年产量较 2002 年增长 91.5％，2005 年产量较 2004 年增长 96.1％，2006 年产量较 2005 年增长 92.54％。2004 年往后，每一年的动画片年产量都几乎在前一年的基础上翻一番。[①] 以动画业为核心的动漫产业链形成，动漫业急剧增长，"动漫产业"逐渐出现在政策话语体系中，动画产业政策演变为动漫产业政策。在动漫产业扶持政策中，代表性的有《关于推动我国动漫产业发展若干意见的通知》(2006)、《国家"十一五"时期文化发展规划纲要》(2006)、《文化部关于扶持我国动漫产业发展的若干意见》(2008)、《文化产业振兴规划》(2009) 等。

2006 年 4 月 25 日，国务院办公厅转发了财政部等十部门发布的《关于推动我国动漫产业发展若干意见的通知》，文件术语"影视动画产业"调整为"动漫产业"。《关于推动我国动漫产业发展若干意见的通知》提出建立由文化部牵头，教育部、科技部、财政部、信息产业部、商务部、税务总局、工商总局、广电总局、新闻出版总署等部门参加的扶持动漫产业发展部际联席会议制度，并针对重点支持原创行为、加大投融资支持力度，鼓励动漫企业建立现代

---

① 高薇华，赵冰 . 1993—2006：中国原创动画产业发展报告 [J]. 现代传播，2007 (3).

企业制度、支持国家动漫产业基地建设，促进动漫"产、学、研"一体发展、支持动漫产品"走出去"等方面提出了具体改革措施。《关于推动我国动漫产业发展若干意见的通知》对后来的动画业发展具有重要影响，此后，国家就有关方面进一步推出了大量具体政策。

2006年9月，《国家"十一五"时期文化发展规划纲要》颁布，这是新中国成立以来发布实施的最重要的国家文化发展规划。《国家"十一五"时期文化发展规划纲要》将数字内容和动漫产业作为文化产业的一个类别单列，动漫产业成为重点发展的文化产业门类；确定实施国产动漫振兴工程，加快发展民族动漫产业，大幅度提高国产动漫产品的数量和质量；积极发展网络文化产业，鼓励扶持民族原创的、健康向上的网络文化产品的创作和研发，拓展民族网络文化发展空间。

在此背景下，2008年8月13日，《文化部关于扶持我国动漫产业发展的若干意见》提出实施国产动漫振兴工程、构建相互支撑的动漫产业链的目标。于2009年9月出台的《文化产业振兴规划》继续推进国产动漫振兴工程，对动漫等产业加大扶持力度，完善产业政策体系的目标以及相关措施。此外，《国务院办公厅关于促进电影产业繁荣发展的指导意见》也提出积极促进动画生产，切实加强影视制作和动漫等产业基地建设。

进入"十二五"时期以后，国家进一步深化文化体制改革，2011年3月，《中华人民共和国国民经济和社会发展第十二个五年规划纲要》出台，提出推进文化产业结构调整，提高文化产业规模化、集约化、专业化水平，推动文化产业成为国民经济支柱性产业的文化建设目标。同年10月，《中共中央关于深化文化体制改革 推动社会主义文化大发展大繁荣若干重大问题的决定》提出构建现代文化产业体系，加快发展文化创意、数字出版、移动多媒体、动漫游戏等新兴文化产业。在此背景下，《国家"十二五"时期文化改革发展规划纲要》于2012年2月出台，提出推进文化产业结构调整，促进文化产业发展方式从粗放型向集约型、质量效益型转变的目标。规划实施一批重大项目，其中包括加快发展文化创意、数字出版、移动多媒体、动漫游戏等新兴文化产业。

也就是说，进入"十二五"时期后，国家的文化产业政策方向出现变化，开始重视调整文化产业结构，转变文化产业发展方式。在以上政策中，动漫产业都被定位为重点文化产业。

2012年2月23日，《文化部"十二五"时期文化产业倍增计划》确立了动漫产业的发展目标——力争到2015年，动漫业增加值超300亿元，动漫创意和产品质量有很大提升，着力打造5至10个在国际上具有较强竞争力和影响力的国产动漫品牌和骨干动漫企业，培育一批国际知名的动漫企业家和动漫艺术家，实现动漫产业质的飞跃。具体措施主要包括制定动漫产业"十二五"发展规划、评选中国文化艺术政府奖动漫奖、实施国家动漫精品工程、实施原创动漫推广计划、加强对现有国家动漫产业基地园区的管理等；政策支持主要体现为完善面向动漫企业的财税优惠政策，继续在营业税、增值税、所得税、进口关税及进口环节增值税等方面实施优惠政策。

"十二五"之后，文化产业与相关产业的融合政策也开始出现。在《国务院关于印发服务业发展"十二五"规划的通知》中，文化产业与商贸服务业、旅游业、健康服务业、法律服务业、家庭服务业、体育产业、养老服务业、房地产业一起被列入生活性服务业。特别是《文化部关于贯彻落实〈国务院关于推进文化创意和设计服务与相关产业融合发展的若干意见〉的实施意见》明确提出文化产业与相关产业融合发展的政策方向，"发挥文化创意和设计服务对相关产业发展的支持作用，以文化提升相关产业产品和服务的附加值，以融合发展拓展文化产业发展空间，实现文化产业与相关产业相互促进、共同发展"。产业融合主要包括：文化创意和设计服务与装备制造业、消费品工业对接，文化建设与人居环境相协调，文化与科技融合，文化旅游融合发展，文化与特色农业有机结合，文化与体育产业融合发展。

对于动漫的产业融合，主要涉及两个方面：一方面是动漫业与高科技服务业的融合，建立高技术服务业专项支持数字内容动漫游戏领域项目的长效机制。推动动漫游戏与虚拟仿真技术在相关产业中的集成应用，加强多媒体、动漫游戏软件开发。另一方面，推动动漫业与制造企业深度合作，通过形象授权、限量复制、加盟制造、委托代理等多种形式开发文化衍生产品，推动文化创意、设计服务与制造业的融合发展。

党的十六大以来，在政府高度重视发展文化产业的背景下，动画业的政策经历了从动画产业政策到动漫产业政策，进而发展为文化产业融合政策的变迁过程。这些指导性、规划性政策具有非常强的内在连续性。动画业的政策变迁实际上是文化体制改革政策变迁的一个缩影。

除了指导性、规划性的政策，这个时期国家还陆续出台了动画业的针对性扶持政策，涉及播出、完善动画交易市场、财税和金融支持、创作和版权保护、出口、人才等多个方面。

在播出方面，除了限制境外动画片的播出以外，国家还通过开设动漫上星频道来支持国产动画业的发展。2004 年 11 月 8 日，《国家广播电影电视总局关于做好上星动画频道落地工作的通知》发布，经国家广电总局批准，北京电视台、上海电视台、湖南电视台相继开办了上星动画频道。

为落实《关于发展我国影视动画产业的若干意见》提出的实施国产动画精品工程的要求，根据国家广电总局《关于实行优秀国产动画片推荐播出办法的通知》精神，自 2005 年 1 月 1 日起实行优秀国产动画片推荐播出办法，广电总局每季度推荐一批优秀国产动画片，各级少儿频道、动画频道以及全国电视台各频道优先安排播出。截至目前，该政策仍在有效运行。

在完善动画交易市场方面，与整个电视业的改革同步，一方面实行动画制作和播出相分离的制度，彻底打破影视播出机构动画"制播一体化"的现象，另一方面积极建立广播影视节目交易市场。2001 年年底，《国家广播电影电视总局关于组建广播影视节目交易中心的实施细则（试行）》（广发办字〔2001〕第 1520 号）发布，广播影视节目交易中心的组建工作从 2001 年年底开始边筹建边运行。这一时期，国家在政策层面鼓励和支持影视动画机构积极参与各种国产影视动画博览会、交易会、展示会等。2004 年发布的《广播影视节（展）及节目交流活动管理规定》（国家广播电影电视总局令〔2004〕第 38 号）进一步规范了包括动画片在内的广播影视节（展）及节目交流活动。

在财税和金融支持方面，这一时期，在国家文化体制改革，发展文化产业的大背景下，国家出台了支持文化产业的税收政策。财税〔2005〕第2号文规定动漫业作为文化产业部门获得税收政策支持，如免征3年企业所得税、出口退（免）税、境外收入不征营业税以及高新技术企业税收优惠等。《财政部、国家税务总局关于扶持动漫产业发展有关税收政策问题的通知》（财税〔2009〕65号）于2009年7月17日发布，对动漫企业税收扶持政策进一步细化。如，自2009年1月1日起，在2010年12月31日前，对属于增值税一般纳税人的动漫企业销售其自主开发生产的动漫软件，按17%的税率征收增值税后，对其增值税实际税负超过3%的部分，实行即征即退政策。动漫软件出口免征增值税。2011年5月，《财政部、海关总署、税务总局关于印发〈动漫企业进口动漫开发生产用品免征进口税收的暂行规定〉的通知》（财关税〔2011〕第27号）发布，规定经国务院有关部门认定的动漫企业自主开发、生产动漫直接产品，确需进口的商品可享受免征进口关税及进口环节增值税的政策。此后，财政部、国家税务总局《关于扶持动漫产业发展增值税、营业税政策的通知》（财税〔2011〕第119号）对财税〔2009〕65号文部分条款做出调整，实际上延长了即征即退等政策的执行时间。《财政部、国家税务总局关于动漫产业增值税和营业税政策的通知》（财税〔2013〕第98号）废止了财税〔2011〕第119号文，但继续对动漫产业实行退税或免税政策。

更为重要的是，国家发布《关于金融支持文化产业振兴和发展繁荣的指导意见》（银发〔2010〕94号），提出加大金融业支持文化产业的力度，推动文化产业与金融业的对接，支持文化产业振兴，如加大有效的信贷投放、探索适合文化产业项目的多种贷款模式等。自2013年起我国开始实施文化金融扶持计划，《关于深入推进文化金融合作的意见》《财政部办公厅、文化部办公厅关于推动2014年度文化金融合作有关事项的通知》等政策文件陆续出台，继续加强和改进对重点文化产业项目、文化产业薄弱领域的金融支持和金融服务，并引导文化企业科学投资经营，优化文化产业投融资结构。

在创作和版权保护方面，国家出台多项政策支持原创作品的生产。推出

《少儿节目精品发展专项资金及国产动画发展专项资金项目评审办法》以及"原创动漫扶持计划""中国文化艺术政府奖首届动漫奖""国家动漫精品工程""国家动漫品牌建设和保护计划""弘扬社会主义核心价值观动漫扶持计划"等。2003年年底，《国家版权局关于在2004年元月开展"保护民族版权产业、清理盗版卡通制品"集中行动的通知》下发，在2004年1月1日至1月20日，针对图书音像、文具、食品包装、服饰等领域的动漫形象侵权行为，开展集中清理整顿行动，规范卡通制品市场秩序，保护版权产业发展。2010年，国家广播电影电视总局《关于印发〈广播影视知识产权战略实施意见〉的通知》下发，要求提高原创动画作品的创作和生产。

此外，国家还在出口、人才等方面推出扶持政策，如国家新闻出版广电总局办公厅《关于遴选优秀影视作品进行译制资助有关事宜的通知》下发，在全国范围内遴选优秀电视剧、电影、动画片和纪录片进行译制资助，推进实施国产动画产品"走出去工程"。国家广播电影电视总局推出国产原创电视动画片及国产动画创作人才扶持项目、工业和信息化部开展动漫开发软件（工具）技术人才扶持工作。

三、行业监管政策同步跟进

这一时期，在不断推出有力的产业扶持政策的同时，监管政策也同步跟进，涉及动画片的生产制作、发行、播出、市场监管等多个环节。

在生产制作方面，这一时期我国的国产动画片经历了从题材规划制度到备案公示管理制度的变化。《国家广电总局关于对国产电视动画片实行题材规划管理的通知》规定，自2004年7月1日起开始实行国产电视动画片题材规划制度。制作国产动画片实行题材报批，经规划审查同意立项后方能投产制作。凡未经题材规划批准立项而自行制作的国产动画片，不予审查完成片，不予发放《动画片发行许可证》，各级电视播出机构不予播出。这一规定对于动画创作而言可谓弊大于利，不久被《国产电视动画片制作备案公示管理制度暂行规定》取代，后者规定自2006年8月1日起取消国产动画片题材规划立项审批制度，实行国产电视动画片（含合拍动画片）制作备案公示管理制度。国产电视动画片制作备案公示，由国家广电总局和省级广播影视行政部门两级管理。国产动画片经国家广电总局备案公示后方能投产制作。未经备案公示的国产电视动画片，不予审查完成片，不予发放《动画片发行许可证》，各级电视播出机构不予播出。

在发行方面，2005 年 1 月 7 日发布的《国家广电总局关于实行国产电视动画片发行许可制度的通知》规定，自 2005 年 1 月 20 日起，国家开始实行国产电视动画片发行许可制度。2005 年 6 月 27 日发布的《国家广播电影电视总局关于做好国产电视动画片发行许可和备案工作的通知》规定，从 2005 年 7 月 1 日起，各级电视播出机构播出的国产电视动画片必须在该片每集首尾分别标明《国产电视动画片发行许可证》和《广播电视节目制作经营许可证》编号。①

在播出方面，《国家广播电影电视总局关于高度重视群众意见努力净化荧屏工作的通知》（2004）提出，要大力推进国产动画的发展，严禁播出那些未经审查的内容荒诞、情节暴力、画面血腥的境外动画影碟，引进、播出境外影视动画片要严格把关，控制总量。2006 年发布的《广电总局关于进一步加强动画片审查和播出管理的通知》立足促进国产影视动画产业的繁荣和引导国产动画创作方向，要求"各级影视动画管理部门要牢固树立政治意识、大局意识和责任意识，切实加强对动画片的审查工作和发行许可证的管理工作"，"各级电视播出机构要坚持守土有责，严格宣传纪律，切实加强对动画片的播出管理，对未取得发行许可证的动画片一律不得播出。禁止在播出动画片的频道、时段或栏目中播出以真人演出的所谓动画片"。《广电总局关于加强电视动画片播出管理的通知》（2008）要求，自 2008 年 5 月 1 日起，全国各级电视台所有频道在 17：00—21：00 时间段不得播出境外动画片、介绍境外动画片的资讯

---

① 在此前已经播出过的国产电视动画片，如需在 2005 年 7 月 1 日以后重新播出，均需重新办理报审并取得《国产电视动画片发行许可证》。

节目以及展示境外动画片的栏目，动画频道以及以未成年人为主要对象的频道每天国产动画片与引进动画片播出比例不低于 7∶3。

在市场监管方面，2009 年下发《文化部、国家工商行政管理总局关于开展动漫市场专项整治行动的通知》，要求自 2009 年 8 月至 11 月，在全国范围内开展动漫市场专项整治行动，力图通过专项整治，逐步建立动漫市场监管长效机制。这是我国第一次针对动漫市场进行的综合性专项整治，包括加强动漫市场内容监管，加强动漫衍生品市场监管，加强对重点动漫产品的保护，加强对动漫会展交易产品和活动的监管，对展示、销售含有色情暴力、低俗有害等违法内容和侵犯知识产权的动漫产品要及时依法查处。

除了专门针对动画（漫）的各项监管政策，一些有关电影电视剧、互联网视频的监管政策也对动画片有所涉及。

在电影电视剧方面，2004 年出台的监管政策特别集中，基本都涉及动画片。如《电影剧本（梗概）立项、电影片审查暂行规定》自 2004 年 8 月 10 日起施行，对包括美术片在内的电影片（含胶片电影、数字电影、电视电影等）实施电影剧本（梗概）立项和电影片审查。《广播电视节目制作经营管理规定》（国家广播电影电视总局令〔2004〕第 34 号）于 2004 年 8 月 20 日起施行，国家对设立广播电视节目制作经营机构或从事广播电视节目制作经营活动实行许可制度。《电视剧审查管理规定》（国家广播电影电视总局令〔2004〕第 40 号）自 2004 年 10 月 20 日开始施行，要求：对国产电视剧（含电视动画片）的题材规划立项和完成片进行审查；对中外联合制作电视剧（含电视动画片，以下简称合拍剧）的题材规划和完成片进行审查；对用于电视台播出的引进电视剧（含电视动画片）进行审查。《中外合作制作电视剧管理规定》（国家广播电影电视总局令〔2004〕第 41 号）自 2004 年 10 月 21 日开始施行，要求对中外合作制作电视剧（含电视动画片）实行许可制度：未经批准，不得从事中外合作制作电视剧（含电视动画片）活动；未经审查通过的中外合作制作电视剧（含电视动画片）完成片，不得发行和播出。《中外合资、合作广播电视节目制作经营企业管理暂行规定》（国家广播电影电视总局、商务部令〔2004〕第 44

号）于 2004 年 11 月 28 日起施行，明确规定不得设立外商独资广播电视节目制作经营企业。

后来，电影剧本立项政策调整为电影剧本备案，《电影剧本（梗概）备案、电影片管理规定》（国家广播电影电视总局令〔2006〕第 52 号）自 2006 年 6 月 22 日起施行，国家实行电影剧本（梗概）备案和电影片审查制度。在国内公映的各类故事片、纪录片、科教片、动画片、专题片（含以上各类型的中外合拍片）等的电影剧本（梗概）未经备案不得拍摄，未经审查通过的电影片不得发行、放映、进口、出口。2010 年 7 月 1 日，《电视剧内容管理规定》施行，国产剧、合拍剧的拍摄制作实行备案公示制度。国产剧、合拍剧、引进剧实行内容审查和发行许可制度。未取得发行许可的电视剧，不得发行、播出和评奖。该规定依然适用于国产动画片的制作发行和播出。

随着互联网的迅猛发展，互联网文化产品或文化活动的监管政策都会涉及动画或动漫产品的生产、传播。早在 2003 年，国家推出了《互联网文化管理暂行规定》（文化部令〔2003〕第 27 号），该规定所称互联网文化产品是指通过互联网生产、传播和流通的文化产品，其中包括专门为互联网传播而生产的网络音像（含 VOD、DV 等）、网络游戏、网络演出剧（节）目、网络艺术品、网络动漫画（含 FLASH 等），以及将音像制品、游戏产品、演出剧（节）目、艺术品和动画等其他以一定的技术手段制作、复制到互联网上传播的互联网文化产品。

再如，《国家广播电影电视总局关于加强互联网传播影视剧管理的通知》明确规定，用于互联网传播的影视剧（含境内外电影片、电视剧、动画片及其相应的音像制品）必须符合广播电影电视管理的有关规定，依法取得国家广电总局颁发的《电影片公映许可证》《电视剧发行许可证》或《电视动画片发行许可证》，同时获得著作权人的网络播映授权。此外，相关政策还有《国家广播电影电视总局关于加强以电视机为接收终端的互联网视听节目服务管理有关问题的通知》、《广电总局关于加强互联网视听节目内容管理的通知》、国家广播电影电视总局关于发布《互联网视听节目服务业务分类目录（试行）》

的通告、《国家广播电影电视总局关于进一步加强网络剧、微电影等网络视听节目管理的通知》以及《专网及定向传播视听节目服务管理规定》等。当然，这些政策的着眼点主要是利用互联网传播文化产品和开展文化活动的监管，动画片或动漫产品只是作为文化产品的一个类别加以规范，并无特别的监管措施。

从动画（漫）业的监管政策内容看，监管政策表现出两个特点：第一，更多地集中在制作、生产和播出环节，内容审查监管政策较为突出，而市场监管相对较为薄弱。这一特点表明，我国动画（漫）业的监管政策主要还是着眼于内容质量管控，强调"政治意识、大局意识和责任意识"，市场监管实际上服务于甚至让位于这一根本出发点。第二，监管政策较多关注对传统媒介平台的动画片的播出监管，而对互联网等新的媒介平台的动画片制作和播出监管不足。实际上，互联网等新兴媒体平台已经成为动画（漫）产品制作和播出的重要平台，但对此并无针对性的监管政策，只是将其纳入网络视频的监管范畴中。

政府一系列的扶持政策为国产动画产业的发展创造了良好的宏观环境，实施重大项目带动战略培育了重点动画企业，保证了对原创动漫游戏产品的扶持力度，从技术研发、人才培养、文化内涵等方面引导动漫游戏产业的发展。在政策推动下，我国国产动画片产量从 2006 年的 8.23 万分钟逐年递增至 2011 年的 26.12 万分钟[①]；2006 年后，北京、上海、深圳、石家庄、沈阳、山东一些城市以及杭州等地着力建设重要的动漫基地。在国家政策的支持下，国内一批相关民营企业通过政策扶持进入动漫产业，并获得了巨大的成功。创造了"蓝猫神话"的湖南三辰公司便是这一批民营企业的代表。通过对"蓝猫"这一 IP 的深度挖掘，其经营领域跨越电子音像出版、音像连锁租赁、动画制作发行、品牌形象授权衍生、特许买卖等多种业态，融合了文化、娱乐和教育，

---

① 2006—2016 年国产电视动画片产量和增长率［DB/OL］.［2021 - 04 - 30］. https：//www.pishu.com.cn/skwx_ps/multimedia/ImageDetail？type = Picture&SiteID = 14&ID = 9436725&ContentType=MultimediaImageContentType.

以信息技术为载体，获得了经济上的巨大成功。反过来，这一批成功的动漫领域民营企业又成为整个动漫产业的推动者，不断促进国产动画的进一步发展。

第四节 "互联网＋"时代我国动漫产业政策的优化

"互联网＋"时代动漫业技术的发展、动漫市场的变化对动漫产业政策提出了新的要求，如何"使市场在资源配置中起决定作用和更好发挥政府作用"①，进一步优化产业政策，是当前动漫业发展的迫切问题。我国动漫业政策是政府主导的选择性产业政策，某种程度上具有"全能政府"偏向，这不利于动漫业的可持续、高质量发展。动漫产业政策要朝着弱化政府主导、尊重市场机制的主导性方向优化，具体路径包括：增强为市场主体服务的意识，减少管制思维，改变扶持策略，将政策重心调整到为动漫企业发展提供公共服务支持上；政府给行业组织、受众组织、中介组织提供在完善动漫市场交易、动漫产品开发和动漫市场监管方面发挥作用的空间；从市场本位出发，消除信息不对称，增强信息获取分析能力，及时调整产业政策中削弱市场主导性的要素，增强市场主体依靠内生力量解决市场不足等问题的自觉性。

一、我国动漫业发展的问题及其面临的机遇和挑战

如果说 1995 年国家取消对美术片的统购包销，国产动画电影的市场化让中国动画从美术片走向动画产业，2004 年后的产业政策则推动动画产业向动漫产业方向发展。动漫产业是以"创意"为核心，以动画、漫画为表现形式，包含动漫图书、报刊、电影、电视、音像制品、舞台剧和基于现代信息传播技术手段的动漫新品种等动漫直接产品的开发、生产、出版、播出、演出和销售，以及与动漫形象有关的服装、玩具、电子游戏等衍生产品的生产和经营的

---

① 中共中央文献研究室．十八大以来重要文献选编：上［M］．北京：中央文献出版社，2014：498.

产业。虽然我国动漫产业的总产值逐年递增，但是我国动漫产业的核心产业部门整体上效益低，龙头企业的行业带动力较弱，市场主体缺乏竞争力。

2018 年全国 531 家动漫企业的主营业务收入为 97.317 73 亿元，利润总额为 8.397 82 亿元，其中营业利润总额为 6.010 32 亿元，平均利润总额约 158.1 万元，网络动漫（含手机动漫）创作制作企业、动漫舞台剧（节）目创作演出企业、动漫软件开发企业整体的营业利润额和利润总额均为负值。[①] 笔者通过对上市动漫企业 2019 年的年报进行分析发现，净利润超过 1 亿元的公司仅有 4 家，分别是光线传媒、华强方特、奥飞娱乐和星辉娱乐。曾获评"全国十大最具影响力文化产业示范基地"的龙头动漫企业华强方特 2019 年净利润约 8.43 亿元，然而计入其中的当期损益的政府补助约 3.12 亿元。离"培育骨干龙头动漫企业，推动动漫产业健康快速发展"的目标尚远。

曾经持续增长的国产电视动画片产量自 2012 年的 222 838 分钟[②]开始逐年下降，2017 年跌至 83 599 分钟[③]，2018 年略有提升，为 86 257 分钟[④]，2019 年全年生产电视动画片 94 659 分钟[⑤]。2012 年前后的变化一方面是受网络动漫崛起、电视受众流失等因素的影响，但另一方面说明国产动画保护政策的效果正在递减。虽然国产动漫的飞跃有目共睹，但是不得不说，动漫业"体质虚胖"，可持续发展问题没有得到很好的解决。国产动漫产量居世界前列，涌现出了一批国家精品动漫工程作品，但真正制作精良、市场反应好的精品并不多见，更不用说具有国际影响力的动漫精品了。根据公开数据统计，2016 年我

---

① 中国文化和旅游统计年鉴（2019）［DB/OL］．［2021 - 04 - 30］．http：//olap. epsnet. com. cn/auth/platform. html？ sid = EA067CE5704EF44D71A68FBB47058BDF&key = 61d3f65b - 9868 - 4390 - 9aef - 53a63f6f3286．

② 中华人民共和国 2012 年国民经济和社会发展统计公报［EB/OL］．（2013 - 02 - 22）［2021 - 04 - 30］．http：//www. stats. gov. cn/tjsj/tjgb/ndtjgb/qgndtjgb/201302/t20130221_30027. html．

③ 中华人民共和国 2017 年国民经济和社会发展统计公报［EB/OL］．（2018 - 02 - 28）［2021 - 04 - 30］．http：//www. stats. gov. cn/tjsj/zxfb/201802/t20180228_1585631. html．

④ 中华人民共和国 2018 年国民经济和社会发展统计公报［EB/OL］．（2019 - 02 - 28）［2021 - 04 - 30］．http：//www. stats. gov. cn/tjsj/zxfb/201902/t20190228_1651265. html．

⑤ 中华人民共和国 2019 年国民经济和社会发展统计公报［EB/OL］．（2020 - 02 - 28）［2021 - 04 - 30］．http：//www. stats. gov. cn/tjsj/zxfb/202002/t20200228_1728913. html．

国电视动画的出口总额为 3 661.83 万元,出口量为 1 407 小时,而同期我国电视动画进口总额为 105 644.89 万元,仅从日本进口的总额就高达 82 237.12 万元,电视动画进口量为 7 752 小时,日本电视动画进口量为 3 259 小时。① 另外,当前制约我国动漫业发展的瓶颈之一是中小微动漫企业占比高,这些企业处境艰难。我国近 60%的动漫相关企业注册资本在 200 万元以下,2014—2019 年动漫相关企业年度注册增速在 35%以上,2019 年动漫相关企业年注册量首次突破 10 万家。②

此外,网络动画的崛起为我国动漫业发展带来了新的机遇和挑战。网络动画是根据互联网的传播特点制作并且以互联网为传播渠道的动画作品。随着互联网在中国的发展,"互联网+动漫"成为我国动画业的新的发展模式,特别是 2008 年之后,随着"有妖气"等原创网络动漫公司的兴起以及腾讯、优酷、爱奇艺等大型视频网站进军网络动画,中国网络动画异军突起。网络动漫公司"有妖气"投资制作的《十万个冷笑话》动画第一集在 2012 年 7 月 11 日正式上线开播。三天内播放总量迅速突破 1 000 万次,在海外的 YouTube 上,同期播放量也突破了 60 万次。《十万个冷笑话》漫画单部作品日访问量突破 100 万次,并且荣登百度搜索风云榜 7 月榜单第二名。它的成功给我国动漫业带来了新的希望。中国动漫集团有限公司董事长庹祖海表示:"'互联网+'对动漫产业的影响将是一个全方位、系统性和不断深化的过程,不会停留在互联网的渠道、科技、盈利模式等任何单一的层面,而是将以一种全新生态空间的形式全景展现。"③

目前国内从事网络动漫的企业有原创网络动漫公司、互联网企业以及传统

---

① 资料来自国家统计局官网的《中华人民共和国 2017 年国民经济和社会发展统计公报》《中华人民共和国 2018 年国民经济和社会发展统计公报》《中华人民共和国 2019 年国民经济和社会发展统计公报》。

② 今年以来我国动漫相关企业数量同比增七成 [N/OL]. (2020-10-28) [2021-04-30]. https://baijiahao.baidu.com/s? id=1681787742964612783&wfr=spider&for=pc.

③ 中国动漫产业:融合传统文化应有更广视角 [N/OL]. (2015-12-23) [2021-04-30]. http://www.ce.cn/culture/gd/201512/23/t20151223_7758392.shtml.

动漫生产制作企业等。2013 年，腾讯公司收购了多个动漫作品的版权，数据显示，到 2015 年，腾讯动漫平台的作品总量超 20 万部，其中签约作品数超 6 000 部。原创国产动画产量占国内网络动漫市场总量的 50％以上。① 此外，爱奇艺、搜狐、新浪等网站纷纷开设动漫频道，将动漫作为主要业务。2015 年，阿里巴巴联合上海美术电影制片厂合作推出国漫淘公仔。另外，传统的影视制作企业也开始探寻互联网动漫运营模式。2015 年，上海美术电影制片厂与移动票务平台微影时代合作，双方联合开发传统的卡通形象。

如果说，20 世纪 90 年代电视业的大规模发展为动画片提供了非常好的市场机遇，那么网络时代的到来为中国国产动画的发展带来了第二次机遇。这次机遇是颠覆式的机遇，网络动漫、手机动漫将成为动漫业的主要业态。在互联网、手机渠道下诞生的国产动画、漫画也被称为新国漫，以区别于传统电视电影渠道的动漫。

互联网为动画业生产带来的变革是前所未有的。网络动画产业在生产制作、盈利模式等方面呈现新的特点。例如，在创作环节，"网络动画大多是周更的频率，且长度都在几十集甚至上百集，大量网民的参与以及互联网海量存储能力使日益增多的网络动漫平台储备剧增。同时，基于互联网的特性，网民或从业者大量的原创产品在网络上进行'试错'，这些作品有了与市场对接的机会，也减少了作品后期开发的市场风险"②。

在盈利模式上，网络动漫也探索出新的模式。例如，由光线传媒与爱奇艺合作发行的首部网络动画电影《星游记》于 2017 年 8 月在爱奇艺网站独家播出。《星游记》由光线传媒主导，由爱奇艺独家网络发行。这部影片爱奇艺没有购买版权，而是沿用网络大电影的模式，双方通过付费分账实现回收。如何收回成本？爱奇艺电影版权合作中心总经理宋佳在媒体采访时表示："平台上

---

① 腾讯动漫推 3 亿基金鼓励原创动漫 全力打造 IP 共生体系［N/OL］．（2015 - 11 - 19）［2021 - 04 - 30］．http://www.nbd.com.cn/articles/2015 - 11 - 19/963852.html.

② 孙平．中国网络动画产业现状探析［J］．新闻世界，2017（2）．

超过 500 万的有效点击就能回收。"光线传媒董事长王长田在接受媒体采访时表示，这是在为动画电影打开新空间，为更多的动画公司寻找一种合理的盈利模式，"我们希望投资的这些动画公司，能有形式更简便、更能发挥主创风格的作品在更大的空间播出，另一方面希望借此推动电影行业的变革，未来的电影未必只是在大银幕上才能看"①。

相比于传统的电视台播映、电影院线上映，网络平台具有覆盖面广、不受地域限制、发行成本低、宣传成本低但效果好等优点，特别是移动网络动漫将拥有巨大的市场潜力。2010 年中国移动推出了"移动手机动漫基地"，同年中国电信也推出了"天翼动漫"的移动业务，运营商纷纷涉足移动网络动漫。移动设备将在未来逐渐成为用户消费动漫内容的重要渠道，也将成为新媒体动漫发展的重要推动力量。因此，在"互联网＋"时代，动漫业与互联网的产业融合前景可期，与此同时电视动画、电影动画会受到较大冲击。

二、我国当前动漫产业政策中政府与市场关系的不足

产业政策是政府弥补市场失灵和市场不足的工具，产业政策制定和实施过程中政府的角色及其行为边界、政府与市场的关系直接影响着产业政策的实施效果。

如前所述，改革开放后，我国动漫业政策走过了国产动画电影市场化政策、动画产业政策、动漫产业政策、文化产业融合政策的历程。动漫产业政策在短时间内对动漫业产生了极大的推动作用，但是也暴露出一些深层次的问题，究其根源就是政府部门对市场的干预过多。我国的动漫产业政策有强烈的政府本位惯性，从部门管理的角度出发来制定政策，"中国的改革历来以行政主导为特点，因此，行政权力系统的利益在改革取向上具有决定性的影响。于

---

① 首部网络动画电影《星游记》为动画公司寻找盈利模式 [N/OL]. （2017－07－23）［2021－04－30］. http：//www.nbd.com.cn/articles/2017－07－23/1131162.html.

是，以行政权力为核心，个人利益、部门利益、集团利益、地方利益互相纠葛"①。

此外，由于多个行政部门职能涉及动漫产业的管理，尽管国家为推进动漫产业的发展，于 2006 年设立了由文化部、教育部、科技部、财政部、信息产业部、商务部、税务总局、工商总局、广电总局、新闻出版总署等 10 个部门组成的联席会议制度，但部门冲突时有发生。正如吴敬琏所指出的："由于改革是在原有的政府机构和执政力量的领导下进行的，原有的政府机构干预权力过分巨大，与市场经济不相适应，其本身与旧的体制不可避免地有着千丝万缕的联系，因此也就会存在这样一种危险，即三中全会所决定进行的改革会遇到一些思想观念障碍和利益固化藩篱的阻挠。在改革推进之中，也会遇到体制转轨过程中必然出现的种种实际困难。"②

从产业政策中政府与市场的关系看，我国动漫产业政策表现出较强的选择性产业政策范式，这种范式的特征是"政府主导产业，挑选'国家冠军企业'进行扶持，保护本国的衰退产业或企业。这种政策模式多以投资补贴、投资计划、公共银行贷款生产、限额限价、准入管制和贸易保护等手段，直接干预市场或干预竞争"③。这种产业范式主要表现为：第一，产业政策从政府本位出发，自上而下强调政府对企业的补贴扶持；第二，重视产业的外部保护，忽视市场作为产业内生机制的作用；第三，产业政策容易受到部门利益的牵绊，破坏公平竞争的市场体系；第四，政府本身的市场能力先天不足，削弱了产业政策的市场效率。从目前动漫产业政策看，主要表现在以下几个方面。

首先，我国动漫产业政策涉及动画片和动漫产品的制作、发行、播出、投融资、税收、进出口等多个环节，资金扶持一直是我国对动漫业扶持的重心，

① 燕继荣.从"行政主导"到"有限政府"：中国政府改革的方向与路径 [J].学海，2011（3）.

② 吴敬琏.坚持政府和市场关系的准确定位 [N/OL].（2013-11-25）[2021-04-30].http://theory.people.com.cn/n/2013/1125/c49154-23641862.html.

③ 江飞涛，李晓萍.产业政策中的市场与政府：从林毅夫与张维迎产业政策之争说起 [J].财经问题研究，2018（1）.

国家对动画片生产基地建设给予资金补助和信贷贴息；以政府采购等形式扶持资助动画片的拍摄和发行放映；设立专项资金加大对动画片的生产；对国产动画片专业制作机构给予免税政策；等等。这些政策的实施细则大都与动漫企业的规模、产量和产值等挂钩，表现出"扶大扶强"的特点。

动漫企业年审制是动漫产业税收政策、进出口政策等扶持政策的基础。通过认定的企业才能享受动漫产业税收优惠政策。我国动漫企业认定标准有动漫企业经营动漫产品的主营收入占当年总收入的60％以上，自主开发生产的动漫产品收入占主营收入的50％以上，动漫产品研发经费占当年营业收入的8％以上等条件，且这一资格认定是动态认定。数据显示，2019年通过认定的动漫企业是42家①，笔者根据2009年以来的相关部门的数据统计发现，自2009年第一批动漫企业认定开始到2019年，十年间通过认定的企业总量累计也不超过一千家。企业认定、注册资本、企业规模、企业营收状况等方面的条件决定了真正能够享受政府免税政策的动漫企业数量占比较低。

从中央到地方的诸如此类的资金扶持政策虽然短期内是动漫业的强心剂，但长期实施导致企业缺少活力，企业靠政府扶着走，而不是靠自身的产品和市场运营独立行走。根据统计数据计算，2018年全国531家动漫企业所得的政府补贴收入（21 343.3万元）占其利润总额（83 978.2万元）的25.4％。② 上市动漫公司2019年的年报显示，一些公司2019年获得的政府补助甚至超过了公司当年的净利润。全国动漫企业利润总额在2016—2018年连续三年下降。③

看似公平的扶持政策实际上将中小微企业、初创企业置于不利的市场地位。多位动画行业公司负责人通过媒体公开表示，由于缺乏高水准内容持续产

---

① 文化和旅游部 财政部 税务总局关于公布2019年度通过认定动漫企业名单的通知（文旅产业发〔2020〕24号）[EB/OL].（2020-06-24）[2021-03-30]. http://whly.gd.gov.cn/open_newggl/content/post_3023011.html.

②③ 中国文化数据库[DB/OL].[2021-04-30]. http://olap.epsnet.com.cn/auth/platform.html? sid=7C01EA1203EA08AEBD5BD96F429A3B33&key=12345c78-f027-40df-9be2-bad11efa52de.

出，动画公司的生存现状并未根本扭转，"90％以上的动画公司不盈利"①。甚至有业内人士公开指出："95％的动漫公司都不盈利。"② 全国动漫企业利润总额在 2016—2018 年连续三年下降。

其次，重视产业的外部保护，忽视市场作为动漫产业内生机制的作用。我国为保护本土动画市场对境外动画实施了严格的限制性政策，这虽然为我国处于幼年期的动画产业创造了有利的国内市场环境，经过十几年的发展，我国动画片产量年增长率较高，国产电视动画在电视上的播出时间远远高于进口电视动画，但是长期依赖政府保护成长起来的动漫企业缺少参与国内外市场竞争的动力和实力，我国电视动画进出口在 2014—2016 年存在较大逆差。如前所述，根据公开数据统计，2016 年我国电视动画的出口总额为 3 661.83 万元，出口量为 1 407 小时，而同期我国电视动画进口总额为 105 644.89 万元，仅从日本进口的总额就高达 82 237.12 万元，电视动画进口量为 7 752 小时，日本电视动画进口量为 3 259 小时。政府的"保姆式"保护并没有提高本土动画企业的市场竞争力。虽然我国国产动画片产量由 2006 年的 8.23 万分钟逐年递增至 2011 年的 26.12 万分钟，但是自 2012 年开始逐年下降，2017 年跌至 8.36 万分钟，2018 年略有提升，2019 年全年生产电视动画片 9.465 9 万分钟。③ 这一方面是受网络动漫崛起、电视受众流失等因素的影响，但也说明国产动画保护政策的效果正在递减。

再次，动漫产业政策涉及多个部门，部门利益以及职能范围的冲突削弱了市场活力和效率。以国产电视动画交易为例，目前国内电视动画交易中动画片无偿提供给电视台播放以换取一定时间的贴片广告，或者电视台以低价购买动画片的播映权的交易方式使电视播出机构在交易中处于优势地位，这种对动漫

---

① 国产动漫行业巨头未现 ［N/OL］. （2017 - 07 - 24）［2020 - 12 - 25］. http：//www. nbd. com. cn/articles/2017 - 07 - 24/1131286. html.

② 中国动漫公司 95％不盈利 ［N/OL］. （2017 - 07 - 23）［2020 - 12 - 25］. http：//www. nbd. com. cn/articles/2017 - 07 - 23/1131159. html.

③ 中华人民共和国 2019 年国民经济和社会发展统计公报 ［EB/OL］. （2020 - 02 - 28）［2021 - 04 - 30］. http：//www. stats. gov. cn/tjsj/zxfb/202002/t20200228_1728913. html.

企业而言极不公平的现象在改革开放初期就已经存在，实际上成为限制动画业高质量发展的顽疾。因其特殊的行业地位，电视台播出机构的利益受到了政策的间接保护，导致动画企业议价地位低。大部分地方政府的补贴计划往往以动画节目在电视台的播出时长为标准，例如《上海市动漫游戏产业发展扶持资金管理办法（2015年版）》明确列出，优秀原创电视动画扶持金额按照动画片播出时长计算。一些动漫企业为了拿到不菲的电视台播出补贴，在动画产品制作上敷衍了事，导致动画产品缺少创新性，质量良莠不齐，更为重要的是导致了动漫市场的不公平交易，客观上提高了动漫企业的交易或协调成本，破坏了正常的市场秩序。

最后，随着网络技术和移动媒体的发展，网络动漫和手机动漫崛起。灵敏的市场很快就找到了新的市场机会，并积极提供新的产品和服务，探索新的盈利模式。原创网络动漫公司、互联网企业、传统动漫生产制作企业、移动运营商等纷纷涉足网络动漫。动漫业在内容创作、生产和播出、发行等环节都呈现出与传统动漫业不同的特点。但是由于政府作为行政部门而非市场主体的先天不足，政府获取市场信息资源的能力有限，政府主导的选择性产业模式未能对这一新的市场变化做出及时反应，一些评奖政策、补贴政策与传统的电视台、出版发行平台紧密挂钩，使一些在网络平台播出的优秀动漫产品以及中小微动漫企业没能获得平等机会。因为缺乏对网络动漫的有效市场监管，网络动漫内容低俗化、同质化，缺少文化内涵，网络动漫中对未成年人保护不力、违规经营等问题层出不穷。

我国动漫产业政策是政府"挑选赢家"的选择性政策范式，由于政府并非市场主体，对动漫产业市场变动敏感度不高，导致强调政府补贴、资格准入、保护性政策过多。政府对动漫市场干预力度大，可以在短期内实现一定的经济目标，但长期来看，其隐患较多。政府在通过产业政策介入动漫市场时，对动漫市场自身的协调机制不够重视，阻碍了市场主体能动性的发挥。正如田国强所指出的："政府直接干预经济活动或制定的直接干预经济活动的政策，短期或者在局部是有用的，但是其边际效用会递减，而且往往中长期的弊端大于短期好处。政府推动、一拥而上的产业导向一定会造成资源的无效率配置。"①

三、强化有为政府理念，尊重市场逻辑：动漫产业政策的优化路径

"产业政策的功能是在产业发展过程中弥补市场不足、矫正市场失灵，其立足之基在于市场机制充分发挥其在资源配置方面的基础性作用。"② 当前我国政府在动漫产业政策上有必要强化有为政府的角色定位，即明确政府不能替代市场，作为行政部门，其角色和职能是为市场经济的有效运行提供制度体系和公共服务体系。产业政策的制定要警惕因为政府行为越位，过度干预市场造成的产业政策失灵；同时，政府部门作为非市场主体具有"先天不足"，政府行为有其边界，在市场经济体制下，要充分尊重市场规律，重视市场在资源配置中的主导地位，发挥市场在资源配置、激励竞争、提升效益方面的作用，并着力探索动漫市场不足和市场失灵的根源，依此来确定政府产业政策的干预范围和干预程度。具体来说，可以从以下几方面进行政策优化。

第一，为社会提供公共服务是有为政府的理论要义之一，也是我国政府的政治改革实践。习近平总书记曾多次强调政府要成为服务型政府，强调政府更多地向社会提供"公共服务"，特别是为非公有制经济提供全方位的优质服务。在产业政策上，市场居于主导地位，但政府依然发挥关键性作用，市场机制的有效运行依赖政府提供的法律制度体系、服务系统的完备性。我国动漫业绝大部分企业或者主营收入占比低，或者自主开发生产的动漫产品收入占比低，或者动漫产品的研究开发经费占比低，或者专业人员和研发人员占比低，达不到国家动漫企业的认定标准。由于规模小和自身存在缺陷，中小微动漫企业既不能获得国家专项资金支持和税收优惠政策支持，又不满足上市条件；由于我国

---

① 田国强．争议产业政策：有限政府，有为政府？[J]．领导决策信息，2017（5）.
② 顾昕．挑选赢家还是提供服务？：产业政策的制度基础与施政选择 [J]．经济社会体制比较，2014（1）.

银行业存在信贷偏向，而动漫业风险大，具有投资周期长、收益不稳定等特点，中小微动漫企业较难获得银行信贷资金的支持和社会资本的青睐。

因此，政府部门要增强为市场主体服务的意识，减少管制思维，改变"扶大扶强"的资金扶持策略，将政策重心调整到为所有动漫企业和动漫产业整体发展提供公共服务支持上，如搭建中小微企业公共服务体系、动漫人才培养体系、动漫技术开发与共享服务体系等。

第二，政府的职权应限制在一定范围内，减少对社会生活过多的强制性干预，建立政府、企业、社会三方合作，责任分担，合作共治的体制。在动漫产业发展上，政府部门有必要在政策制定和推行层面尝试向社会分权，在完善动漫市场交易、动漫产品开发和动漫市场监管方面给行业组织、受众组织、中介组织提供发挥作用的空间。

目前我国的动漫交易市场还存在市场主体地位不平等、广播电视机构价格垄断、动画企业议价能力低、版权保护不力、违法交易等各种问题。当前政府主导性的产业政策中，政府部门利益、职权纷争等削弱了市场效率。因此，政府有必要明确将自身职能限定在为动漫市场的有效运行提供恰当的制度基础，促进市场体系成长上，包括建立稳定的投融资政策、公平透明的市场交易政策、完备的版权保护法律法规体系以及执行机制，为动漫业发展构建良好的制度环境。一方面，将政策重心放在规范版权交易、打破广播电视台的垄断、促进市场公平定价、激发市场活力等方面，建立和完善动漫市场有效运行的制度体系。另一方面，扩大动漫行业协会、受众组织、交易中介组织的市场活动空间，鼓励和支持这些组织真正参与到促进动漫产品质量的提高、规范和繁荣动漫市场交易、维护市场有序运行的市场实践中。重视动漫行业组织对动漫业的内部监管和受众群体作为消费者对动漫业的外部监管，可以提高市场监管效率，形成监管合力，改变那种从政府管制视角出发，采取自上而下、政府部门"单打独斗"的监管策略；增强行业组织、中介组织在动漫交易中发挥的市场中介作用，可以提高动漫企业的议价能力，改变不公平的市场交易现状。

第三，政府在对市场失灵或市场不足进行干预时，必须认识到政府的局限性，"市场机制的核心功能是发现和有效利用分散信息，政府在介入解决市场失灵问题时，必须考虑到政府并不具有市场机制的这一核心功能，政府在选择介入的政策工具时，必须要考虑到是否有足够的市场信息与知识来有效实施这些策略……政府在介入市场失灵时，应充分考虑到市场可能内生出更有效率的解决途径，其政策选择应以尽可能不阻碍市场自发寻求更好的解决途径为基本原则"[①]。例如，政府部门要尊重动漫产品的受众市场的变化，避免先入为主地固守传统政策观念——将动画、漫画的受众群定位于幼儿、儿童等未成年人，重视动漫产品成年消费市场的价值。动漫产品实际上是全年龄的消费产品。因此，目前动漫业发展面临着既要拓展市场，又要保护未成年人权益的任务，可探索实施动漫产品的分级制。从目前我国对动漫产品的监管政策看，总是立足于未成年人的教育视角对动漫进行监管，强调动漫产品的对象为"少儿"，造成了我国的动漫受众定位低龄化，这与全球动漫产业的全龄化定位明显相悖。进入"十二五"之后，国家动漫产业战略上强调增加出口，改变贸易逆差，但如果始终忽视成年人消费市场，则不但对出口无益，也会影响国内动漫产业的可持续发展。

因此，我国的动漫产业政策必须改变政府本位的传统定位，从市场本位出发，努力激发市场机制的主导作用。产业政策制定部门要消除信息不对称，增强信息获取分析能力，及时调整产业政策中削弱市场主导性的要素，把握动漫业市场的变化，将以补贴政策、市场保护为偏向的产业政策调整为维护市场公平竞争的政策，将"扶大扶强"补贴政策优化为鼓励竞争的产业激励政策，跟市场要效益，激发市场内部活力，增强市场主体依靠内生力量解决市场不足等问题的自觉性。

"政策既是对社会文化、经济和技术状况的回应，也是结果，政策也是引

---

① 江飞涛，李晓萍. 产业政策中的市场与政府：从林毅夫与张维迎产业政策之争说起 [J]. 财经问题研究，2018 (1).

发或抑制文化产业转型的基本因素。"[①] 要实现我国动漫产业的可持续、高质量发展，我国的动漫产业政策必须强化有为政府理念，尊重市场逻辑，在政策层面确保市场成为配置资源、激励创新、提升效益的最有效的机制，为动漫产业发展提供制度保障和服务支持。最后需要指出的是，在促进动漫产业发展和繁荣的产业政策上，政府和市场并不是矛盾的，而是相互配合、协同互补的关系，这也是党的二十大所强调的"充分发挥市场在资源配置中的决定性作用，更好发挥政府作用"的要义所在。

---

① 赫斯蒙德夫. 文化产业 [M]. 张菲娜，译. 北京：中国人民大学出版社，2016：117 - 118.

第六章　改革开放以来我国广告业政策的变迁分析

在大众传播业中，与其他广播电视、报刊、影视剧等行业不同，广告业是我国对外开放较早的行业之一。20世纪80年代，本土广告公司陆续出现的同时，外国广告公司也进入了我国。我国广告业受到了外国广告公司的强烈冲击。加入世界贸易组织以后，广告业进一步开放，我国政府承诺不迟于2005年12月11日允许外方独资。我国广告业面临着强大的竞争对手，如何提升我国广告业的国际竞争力成为政策要着力解决的问题。在改革开放后四十多年的广告业政策变迁中，我国广告业政策经历了从宣传思维走向市场思维、产业观念渐强、去行政化、法制化、强调公益性的演变过程。

第一节　概　述

广告业是指通过广告创意、策划、设计、制作、展示、发布、检测、管理、调查、发布、科技研发、技术推广、效果评估、媒体运营、品牌代理等方式获取利润的产业门类。广告业是现代服务业和文化产业的重要组成部分，根据《国民经济行业分类代码表（GB/T 4754—2011）》，在我国，广告业被定位为商业服务业。随着媒介技术的发展，广告业不仅与传统的新闻媒介有密切联系，也与互联网、移动媒体紧密相关。

一、我国广告业的定位及发展中的隐忧

"新中国成立以后的很长时期内，由于受产品经济思想的影响和高度集中的计划体制的束缚，广告业发展十分缓慢，始终未能形成一个行业。'文化大革命'期间，广告被彻底否定。到 1978 年年末，全国经营广告业务的专业公司不到 10 家，报社、广播电台、电视台基本不经营广告业务。"① 改革开放以后，1979 年 1 月 4 日，《天津日报》登出了一则"天津牙膏主要产品介绍"的广告，被认为是我国改革开放之后的第一条消费品报纸广告。1979 年 1 月 14 日，上海《文汇报》发表了一篇署名为丁允朋的文章——《为广告正名》，为广告业的恢复发挥了积极的舆论作用。同年 3 月 9 日晚，上海电视台播出了一则"幸福可乐"的广告。

1979 年 7 月 18 日，《人民日报》头版刊登十川写的《一条广告的启示》，该文指出："我们国家这么大，各项建设事业的需要，包括人民生活的需要，五花八门，如果单是依靠行政手段去安排组织，不免挂一漏万；利用市场经济，作一些补充调剂，只会有好处。大有好处的事，何乐而不为呢？"② 此外，同年《人民日报》还发表了《漫谈外国广告》和《一张广告救了一个厂》等新闻作品。《人民日报》上的这些新闻作品从舆论上推动了改革开放后广告业的恢复步伐。

20 世纪 80 年代以来，在国家相关政策的推动下，我国广告业随着改革开放的进程发展起来。这一时期，在本土广告公司陆续出现的同时，跨国广告公司也进入了我国。"1979 年，电通广告公司最早进入中国，与北京广告公司、上海广告公司合作，开展进出口广告业务，并于 1980 年经政府批准率先在北京、上海设立电通事务所，开始在中国进行调查、效果研究领域的探索，李奥·贝纳

---

① 国家工商行政管理局、国家计划委员会印发《关于加快广告业发展的规划纲要》的通知（工商广字〔1993〕第 208 号）[DB/OL].［2021 - 04 - 02］. https://wenku.baidu.com/view/df1061f4bdd126fff705cc1755270722182e5924.html.

② 十川. 一条广告的启示 [N]. 人民日报，1979 - 07 - 18.

（中国）广告公司在香港成立，并开始发展中国的业务。日本博报堂设置了中国部门，开始研讨日本企业利用中国媒介进行广告宣传的可能性，并推出向中国介绍日本的广告。大广、博报堂、向阳社也陆续进入中国开展业务。"[1] 数据显示，1979 年我国广告营业额是 0.1 亿元，到 1981 年全国广告营业额突破 1 亿元，达到 1.18 亿元，到 1987 年突破 10 亿元，达 11.13 亿元，此后一直到 1997 年，我国广告营业额的年增长率都在 25％以上。[2] 1981 年至 1992 年的 11 年间广告经营单位从 2 200 家发展到 16 683 家，平均每年递增 20％；广告从业人员从 1.6 万人增加到 18.5 万人，平均每年递增 26％。[3] 大家普遍认为 1978—1991 年间中国广告业进入了恢复和发展阶段。正如有学者指出的："1979 年至 1991 年间，在政策环境变迁和经济开放程度的推动下，各种类型的广告公司陆续出现，经历了从单一到多元、从区域到国际的经营模式发展变迁。"[4]

1992 年，市场经济改革走向深入，国家进一步扩大对外开放，我国经济的快速增长推动了我国广告产业的高速发展。据媒体报道，截至 1992 年年底，共有 42 家外国广告公司在我国注册，包括英国的萨奇广告公司、日本的电通、美国的奥美市场服务公司和扬·罗必凯公司等。[5] 1993 年，全国广告营业额突破百万亿，达 134.09 亿元。1993 年的年增长率达 97.57％，这是继 1981 年以后的第二个增长高峰。尽管此后我国广告业的年增长率逐年下降，从 1993 年的 97.57％逐年下降到 2001 年的 11.54％，但我国广告业年增长率仍超过同期宏观经济增长率。这个时期实际是我国广告业从高歌猛进转向理性成长的时期，为后来的发展做了政策和市场的准备。

2001 年 11 月 10 日我国加入世界贸易组织。我国经济融入世界市场，广

---

① 许俊基．中国广告史 [M]．北京：中国传媒大学出版社，2006：238.

② 崔保国．2009 年：中国传媒产业发展报告 [M]．北京：社会科学文献出版社，2009：402.

③ 国家工商行政管理局、国家计划委员会印发《关于加快广告业发展的规划纲要》的通知（工商广字〔1993〕第 208 号）[DB/OL]．[2021 - 04 - 02]．https://wenku.baidu.com/view/df1061f4bdd126fff705cc1755270722182e5924.html.

④ 丁俊杰，王昕．中国广告观念三十年变迁与国际化 [J]．国际新闻界，2009（5）.

⑤ 张燕．代理制：广告业走向世界之路 [N]．浙江日报，1993 - 07 - 13.

告业也进入了新的时期，挑战与机遇并存。2002 年增长率再次提升为 13.62%，2003 年全国广告业的增长率高达 19.44%，广告业营业总额首次突破千亿元，达 1 078.68 亿元。[①] 2009 年，全国广告营业额已经超过 2 000 亿元，达 2 041 亿元，2010 年全国广告营业额是 2 340.51 亿元，其中网络广告营业额是 185 亿元，增速达 70%，标志着我国广告业进入了新媒体广告的时代。2011 年，我国广告经营额达 3 125.552 9 亿元，与 2010 年的 2 340.51 亿元相比，增长了 33.54%，创下自 1997 年以来 15 年间全国广告经营额的最高增长率。[②]

然而一片繁荣背后，我国广告业也暗藏着危机。2004 年开始连续多年广告业的年增长率低于同期 GDP 年增长率。一方面，从政策层面看，2000 年后政策取向上有明显的重监管轻规划的偏向，长此以往将不利于广告业的发展。之所以有这种偏向，除了我国广告市场的确存在一定不足，有进行监管的必要性等原因以外，与主流舆论的影响也有一定关系。有学者通过对《人民日报》近 30 年所刊载的 1 060 篇文章的研究发现，该报对"广告"存在着非常强烈的批判倾向，其批判涉及广告内容、广告表现形式、广告主以及广告传播方式等多个层面；少量肯定的文章则大多与公益广告、农业广告、扶贫广告等相关。相反，对广告本身的经济功能、广告经营、广告行业和广告产业等，《人民日报》却表现出极少的关注。《人民日报》的上述报道倾向可以从一个角度证明，我国广告业其实处于一种非常不利的舆论环境中，而这一现状在很大程度上给我国的广告创作、广告经营、广告监管、广告行业发展以及广告教育和研究带来了重重困难。[③]

此外，正如有学者指出的，"中国广告产业的高速增长带来结构失衡。广

---

① 国际广告杂志社，等. 中国广告猛进史：1979—2003 [M]. 北京：华夏出版社，2004：291.

② 数据整理自国家统计局官网。

③ 丁俊杰，黄河. 为广告重新正名：从主流媒体的广告观开始 [J]. 国际新闻界，2007 (9).

告产业结构的失衡主要表现在三个方面：一是媒介的强势地位与广告公司的弱势地位的失衡；二是本土广告公司的弱小与跨国广告公司的强大；三是广告产业地区之间的差异"①。

2010 年，国家工商行政管理总局副局长刘凡发表《中国广告业的科学发展：在第十一届中国西部国际博览会中国广告（国际）发展论坛上的演讲》，指出："改革开放以来，我国广告业随着国民经济的发展而逐步发展壮大，历经 4 个发展阶段，目前已进入黄金发展期。"② 那么，在政策层面，如何把握住这个黄金发展期从而促进广告业的发展呢？

二、广告业政策相关研究的现状

我国广告业的政策法规数量多，而且政出多门。改革开放后，涉及广告业、广告监管的各类政策法律法规超过两千条，制定部门除全国人大常委会之外，以国家工商总局为主体，涉及新闻出版、广播电视、食品药品、建设、文化、信息产业、税务、公安等多个部门。总体上呈地方法规占比高、监管政策法规占比高，行业规划、产业发展视角出发的政策占比低的特点。

目前国内与广告业政策研究有关的论文文献表现为集中关注监管政策法规和产业政策两个取向。

第一，关注广告的监管政策法规。这一取向在所有研究广告政策的文献中占比最大，超过 90％，涉及不同媒介载体广告——报纸广告、广播影视广告、户外广告、网络广告、移动媒体广告、微信广告的监管，也涉及具体商品如药品的广告监管，以及不同表现方式的广告——植入式广告、"漂绿广告"、更正广告的监管。如王积龙等的《环保类虚假广告的破解与治理研究》等。

第二，关注广告的产业政策。例如，徐卫华的《我国广告产业政策检视1978—2007》、梅晓春的《1979—2010 年我国广告产业政策检视》，两位作者

---

① 马二伟.大数据时代广告产业结构优化研究［J］，国际新闻界，2016（5）.

② 刘凡.中国广告业的科学发展：在第十一届中国西部国际博览会中国广告（国际）发展论坛上的演讲（摘要）［J］.现代广告，2010（23）.

都是采用狭义的产业政策概念，均认为我国广告产业政策的长期定位是"弥补市场失灵的缺陷"，故呈抑制性倾向。以上两个取向密切联系了广告业的实践层面。

但引人深思的是，市场失灵是否就意味着应实施抑制政策？广告产业政策阶段的划分依据是否合理？就产业政策而言，可以从广义和狭义两个层面来理解。广义上的产业政策是指国家制定的，引导国家产业发展方向、引导推动产业结构升级、协调国家产业结构，使国民经济健康可持续发展的政策。狭义上的产业政策是指在市场经济环境下，为弥补市场缺陷，国家或政府制定的、主动干预特定产业经济活动的各种政策的集合。产业政策的提出和实施实际上是在市场经济背景下发生的，而在1992年之前，虽然我国改革开放已经多年，但就当时我国宏观经济的特点来看，尚处于社会主义有计划的商品经济时期，那么将此背景下的广告业政策看作是产业政策未免有些牵强。就狭义的产业政策而言，其有效性必然以广告作为一门产业存在为前提，而广告业在我国获得作为产业部门的地位则是在1993年之后。这是根据1978年后国家层面广告业政策法规内容而提出的不同看法。

近年来出现了零星使用定量研究方法的文献。例如，《中国广告政策效果研究》使用政策效果评价法对1981—2014年的主要广告政策的效果进行了研究，分析国家出台广告政策的动机。虽然定量研究产业政策的效果是一种新的路径，但由于量化研究的本质是对变量的测量，对政策问题的研究来说，量化研究的适用范围是有限的。以产业政策为例，产业政策的实施和执行效果受多种因素制约，是否能够促进产业的发展根本上取决于产业本身的发展潜力。产业政策作为政府的行为，对产业本身来说，实际上是产业发展的外部要素，并不构成产业发展的原动力。产业政策必须在提供充分的政策实施保障（人力、资金）的前提下，与政策环境的变动、产业生产的特征相契合，并与生产要素实现良性互动，才能推动产业更好地发展。否则，产业政策很难实现预期目标。因此，宏观的定性分析仍然不失为政策研究的一种有价值的研究方法。

第二节 从宣传走向市场：改革开放初期的
广告业政策（1978—1991）

党的十一届三中全会以后，我国广告业进入恢复和初步发展阶段。1979年我国恢复刊播商业广告。1979年1月14日上海《文汇报》发表了《为广告正名》的文章，为我国广告业的恢复做了舆论准备。1979年11月中央宣传部发出的《关于报刊、广播、电视台刊播外国商业广告的通知》被研究者称为"我国改革开放以来颁布的第一条广告产业政策"，"这一政策的提出首先肯定了广告对于传播经济信息、促进贸易发展的作用，对于恢复和发展报刊、广播、电视等媒体广告业务、推动其他形式广告业务活动的发展具有重要意义，有力地促进了广告产业的发展"[①]。虽然该政策对我国广告业的发展具有重大的意义，但正如前文所分析的，就当时的经济体制以及广告业的实际情况看，尚不能称其为产业政策。

从整体上看，这一时期以1987年颁布和实施的《广告管理条例》为界分为两个阶段，呈现出不同的特征。在1982—1987年间政府颁布的广告政策法规数量较少。根据万方数据库的数据分析，1982—1987年间，标题中含有"广告"的政策法规总共30篇，其中地方法规6篇，行政法规1篇，部门规章23篇。其中最重要的就是《广告管理暂行条例》。

《广告管理暂行条例》颁布于1982年2月6日，并于同年5月1日施行，这被认为是我国最早的广告监管法规政策，涉及广告业的监管机关、从事广告业务的主体（私人不得经营广告业务）、刊发广告的企业（包括外商企业）、广告的违法行为等。从这部法规的内容看，当时对广告的管理还没有从宣传的思维模式中解放出来，虽然提到了消费者的利益，但只是一带而过，而是更强调国家的利益。例如，该条例第八条规定："广告的内容有下列情形之一的，禁

---

① 梅晓春. 我国广告产业政策的发展研究［J］. 广告大观（理论版），2012（2）.

止刊登、播放、设置、张贴：一、违反国家政策、法令的；二、有损我国各民族尊严的；三、有反动、淫秽、丑恶、迷信内容的；四、有诽谤性宣传的；五、违反国家保密规定的。"第九条规定："广告经营单位对于刊登、播放、设置、张贴广告的版面、位置、时间、地点、形式的安排，必须符合国家有关宣传政策和经济政策的规定。"由于这个时期尚处于改革开放的起步阶段，广告业刚刚恢复，人们对广告业的行业地位的认知，对市场经济的认知，以及对法律法规对于市场经济的重要性的认知都不成熟，宣传思维的强大惯性在广告业的政策中得以维持，市场经济思维刚刚萌芽，所以这一条例可以称为政策的"市场试探"。

这一条例出台后，1982 年 6 月 5 日，工商行政管理总局发布《关于〈广告管理暂行条例实施细则〉试行的通知》，此后中宣部以及文化教育部门、卫生部门、商业部、轻工业部、国家语言文字工作委员会、对外经济贸易部等有关部门或联合或单独出台了广告监管的规范性政策，多以"通知""规定"的形式下发，如《财政部、国家工商行政管理局关于企业广告费用开支问题的若干规定》（1983）、《国家工商行政管理局、文化部、教育部、卫生部关于文化、教育、卫生、社会广告管理的通知》（1984）、《国家工商行政管理局关于烟酒广告和代理国内广告业务收取手续费问题的通知》（1984）、《轻工业部关于加强对轻工产品广告宣传管理的通知》（1985）、《国家工商行政管理局、财政部关于对赞助广告加强管理的几项规定》（1985）、《中共中央宣传部、国家教育委员会关于不得乱登办学招生广告的通知》（1986）、《卫生部、国家工商行政管理局、广播电影电视部、新闻出版署关于进一步加强药品广告宣传管理的通知》（1987）等。

这些政策都是着眼于落实《广告管理暂行条例》的监管性质的政策，其中大部分是针对特殊类型商品的监管。如这一时期国家工商行政管理局和卫生部联合发布的《药品广告管理办法》（1985），是我国改革开放后针对特殊商品发布的专门的监管政策。其特点是强调广告发布环节，对于不良广告的治理并无具体规定，只提道："对虚假广告、违法广告，各级工商行政管理部门应按照

《药品管理法》、《广告管理暂行条例》、《广告管理暂行条例实施细则》及有关法规进行查处。"这种将监管的重心放在准入环节的做法实际上正是宣传思维的一种体现，这时正值改革开放初期，人们对广告的经济功能虽然有了一定的认知，但是对于如何对其进行有效监管的认识还是非常模糊的，长期的计划经济思维对各部门的广告监管有着强大的影响。

由于这个时期报刊、广播电视是最主要的广告刊发媒体，加上新闻体制改革被提上日程，广告创收成为新闻媒体的合法收入。但很快就出现了一些问题，如新闻单位的编辑部门或新闻工作人员未经登记批准就擅自经营或代理广告业务、模糊新闻与广告的界限、刊播所谓"新闻广告"；有的广播电视台在新闻节目中随意插播广告，新闻单位为未经批准的企业、报刊、图书刊播广告；等等。为此，1985 年 4 月 17 日，国家工商行政管理局、广播电视部、文化部联合下发《关于报纸、书刊、电台、电视台经营、刊播广告有关问题的通知》，对新闻出版广播电视的广告刊发进行规范。同年 11 月 15 日《国务院办公厅关于加强广告宣传管理的通知》发布，再次强调："在我国，广告不仅是一种传播经济信息的手段，也是社会主义宣传工作的一种形式。我们的广告宣传应当坚持社会主义的经营方向，体现社会主义的道德风尚，既要为建设社会主义的物质文明服务，又要为建设社会主义的精神文明服务。"

此外，《国家工商行政管理局关于烟酒广告和代理国内广告业务收取手续费问题的通知》不但对特殊商品广告进行进一步的规定，而且提到了广告代理费的收费标准问题，规定："国内经营、兼营广告单位之间相互代办广告业务，应当允许收取一定的手续费，但最多不得超过广告费的 10%。"虽然当时广告代理制尚未正式确立，但这一政策也是具有开端性的。

由于这个时期我国经济体制改革正处于探索时期，社会各界对于改革开放和商品经济还有讨论。长期的计划经济思维和宣传思维对广告业政策的强大影响非常明显。随着社会主义商品经济观念的逐渐深入和商品经济的发展，广告政策也出现了具有里程碑意义的变化。1987 年，《广告管理条例》出台，并于同年 12 月 1 日起施行，这一政策较 1982 年出台的《广告管理暂行条例》更具市场思维。

例如，《广告管理条例》把消费者权益、竞争等市场经济的关键要素放在了突出位置。《广告管理条例》第三条规定："广告内容必须真实、健康、清晰、明白，不得以任何形式欺骗用户和消费者。"第四条规定："在广告经营活动中，禁止垄断和不正当竞争行为。"《广告管理暂行条例》共19条，其中前5条都是关于广告业的定位、监管部门等的一般性规定。与《广告管理暂行条例》相比，《广告管理条例》最具重大意义的改变表现在两个方面。

第一，允许私人从事广告经营业务。1982年的《广告管理暂行条例》第四条明确规定"私人不得经营广告业务"。而1987年的《广告管理条例》第六条对广告业务的主体做了详细规定，并指出，"具备经营广告业务能力的个体工商户，发给《营业执照》"；允许个体工商户从事广告业务。这是我国广告政策上的一次重大改变。

第二，行政主管部门有限度地放开价格管理。1982年的《广告管理暂行条例》第十一条规定："广告的收费标准，当地工商行政管理部门已经制定统一标准的，按统一标准执行；尚未规定统一标准的，暂由广告经营单位自定，报当地工商行政管理部门备案。"而1987年的《广告管理条例》第十四条规定："广告收费标准，由广告经营者制订，报当地工商行政管理机关和物价管理机关备案。"第十五条规定："广告业务代理费标准，由国家工商行政管理机关会同国家物价管理机关制定。户外广告场地费、建筑物占用费的收费标准，由当地工商行政管理机关会同物价、城建部门协商制订，报当地人民政府批准。"

1988年1月9日，《广告管理条例施行细则》公布，对《广告管理条例》的第二条、第六条、第十一条等做了进一步详细的规定，主要涉及不同类型的广告经营者的审批登记条件，特别提到了中外合资经营广告企业和中外合作经营广告企业的审批、烟酒等特殊商品的广告刊发条件、不同类型广告主的管理、广告内容的审查责任以及违反《广告管理条例》的具体处罚措施等。《广告管理条例施行细则》中多次提到了针对中外合资经营企业、中外合作经营企业、外商独资经营企业等广告公司的基本政策。《广告管理条例》和《广告管理条例施行细则》是在 1994 年《广告法》出台之前我国广告业的基本法规。1987 年《广告管理条例》的新变化表明广告市场的观念开始体现在这一时期的政策法规中。

随着广告市场观念的深入，1987 年后陆续出现的监管法规呈现出新的特点。除了一如既往地对农药广告、药品广告、有奖销售广告、体育广告、性生活产品广告、招生广告、邮寄印刷品广告等不同商品的广告刊发进行管理外，这个时期还把对广告公司的经营监管放了首位。对广告公司及新闻出版机构的广告经营行为的监管，构成了这一时期监管的新特点。

1988 年 12 月 20 日发布的《国家工商行政管理局关于整顿广告经营秩序，加强广告宣传管理的通知》（工商广字〔1988〕第 303 号）把整顿广告公司、规范广告公司的经营放在了首位，其中包括对新闻出版机构的广告经营行为的整顿，特别提到了"媒介发布单位超越经营范围跨媒介代理广告业务，新闻媒介单位的非广告经营部门从事广告经营业务等，均属非法经营活动"。《国家工商行政管理局关于严禁新闻出版单位所属记者站、办事处经营广告业务的通知》（1989）、《国家工商行政管理局、新闻出版署关于报社、期刊社和出版社刊登、经营广告的几项规定》（1990）、《广播电视广告收入管理暂行规定》（1991）都是这一时期出台的政策。

针对广告市场的治理整顿，陆续出台了大量规范和引导广告市场的政策法规。如《国家工商行政管理局、财政部、国家物价局关于对举办临时性广告经营活动的单位登记收费问题的通知》（1988）、《国家工商行政管理局关于广告经营单位和个体工商户登记费收支等问题的通知》（1989）、《国家工商行政管理局关于实行〈广告业务员证〉制度的规定》（1990）、《国家工商行政管理局关于对伪造、涂改、出租、出借、转让、出卖或者擅自复制广告经营许可证件行为处罚问题的规定》（1991）、《国家工商行政管理局关于广告经营违法案件非法所得计算方法问题的通知》（1991）、《对外经济贸易部关于出口广告经营和管理的若干规定》（1991）等。

另外,《国家工商行政管理局、财政部、国家税务局、审计署关于在全国范围内实行"广告业专用发票"制度的通知》(工商〔1990〕第318号)完善了广告行业的财务财税监管。《国家工商行政管理局关于在温州市试行广告代理制的通知》(工商〔1990〕第140号)提出在浙江省温州市开展广告代理制的试点工作,并发布了《关于在温州市试行广告代理制的若干规定》加以指导。这是我国探索广告经营体制改革的重要尝试,为后面推出广告代理制积累了经验。

广告业的监管之所以具有这种特征,与当时国家的经济环境以及政策紧密相关。1988年9月15日至21日,中共中央政治局召开中央工作会议,正式做出治理经济环境、整顿经济秩序、全面深化改革的决定。会议提出1989年和1990年要把改革和建设的重点放到治理经济环境、整顿经济秩序上。之后,党的十三届三中全会提出了治理经济环境、整顿经济秩序、全面深化改革的指导方针。这一时期广告业陆续出台的各类监管政策实际上是这一方针在广告业中的体现。

这一时期还针对外资广告公司业务陆续发布了一些具体的规范性政策。关于外资广告公司的政策性规定早见于1982年的《广告管理暂行条例》第十七条规定,该规定相对简单。《广告管理条例实施细则》的第五条,第七条第一款,第十条第三、第四款等,对中外合资、合作广告企业的经营许可、广告发布做出具体规定,强调国家工商行政管理局是中外合资、合作企业广告经营审查登记机关。此后针对实践中出现的新问题又陆续发布一些管理和规范性政策,如《国家工商行政管理局、对外经济贸易部关于举办来华经济技术展览会等经营广告审批办法的通知》(工商广字〔1988〕第209号)①、《国家税务局关于对外国企业常驻代表机构从事广告业务所取得的佣金、手续费征收工商统

---

① 规定有举办来华展览会经营权而无广告经营权或有广告经营权但经营范围中不含展览广告业务项目的单位(公司),在举办来华展览会期间,利用展出场地、会刊、画册等媒介或形式为非参展企业设置、刊登来华广告收取广告费的,须报国家有关部门批准,并取得《临时性广告经营许可证》后,方能经营上述广告业务。

一税、企业所得税的通知》(国税外字〔1988〕第 337 号)[①] 等。

这一时期的广告政策开始走出宣传思维的框架，监管的着眼点转向市场监管。其背后的主要动力来自政府推动的宏观经济机制改革，并受到国内政治以及国际关系的深刻影响。1989—1991 年全国范围内的经济治理整顿对广告业的政策走向产生了重大影响，广告业政策的重心被置于监管层面。此时的监管政策与早期的相比，更加细化，更加关注违规行为的治理，监管重心以广告公司、广告市场为着眼点，关注财务税收、经营许可、合同规范等方面，不同于早期的针对不同类型广告商品的监管和新闻媒体的广告刊发行为监管。

对于外国企业在华发布广告以及外国广告企业在华开展业务等的政策受到当时国际关系的影响。例如，这一时期，中国、朝鲜和韩国之间的关系非常微妙。虽然中韩在 1992 年才正式建立外交关系，但改革开放后，中国和南朝鲜[②]的民间经济往来十分频繁，一些南朝鲜企业要求在华进行商品广告宣传。为此，国家工商行政管理总局、对外贸易与经济合作部发出《关于对南朝鲜企业在我国刊播广告进行管理有关问题的通知》(工商广字〔1989〕第 98 号)，该通知允许南朝鲜企业在我国适当进行商品广告宣传，也就是有条件的广告宣传。如按照规定，南朝鲜企业在我国刊播商品广告，不得标明"大韩民国""韩国""南朝鲜"字样，或冠有上述字样的企业名称；南朝鲜企业商品广告统一由国家工商行政管理局指定的广告公司代理；中央电视台、中央人民广播电台、人民日报社不得在电视、广播、《人民日报》刊播南朝鲜企业商品广告等。该通知特别指明："此件对外不作公开报道。"而这一通知很快随着中韩的正式建交而宣布失效，中韩建交的第四日——1992 年 8 月 28 日，《国家工商行政管理局关于大韩民国企业在我国进行广告宣传有关问题的通知》(工商广字〔1992〕第 298 号)发布，通知指出："大韩民国企业来我国进行广告宣传，一律按外商来华广告对待。我局与对外经济贸易部联合发布的《关于对南朝鲜企

---

① 对从事广告代理业务的外国企业常驻代表机构，在中国境内从事广告服务应取得的收入应申报缴纳工商统一税和外国企业所得税做出具体规定。

② "南朝鲜"为历史称谓，1992 年中韩两国正式建交后，改称"南朝鲜"为"韩国"。

业在我国刊播广告进行管理有关问题的通知》（工商广字〔1989〕第98号）及我局《关于承接台湾、南朝鲜广告问题的答复》（工商广字〔1988〕第46号）中关于'南朝鲜广告'的规定自一九九二年八月二十四日起失效。"通知最后特别强调"请尽快将此通知转发各广告经营单位"。

第三节 行政强制色彩鲜明：产业观念确立时期的广告业政策（1992—2000）

经过1989—1991年的经济治理整顿之后，中国改革开放开始向纵深发展，尽管如此，关于计划经济和市场经济的争论却没有停止。1992年1月，邓小平"南方谈话"后，市场取向的改革逐渐得到了认同。1992年10月12日，党的十四大明确提出中国要建立社会主义市场经济运行模式。在此背景下，中国广告业的政策密集出台，修订频繁，并呈现出新的特征：产业观念确立，法律意识增强，但政策带有鲜明的行政强制色彩。其间最具全局影响的政策法规是《关于加快广告业发展的规划纲要》和《中华人民共和国广告法》。

1992年6月16日，中共中央、国务院做出《关于加快发展第三产业的决定》，次年3月12日，国务院批转国家计委的《全国第三产业发展规划基本思路》，在该规划中，广告业与信息、咨询服务业一起被定位为"知识技术密集型产业"，为广告业确立的发展目标是"加快广告业的发展，逐步建立结构合理、门类齐全、媒介通畅、专业化水平较高和多层次、全方位的广告信息传播和市场营销服务体系。提高广告制作和经营水平，加强广告的监督管理。积极推进符合广告市场运行规律和国际惯例的广告经营代理体制"。这个文件为后来的广告业政策以及广告业作为产业的发展指明了方向。

1993年，《关于加快广告业发展的规划纲要》（工商广字〔1993〕第208号）施行。工商广字〔1993〕第208号文是我国广告政策史上又一个重要里程碑式的文件，它明确指出了广告业的产业性质——广告业在我国是一门新兴产业，属于知识密集、技术密集、人才密集的高新技术产业，是第三产业的重要组成部分，落实国家产业政策对于广告产业发展具有重大意义。工商广字〔1993〕第 208 号文针对当时广告业的一些问题——发展盲目、行业结构不合理、经营机制不顺等提出了改革的目标。其重心是借鉴国际惯例，改革广告管理体制和经营机制，培育广告人才，完善国内广告市场，参与国际广告市场竞争，振兴广告业。这个具有明确产业观念导向的工商广字〔1993〕第 208 号文规划了到 2000 年的中国广告业发展蓝图。

在管理体制方面，工商广字〔1993〕第 208 号文要求政府部门按政企分开、转换职能的原则，把工作重心转移到统筹规划、制定政策法规以及协调、服务和检查监督上。改革各种不利于广告业发展的限制措施，实行广告发布前审查，发挥行业协会自律与协调作用，建立在广告管理机关指导、监督下，由广告行业组织、企业和有关专业技术部门组成的广告审查机构，变单一、被动的事后监督管理为包括事前、事中、事后全运行过程的监督管理。

在培育广告人才方面，建立广告人才培训中心，扩大高等院校广告专业招生规模，建立广告研究与开发基地。

在完善国内广告市场方面，以代理制为基本经营机制；全面实行广告资格认证制度，打破所有制、地区、部门界限，推动媒介广告经营转换机制，加快媒介广告经营进入市场的步伐；开辟商业媒介市场，鼓励平等竞争，消除主要媒介垄断广告市场的现象；建立接受国家宏观指导，以国内市场供求关系为基础，并能与国际市场价格接轨的广告价格体系和价格机制；拓展诸如广播电视经济频道的新的媒介渠道，重点扶持市场调查机构、媒体收视率测定机构等延伸到行业之外的经营服务实体。这些政策立足广告市场，找出了影响我国广告业发展的症结所在。

在参与国际广告市场竞争方面，支持组建跨国、跨行业、跨地区、跨部门的广告企业集团；组建全国性或区域性广告效果测量中心、市场调查等公共服务实体；支持充分利用国外资金、技术，支持国内广告公司与世界著名广告企业的合资与合作，鼓励国内广告企业对外开拓市场，进行跨国经营。

这个时期我国广告业从起步阶段走向发展阶段。针对广告业经营机制的缺陷，为推进广告机制改革，促进广告业的发展，有关部门以工商广字〔1993〕第 208 号文为指导，陆续出台了深远影响的重大改革政策。

国家工商行政管理局在 1993 年 7 月 15 日发布《关于进行广告代理制试点工作的若干规定（试行）》和《关于在部分城市进行广告代理制和广告发布前审查试点工作的意见》（工商广字〔1993〕第 214 号），对在报纸、广播台、电视台试行广告代理制做出了一些规定。如广告代理费的收费标准为广告费的 15％，广告客户必须委托有相应经营资格的广告公司代理广告业务，不得直接通过报社、广播电台、电视台发布广告。兼营广告业务的报社、广播电台、电视台，必须通过有相应经营资格的广告公司代理，方可发布广告（分类广告除外）。报社、广播电台、电视台的广告经营范围核定为："发布各类广告（含外商来华广告），承办分类广告。"报社、广播电台、电视台下属的广告公司，在人员、业务上必须与本媒介广告部门相脱离，不得以任何形式垄断本媒介的广告业务。

代理制的经营机制是由广告客户委托广告公司实施广告宣传计划，广告媒介通过广告公司承揽广告业务。广告公司处于中间地位，为广告客户和广告媒介双向提供业务。代理制有利于理顺广告公司与广告媒介的职能分工关系：广告的代理和设计制作由广告公司进行，广告的发布由各种广告媒介承担。当时我国试行代理制实际上是为了推动媒介广告经营转换机制，加快媒介广告经营进入市场的步伐；消除主要媒介垄断广告市场的现象，维护市场的公平竞争。

从政策制定的出发点来看，推行代理制的这个政策方向是积极的，有助于促进广告市场的公平竞争。然而，广告代理制的推行，在我国具有一定的强制性。"中国广告代理制，作为一种经济制度安排，其目的是促进广告业的健康发展，并且是通过一系列行政管理条例、借助政府力量实施的，甚至一度被广告业界与学界认为是一种行政管理体制，因此具有一定程度的强制性。"①

广告代理制是在西方的媒介体制下运作的，而我国的媒介体制与西方不

---

① 柳庆勇. 委托代理视角下中国广告代理制的消亡与重构［J］. 国际新闻界，2013（7）.

同，我国是国有的媒介体制，报社、广播电视台具有双重属性，媒介机构既是产业部门，也是政府的宣传机构，打破我国广告媒体下属广告公司对广告市场的垄断，关系到媒介机构的经济利益，推行的难度不言而喻。国家工商管理部门对其广告业务的监管与对一般企业的监管也存在差异。但随着媒介技术的发展，传统媒介垄断媒介资源的优势逐渐消失，媒介资源的多元化给代理制带来了进一步的挑战。

为了规范广告业经营，这一时期推出了广告公司资质标准以及广告从业人员资格培训政策。其中早期的《广告经营者资质标准及广告经营范围核定用语规范》（工商广字〔1993〕第 56 号）、《广告经营者、广告发布者资质标准及广告经营范围核定用语规范》（工商广字〔1995〕第 155 号）只是确立了初步的标准，并未细化。如将广告经营范围规范为设计、制作、发布、代理等经营活动；将广告经营者的资质标准规定为综合性广告企业资质标准，广告设计、制作企业资质标准，以及从事广告设计和制作的个体工商户三大类资质标准等。1997 年实施的《综合性广告企业资质等级标准（试行）》和《广告制作企业资质等级标准（试行）》进一步细化了资质标准，将综合性广告企业和广告制作企业各分成三个等级资质。此后，《广告经营资格检查办法》于 1998 年 1 月 1 日起施行。《广告经营资格检查办法》为广告公司资质标准的实施提供了制度保障，《国家工商行政管理局关于广告专业技术岗位资格培训工作的通知》（广字〔1996〕第 2 号）则是这一时期提高广告业整体服务水平、提高服务质量、培育优质有国际竞争力的国内广告公司的配套政策。

以上政策的推行表明政府部门有推动广告产业发展的强烈愿望，对后来广告业的发展起到了一定的积极作用。

此外，为了更好地推动我国广告业的对外开放，这一时期国家出台了一些针对外资广告企业的政策。《国家工商行政管理总局、对外贸易经济合作部关于设立外商投资广告企业的若干规定》于 1994 年 11 月 3 日发布，并于 1995 年 1 月 1 日起施行。该规定将外商投资广告企业定义为"中外合资、合作经营广告业务的企业"，要求外商投资广告企业除了要遵循《中华人民共和国广告法》等有关法律、法规、规章，还把"能够引进国际先进的广告制作技术和设备""能够在广告策划、创意、设计、制作和经营管理等方面培训中国职员""注册资本不低于 30 万美元"等作为条件。

为了指导外商投资方向，使外商投资方向与我国国民经济和社会发展规划相适应，1995 年 6 月 20 日，《指导外商投资方向暂行规定》和《外商投资产业指导目录》出台，此后每隔三四年，我国政府都会颁布一份经更新的《外商投资产业指导目录》，并根据当时中国经济发展的需要调整外商投资产业的指导方向。《外商投资产业指导目录》是指导、审批外商投资项目的依据。1995 年《外商投资产业指导目录》发布时我国投资的产业被分为四类：鼓励类、允许类、限制类和禁止类。其中广告业属于限制类外商投资产业，不允许外商独资。在 1997 年的《外商投资产业指导目录》中，广告业仍然属于限制类外商投资产业，不允许外商独资。

在广告监管政策方面，这一时期的广告业监管政策与以往相比更加密集地出台，决策层大规模修订既有监管法规。与代理制同时推行的是广告发布前审查和广告审查员制。国家工商行政管理局在《关于在部分城市进行广告代理制和广告发布前审查试点工作的意见》（工商广字〔1993〕第 214 号）中指出："实行审查制，即是依据《广告管理条例》及有关规定，将目前广告发布前由广告经营单位分散审查广告内容，广告发布后由广告管理机关依法监督检查的管理方式，改变为在广告管理机关的监督、指导下，设立广告审查机构，依照统一制定的标准，在广告发布前对广告内容进行审查。"

1993 年 7 月 15 日，《国家工商行政管理局关于设立广告审查机构的意见》和《国家工商行政管理局关于广告发布前审查程序的规定（试行）》发布，分别对广告审查机构的设立原则和审查程序做出规定，以推进广告发布前审查。推行广告发布前审查，将单一、被动的事后监督管理转变为包括事前、事中、事后全运行过程的监督管理。这是广告监管中一个力度较强的控制手段，有利于净化广告市场环境。

1994 年 10 月 27 日，《中华人民共和国广告法》由第八届全国人民代表大会常务委员会第十次会议审议通过，并于 1995 年 2 月 1 日起施行。自此，我国广告行业的法律法规从行政法规上升到法律层面。《广告法》共 6 章 49 条，其中总则第六条确立了县级以上人民政府工商行政管理部门是广告监督管理机关的法律身份。第二章广告准则对广告商品范围、广告内容、药品广告、医疗器械广告、农药广告、烟草广告以及食品、酒类、化妆品广告等商品广告的大众传播媒介发布广告行为做出具体规定。第三至五章对广告主、广告经营者、广告发布者、广告审查机关和广告审查机关的法律责任等做了规定。《广告法》的颁布填补了我国广告业的立法空白，对促进广告业健康发展起到了重要的保证作用。《广告法》的颁布，标志着我国广告法律体系初步形成。此后，《广告法》《广告管理条例》及《广告管理条例施行细则》成为广告监管政策调整的主要根据。

接下来，广告监管政策的第一个高峰期出现，1995—1996 年间大量监管政策密集出台，有关部门集中颁布了一系列广告管理办法、审查办法和标准等。如《国家工商行政管理局关于查处广告违法行为若干问题的意见》（1995）、《临时性广告经营管理办法》（1995）、《广告审查员管理办法》（1996）、《药品广告审查办法》（1995）、《兽药广告审查标准》（1995）、《药品广告审查标准》（1995）等 20 多种广告监管政策，涉及农药广告、兽药广告、酒类广告、烟草广告、户外广告、印刷品广告、房地产广告等。

以上监管规定绝大部分在 1998 年进行了集中修订，广告监管政策迎来了第二个高峰期。1998 年 12 月 3 日，工商行政管理局局令〔1998〕第 86 号文颁布，修订了包括《广告管理条例施行细则》在内的 9 部广告业监管法规，不久《农药广告审查办法》（1998 修订）、《兽药广告审查办法》（1998 修订）也相继发布。其中《广告管理条例施行细则》在 2000 年 12 月 1 日再次修订。

除了修订以往的法规，1998 年还新出台了《广告语言文字管理暂行规定》《专利广告暂行管理办法》和《关于加强专利广告出证管理的通知》等。1998 年之所以成为政策出台高峰期，实际上主要是受《行政处罚法》实施的影响，国家工商行政管理局对已颁布规章中超越《行政处罚法》规定处罚权限的内容集中进行了修订。

这一时期国家法制建设的进一步完善、《广告法》等法规的相继颁布，对广告业监管政策更加强调依法监管起到了巨大的推动作用。这一时期较以往更加重视广告经营服务方面的监管。监管政策可谓是双管齐下，不仅从广告内容层面加强监管，实施事先审查制，也更加关注经营服务监管，从广告经营资格、广告服务收费到税收管理等进行全面监管。主要政策文献除了前文所提到的政策规定，还有《广告服务收费管理暂行办法》（计价格〔1995〕2329 号）、《广告市场个人所得税征收管理暂行办法》（1996）、《国家工商行政管理总局关于贯彻〈关于加强加工承揽广告管理的通告〉的意见》（工商广字〔1996〕第 376 号）、《国家计委关于对广告服务双重收费标准进行清理的通知》（1997）等。

这个时期恰逢中国广播电视业、报业改革的高潮期，广告收入成为新闻媒介的主要来源，出现了广告新闻媒介违法违规发布广告的行为，损害受众以及消费者的利益。在这期间，由国家工商行政管理局、新闻出版署、广播电影电视部（中国国家广播电影电视总局）等各部门出台了大量针对广告新闻媒体的政策法规，涉及广播电视、报刊、印刷品等多个媒体行业。

从执行效力上看，其中绝大部分政策法规是以通知形式下发的，如《国家工商行政管理总局关于禁止在广播、电视、报刊上变相为卷烟作广告的通知》（1994）、《关于禁止以报纸形式印送广告宣传品及对印刷品广告加强管理的通知》（1994）、《广播电影电视部关于制止部分地方电视台切换中央电视台广告的通知》（1996）、《国家工商行政管理局关于制止调查采访形式广告的通知》（1997）、《广播电影电视部关于进一步加强广播电视广告宣传管理的通知》（1997）、《国家工商行政管理局关于加强电视直销广告管理的通知》（1998）等。另有效力比较高的规定和办法，如《新闻出版署关于报纸增出地方广告专版的规定（试行）》（1996）和《印刷品广告管理办法》（2000）。

从内容上看，绝大部分法规侧重对刊播广告行为的规范，少量涉及财税问题以及新兴媒体广告经营问题。如《国家税务总局涉外税务管理司关于香港凤凰卫视有限公司从内地收取电视广告费有关税收问题的函》（国税外函〔1998〕

第 009 号)、《国家税务总局关于出版物广告收入有关增值税问题的通知》(国税发〔2000〕第 188 号)。

另外需要强调的是,这个时期政府部门开始探索网络广告的监管。1994 年 4 月,随着中国国家计算与网络设施 NCFC 工程连入 Internet 的国际专线开通,中国正式加入互联网。1996—1999 年,中国互联网进入一个空前活跃期,应用发展迅猛。1996 年 6 月,新浪网的前身"四通利方网站"开通;同年 8 月,搜狐的前身"爱特信信息技术有限公司"成立,1997 年 5 月,网易公司成立。1997 年 10 月,随着中国四大主干网的互联互通,中国互联网进入商用化阶段。来自政府的、民间的、商业的力量开始大举进入互联网。1999 年,我国政府首次批准网上银行业务,后来建构中国互联网商业格局的大公司先后在这一时期成立:1998 年 11 月 12 日,腾讯公司成立;1999 年 3 月,阿里巴巴成立;2000 年 1 月,百度公司成立。

由于国内从事互联网业务的企业越来越多,一些经营互联网业务的信息技术服务企业(ISP、ICP)经营范围中虽不含广告业务,但在利用互联网络提供信息技术服务的同时也在网站上发布网络广告。为规范网络信息技术服务企业的广告经营活动,探索网络广告监管方式,国家工商行政管理局在北京、上海、广东三地进行网络广告经营登记试点,按照兼营广告企业审批条件,先在北京、上海、广东试行网络广告经营登记制度。2000 年 2 月 24 日,《国家工商行政管理局关于开展网络广告经营登记试点的通知》发布,在北京选择 10 家,在上海、广州各选择 5 家内资和合资网络信息技术服务企业作为试点审批单位,并对试点单位应具备的条件、试点单位审批的程序以及监管方式做了规定。此后批准北京新浪互联信息服务有限公司等 11 家单位、上海在线信息网络集成有限公司等 7 家单位、世纪龙信息网络有限责任公司等 6 家单位开展网络广告经营。

这一时期的网络广告政策完全是探索式的,还是按照治理传统的广告公司的方法,仅仅从广告经营主体资格入手进行监管,并无针对网络广告独特的有针对性的监管措施。

从这一时期的中国广告业的发展来看，由于产业政策正处于探索期，广告代理制推行艰难，监管政策频繁修订，政策对广告业的推动作用十分有限。自1993年到2001年，中国广告业的营业额虽然持续增长，但年增长率连续8年下降，从1993的97.57％逐年下降到2001年的11.54％。[①] 这虽然与广告业发展走出了早期的爆发期，进入平稳增长期有关，但也与缺少足够有力的政策扶持有很大关系。

正如有关部门指出的："从历史上看，广告业在我国长期以来被视为传统服务行业，广告业的重要性和特殊性没有被充分认可。在1993年国家颁布的《加快发展第三产业的规划纲要》中，广告业被界定为知识密集、技术密集、人才密集的高新技术产业，但事实上未能享受过与之相应的政策扶持。"[②] 这种状况实际上一直延续到2007年。

第四节　监管重于扶持：文化体制改革试点期的广告业政策（2001—2007）

进入21世纪以后，中国经济继续保持稳步高速增长。社会主义市场经济体制已经基本确立，市场在资源配置中的基础作用日益增强，以公有制经济为主体、多种所有制经济共同发展的格局基本形成。2001年年底，中国加入世界贸易组织，这意味着我国的经济体制改革进入新的发展阶段。这个时期我国的广告业全面对外开放，进入了新的时期。

2001—2007年期间的广告业政策与上一阶段相比，总体上表现出重监管、轻扶持引导的特点，其间出台的大量政策法规主要是围绕整顿市场秩序，以药品、医疗广告监管为中心的监管政策。自2001年起，我国开启了以广告市场

---

① 国际广告杂志社，北京广播学院广告学院，IAI 国际广告研究所. 中国广告猛进史 [M]. 北京：华夏出版社，2004：288-290.
② 国家工商行政管理总局. 广告业发展与监管 [M]. 北京：中国工商出版社，2012：9.

治理专项行动为特色的监管，虽然政策法规数量逐年上升，但大部分为地方法规，如图6-1和表6-1所示。① 广告经营政策进一步市场化，但整体呈保守态势，缺少对本土广告业的扶持，加入世界贸易组织和网络广告的崛起这两个对未来中国广告业产生深远影响的要素没有得到充分的重视。

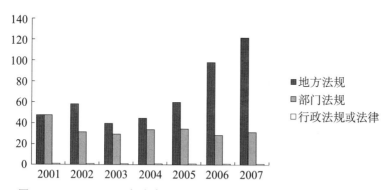

图6-1　2001—2007年广告业的地方法规和部门法规等的数量对比图

表6-1　2001—2007年广告业的政策法规数量表

	2001 年	2002 年	2003 年	2004 年	2005 年	2006 年	2007 年
地方法规	48	59	40	45	61	100	124
部门法规	48	32	30	34	35	29	32
行政法规或法律	0	0	0	0	0	0	0

2001—2007年间，国家工商行政管理总局下发多个通知，开展了广告市场专项整治活动。例如：2001年1月12日下发《国家工商行政管理局关于开展"反误导打虚假"广告市场治理专项行动的通知》，药品、医疗、保健食品广告，房地产广告，"致富信息"广告，以及电视直销广告成为整治的重点。2004年12月23日下发《国家工商行政管理总局关于开展"打虚假树诚信"广告专项整治行动的通知》（工商广字〔2004〕第215号），把严厉打击虚假违法广告确立为2005年整顿和规范市场经济秩序工作的重要内容，特别是严厉打击食品、药品、医疗虚假违法广告。

为整顿市场秩序，监管政策法规密集发布，努力建立和完善广告监管长效

---

① 数据整理自万方数据库。

机制和广告市场退出机制，有关部门修订了一些重要的政策法规，如《广告管理条例施行细则》（2004）、《印刷品广告管理办法》（国家工商行政管理总局令第 17 号，2004），并出台了一系列广告监管方面的指导意见，如《国家工商行政管理总局关于广告审查员管理工作若干问题的指导意见（试行）》（2004）、《国家工商行政管理总局关于加强广告执法办案协调工作的指导意见（试行）》（2004）、《国家工商行政管理总局关于规范和加强广告监测工作的指导意见（试行）》（2004）等。针对违法广告，国家工商行政管理总局、中央宣传部、公安部、监察部、国务院纠正行业不正之风办公室、信息产业部、卫生部、国家广播电影电视总局、新闻出版总署、国家食品药品监督管理局、国家中医药管理局发布了《整治虚假违法广告专项行动部际联席会议制度》（2005）和《关于印发〈违法广告公告制度〉的通知》（2006）等，正式确立了由国家工商行政管理总局、中央宣传部、公安部、监察部、国务院纠正行业不正之风办公室、信息产业部、卫生部、国家广播电影电视总局、新闻出版总署、国家中医药管理局等 11 部门共同参与执法的"联席会议制度"和"违法广告公告制度"。

在这一时期的监管政策中，关于药品广告、医疗广告的监管政策尤为凸显。例如，在 2001 年颁布的 48 部部门法规中有 25 部是关于药品、医疗广告的监管的，如《国家药品监督管理局关于建立违法药品广告公告制度的通知》、《国家工商行政管理总局关于报送违法医疗广告案例的通知》（工商广字〔2001〕第 299 号）等。随着 2002 年 8 月 4 日《中华人民共和国药品管理法实施条例》的颁布，2002 年以后监管政策的重心放在了医疗器械、医药广告监管上，先后发布了《国家药品监督管理局关于贯彻〈药品管理法实施条例〉加强药品广告审查管理工作的通知》（国药监市〔2002〕第 312 号）、《国家药品监督管理局市场监督司关于建立药品广告审查管理内部工作提示制度的通知》（药监市函〔2003〕第 84 号），2006 年 7 月 3 日下发《国家工商行政管理总局关于开展药品、保健食品广告专项整治的通知》（工商广字〔2006〕第 126 号）再一次将药品、保健食品定为专项整治目标，并随后推出了《医疗广告管理办

法》（2006）、《药品广告审查发布标准》（2007 年修订）、《药品广告审查办法》
（2007），进一步推动药品监管工作。

在整顿市场的各项活动中，监管政策日益朝着制度化、法制化轨道推进。
一方面，这期间在监管方面推行了整治虚假违法广告专项行动部际联席会议制
度、药品广告审查管理内部工作提示制度、违法药品广告公告制度、广告案件
查办落实情况报告制度等；另一方面，随着行政法的逐渐完善，对相关政策法
规也进行了修改和完善。例如，在《广告法》《行政许可法》实施以后，密集
修订原有政策法规，并颁布新的政策法规。例如，2006 年发布的《停止广告
主、广告经营者、广告发布者广告业务实施意见》根据《广告法》第三十七
条、第三十九条、第四十一条关于停止广告业务的规定，提出建立健全广告市
场退出机制。

这一时期监管政策的另一个特征就是，新闻媒体广告业务监管政策陷入两
难境地。新闻媒体广告业务监管除了一些针对新闻媒体全行业的监管政策，如
《国家工商行政管理局、国家广播电影电视总局、新闻出版署关于进一步加强
对大众传播媒介广告宣传管理的通知》（工商广字〔2001〕第 37 号）、《中央宣
传部、国家工商行政管理总局、国家广播电影电视总局、新闻出版总署关于清
理含有不良内容广告的通知》（中宣发〔2004〕第 10 号），还涉及报刊、广播
电视、印刷品、电影、教育电视台、卫星电视、印刷出版物等分门别类的监管
政策，如《国家广播电影电视总局、国家工商行政管理总局关于加强影片贴片
广告管理的通知》（广发影字〔2004〕第 700 号）、《新闻出版总署、国家工商
行政管理总局关于禁止报刊刊载部分类型广告的通知》（新出联〔2006〕第 11
号）等。其中以广播电视媒体的监管政策占比最高，具有重要影响的有《广播
电视广告播放管理暂行办法》（国家广播电影电视总局令第 17 号）和《国家广
播电影电视总局关于〈广播电视广告播放管理暂行办法〉有关规定的解释的
通知》。

广播电视媒体的广告发布监管政策具有明显的行政管理特点，而非市场管
理。这主要是由广播电视媒体在我国的特殊地位决定的。事实上，广播电视媒

体的广告发布监管政策的制定者主要以国家广电总局、中宣部、国家工商行政管理总局为主体。《广播电视广告播放管理暂行办法》明确规定，国家广电总局负责对全国广播电视广告播放活动的管理。国家广电总局和中宣部的监管往往侧重于宣传工作的视角，如《国家广播电影电视总局关于切实加强电视广告播出管理的紧急通知》明确指出"对违规播放电视广告的，发现一起查处一起，在向全国通报的同时，抄报当地省委宣传部。根据宣传管理谈话制度，国家广电总局将要求有关违规单位主要领导赴京说明情况，当面作出深刻检查"。

而国家工商行政管理总局的监管着眼于广告发布市场的规范。但是国家工商行政管理总局的监管上存在一个悖论：一方面，新闻媒体是国家工商行政管理总局的监管对象；另一方面，新闻媒体作为宣传机构承担着宣传党的路线方针政策的任务，国家工商行政管理总局的政策要依赖新闻媒体进行宣传。新闻媒体这种双重角色导致对其及逆行市场的监管始终不那么有效，以至于强调"自查自纠"。例如，在《国家广电总局、教育部关于加强教育电视台广告播放管理有关问题的通知》中，强调"教育电视台要建立健全广告播放管理制度。要健全广告审查员制度，对拟播放的电视广告内容进行审查，未经广告审查员签字的广告不得发布。要建立健全自我监看机制，对违规违纪问题要及时整改。要自觉接受社会监督，对涉及本机构的群众投诉要及时处理"，"教育电视台要自觉接受当地广播电视行政管理部门的行业管理"。如果媒体过分追逐商业利益，那么这种自我管理怎么可能奏效？从 20 世纪 90 年代的代理制打破媒介垄断，到屡禁不止的广告违法播放刊发，新闻媒体广告业务的监管一直是无法治愈的痛。

此外，由于国家新闻出版业采取税收优惠政策，新闻媒体在广告业务竞争上具有得天独厚的优势。例如，根据财政部、国家税务总局《关于事业单位、社会团体征收企业所得税有关问题的通知》（财税字〔1997〕75 号）和《国家税务总局关于印发〈事业单位、社会团体、民办非企业单位企业所得税征收管理办法〉的通知》（国税发〔1999〕65 号）的有关规定，广播电视事业单位的广告收入和有线电视费收入并未作为企业所得税应纳税收入。《国家税务总局关于广播电视事业单位征收企业所得税若干问题的通知》（国税发〔2001〕15号）第三条第二款规定："广告收入和有线电视费收入，在 2002 年底前暂不作为应纳税收入。"此后，2002—2005 年，国税函〔2002〕第 853 号、国税函〔2003〕第 319 号、国税函〔2004〕第 86 号、财税〔2005〕第 92 号均执行《国家税务总局关于广播电视事业单位征收企业所得税若干问题的通知》（国税发〔2001〕15 号）第三条第二款的有关规定，即电视台广告收入和有线电视费收入暂不作为企业所得税应纳税收入。

媒体广告收入享有的优惠税收政策与这个时期的文化体制改革有关。2000年 10 月，中共十五届五中全会通过的《中共中央关于制定国民经济和社会发展第十个五年计划的建议》，要求完善文化产业政策，推动有关文化产业发展。党的十六大第一次将文化分成文化事业和文化产业两部分，并提出要"抓紧制定文化体制改革的总体方案"。在此背景下，2003 年 6 月，全国文化体制改革试点工作会议在北京召开，专门研究部署文化体制改革试点工作。《国务院办公厅关于印发文化体制改革试点中支持文化产业发展和经营性文化事业单位转制为企业的两个规定的通知》（国办发〔2003〕第 105 号）下发，《文化体制改革试点中支持文化产业发展的规定（试行）》和《文化体制改革试点中经营性文化事业单位转制为企业的规定（试行）》于 2004 年 1 月 1 日开始实施。国办发〔2003〕第 105 号文的执行期限为 2004 年 1 月 1 日至 2008 年 12 月 31 日。在此期间，财政部、海关总署、国家税务总局《关于文化体制改革中经营性文化事业单位转制为企业的若干税收政策问题的通知》（财税〔2005〕1 号）和《关于文化体制改革试点中支持文化产业发展若干税收政策问题的通知》（财税〔2005〕2 号）对文化产业发展提供税收政策支持，广播电视业属于经营性文化事业单位，经营性文化事业单位转制为企业后，免征企业所得税。

直至 2006 年，《关于广播电视事业单位广告收入和有线收视费收入有关企业所得税问题的通知》（财税〔2006〕168 号）发布后，关于电视台和有线电视费收入的政策出现一些变化：首先，自 2005 年 1 月 1 日起至 2007 年 12 月31 日止，对广播电视事业单位的广告收入和有线电视费收入，凡纳入部门预算或作为预算外资金专户管理的，暂不作为企业所得税应税收入，免征企业所得税。其次，对广播电视事业单位的广告收入和有线收视费收入，既不纳入部门预算又不作为预算外资金管理的，以及实行事业单位企业化管理的，应依照国家税收有关规定征收企业所得税。

由于新闻媒体在文化体制改革中属于重点扶持的文化产业部门，国家在税收等方面提供了各种优惠政策，这客观上使媒体在广告市场上占有优势，一定程度上影响了广告业的公平竞争。

在产业政策方面，2000年以后，随着经济的市场化日益开展，我国加入世界贸易组织，以及我国法制建设的发展，以往的一些政策法规已经不能适应新的发展。

首先，受2004年7月1日实施的《行政许可法》的影响，一些涉及广告的经营活动政策做出了相应的调整。其中产生主要影响的是《国家发展和改革委员会、国家工商行政管理总局关于废止〈广告服务收费管理暂行办法〉等有关文件的通知》（发改价格〔2004〕第2836号）、《国家发展和改革委员会、国家工商行政管理总局关于印发〈广告服务明码标价规定〉的通知》（发改价检〔2005〕第2502号）。1996年3月1日实施的《广告服务收费管理暂行办法》被《广告服务明码标价规定》代替。

《广告服务明码标价规定》减少了行政部门对价格的干预，将行政部门的职责定位于监管，文件中明确指出，广告服务价格实行市场调节价，由广告经营单位依据其经营服务成本和市场供求状况自主制定。政府价格主管部门作为监管机关负责对广告服务价格（收费）明码标价的内容、方式进行监制，对其实施情况进行监督检查。各级工商行政管理部门协助价格主管部门对广告经营单位实施明码标价进行监督管理。

而此前的《广告服务收费管理暂行办法》由于实施的背景还是市场经济初期，虽然也强调广告服务收费标准，除国家另有规定之外，由广告经营者、广告发布者自行制定，但监管部门要对广告服务的价格进行行政干预，例如第十三条、第十四条规定。① 《广告服务明码标价规定》的实施意味着广告的监管部门在逐渐退出对市场的价格干预，把价格交给市场来调节。这可以说是我国广告政策的一个重大进步。

此外，还颁布了新的行政法规以规范广告市场，如《广告经营许可证管理办法》（国家工商行政管理总局令第 16 号）于 2005 年 1 月 1 日实施，主要针对广播电台、电视台、报刊出版单位、事业单位以及法律、行政法规规定应进行广告经营审批登记的单位进行广告经营许可做出明确要求。

其次，这一时期政策变化最大的是外资广告企业政策。受中国加入世界贸易组织影响，2002 年《外商投资产业目录》做了较大调整，其附件明确规定：广告业的外资比例不超过 49%，不迟于 2003 年 12 月 11 日允许外方控股，不迟于 2005 年 12 月 11 日允许外方独资。而此前，我国广告业并不允许外国独资。2004 年 3 月 2 日，《外商投资广告企业管理规定》（国家工商行政管理总局、商务部令第 8 号）出台，对外商投资广告重新做出规定："外商投资广告企业，是指依法经营广告业务的中外合资经营企业、中外合作经营企业（中外合资经营企业、中外合作经营企业本规定合称为中外合营广告企业，以下同），以及外资广告企业。"此前《国家工商行政管理总局、对外贸易经济合作部关于设立外商投资广告企业的若干规定》（1994）将外商投资广告企业定义为"中外合资、合作经营广告业务的企业"。

2003 年 3 月 7 日，《外国投资者并购境内企业暂行规定》出台。根据《外商投资广告企业管理规定》和《外国投资者并购境内企业暂行规定》，《国家工商行政管理总局、商务部关于外国投资者通过股权并购举办外商投资广告企业有关问题的通知》（工商广字〔2006〕第 99 号）允许外国投资者依据以上两个

---

① 第十三条规定，广告场地占用的收费标准，应当根据广告的设置方式与地段及占用建筑物或者空间的情况合理确定，原则上不超过广告费的 30%。具体收费标准及管理办法，由省级政府价格主管部门会同工商行政管理等有关部门结合本地实际情况制定。第十四条规定，国家依法指定的广告媒介单位发布证券上市公司信息广告，其收费标准应当低于普通商业广告的收费标准。具体收费标准在不超过普通商业广告收费的 70% 的幅度内，由广告媒介单位与企业协商议定。

规定，通过购买境内广告企业的部分股权开办中外合营广告企业，通过购买境内广告企业的全部股权开办外资广告企业。

纵观这一时期的广告政策，虽然处于文化体制改革试点时期，又逢中国加入世界贸易组织，网络媒体崛起，广告业内外部环境发生重大变化，但这一时期的广告政策整体上是上一个阶段的延续，除了更加关注广告市场的监管和外商投资广告企业政策的调整，对本土广告业的政策支持明显不足。虽然新闻媒体的广告业务在税收上受益于国家推动文化体制改革的政策，但新闻媒体的广告业务由于历史和体制的原因，在广告市场居于一定的垄断地位，对广告市场的公平有序竞争造成了不利影响，特别是对于非媒体背景的广告经营公司来说，既要面对来自外国广告公司的竞争压力，又面临着媒体广告公司的垄断压力，可谓处境艰难。

而这一时期网络媒体广告作为一种新型媒体广告对传统广告形成了巨大冲击，截至 2007 年 12 月，网民已达到 2.1 亿人。中国网民数量增长迅速，2007 年一年增加了 7 300 万，年增长率为 53.3%。[1] 2007 年中国网络广告市场规模达 106 亿元人民币，同比增长 75.3%。[2] 据报道，北京作为中国最大的广告媒体市场，到 2007 年年底，共有 1 449 家传统媒体；从事互联网广告的新媒体有 845 家；2007 年北京全市的广告经营额达 312.52 亿元，比上年增长了 20.7%。从全国各类媒介广告经营额的增长幅度来看，2007 年增长幅度最大的是网络广告经营者，为 36.3%，其次是杂志社（33.9%）和电视台（25.3%）。[3] 网络广告业务在这一时期已经发展成熟[4]，但是对网络广告业务的监管政策却处于探索阶段，表现出滞后性。

---

① 第 21 次中国互联网发展状况统计报告［EB/OL］.（2014 - 05 - 26）［2021 - 04 - 10］. http://www.cac.gov.cn/2014 - 05/26/c_126548652.htm.

② 2007—2008 年中国网络广告行业发展报告［EB/OL］.（2008 - 04 - 17）［2021 - 04 - 10］. http://report.iresearch.cn/report/200804/1138.shtml.

③ 北京工商：去年网络广告经营额增幅居各媒介之首［N/OL］.（2008 - 02 - 20）［2021 - 04 - 10］. http://www.chinanews.com/it/hlwxw/news/2008/02 - 20/1168762.shtml.

④ 郭泽德. 中国网络广告 10 年发展过程研究［J］. 中国广告，2007（11）.

第五节　去行政化、法制化和公益性：
2008 年以后的广告业政策

2008 年之后，我国的广告业政策进入了一个新阶段，随着广告业在国民经济中地位的上升以及媒介技术的发展，广告业政策从行业政策逐渐演变为产业政策以及国家战略性政策。其间有两个统领全局的文件，即 2008 年 4 月 23 日发布的《国家工商总局　国家发展改革委关于促进广告业发展的指导意见》（工商广字〔2008〕85 号，简称《指导意见》）和 2012 年 4 月 11 日发布的《国家工商行政管理总局关于推进广告战略实施的意见》。

在 2006 年 9 月中共中央办公厅、国务院办公厅印发的《国家"十一五"时期文化发展规划纲要》中，广告业被确定为重点发展的文化产业部门。《指导意见》提出了促进广告业发展的指导思想、基本原则、任务和相关措施，确立了主要目标。这是我国政府在继 1993 年 7 月 10 日《国家工商行政管理局　国家计划委员会印发〈关于加快广告业发展的规划纲要〉的通知》（工商广字〔1993〕第 208 号，简称《规划纲要》）后，第一次专门针对广告行业发展出台指导性文件，具有重要的里程碑意义。

《指导意见》与《规划纲要》既有差别又有联系。二者出台的社会政治经济背景有较大差异：《规划纲要》是在我国发展社会主义市场经济早期出台的，我国广告作为新兴行业初具一定的质量和规模；而《指导意见》是在我国完善市场经济体制的背景下提出的。正如《指导意见》所指出的："截至 2007 年底，全国共有广告经营单位 17.3 万户，从业人员 111.3 万人，经营总额达到 1 741 亿元，已成为具有一定规模、推动民族品牌创建和创意经济发展的重要产业，进入了国际广告市场前列。"这一时期恰逢国家大力发展文化产业和服务业。此外，《指导意见》颁布之时，媒介环境也有了新的变化，报纸、广播电视等传统媒体已经受到新兴网络媒体的挑战，这导致二者在广告业的定位、发展任务和目标上存在一定差异。

《规划纲要》强调"广告业作为直接服务于市场经济的新兴产业",而《指导意见》则强调"知识密集、技术密集、人才密集的广告业是现代服务业的重要组成部分,是创意经济中的重要产业"。广告业的产业地位明显上升,从一般的服务于社会经济的新兴产业上升为重要的创意产业。

《规划纲要》强调广告业符合市场经济运作的规律,"建立起适应现代商品经济要求的广告业发展新体制和经营机制,充分发挥广告引导企业进入市场、开拓市场的作用,进一步发育完善国内广告市场,参与国际广告市场竞争,使广告业迅速发展成为适应社会主义市场经济需要的信息中介服务产业"。《指导意见》更强调坚持经济效益与社会效益并重,提高中国广告业的整体素质和国际竞争力,以发展创意产业、技术创新和保护知识产权为契机,积极调整和优化广告产业结构,全面提高广告业的专业水平以及构建广告业公共服务管理体系等。

在任务和目标上,二者都把促进广告业的持续增长,优化行业结构,支持具有综合实力的广告企业组建跨国、跨行业、跨地区、跨部门的广告企业集团作为任务之一,并把广告代理制作为重要工作来做,同时都把完善广告监管、加强广告行业的立法、广告人才培养和广告制作水平的提高作为主要任务。从这些共同点来看,到 2008 年《指导意见》出台时,《规划纲要》已经提出了 15年,但中国广告业的有些问题始终没有得到解决,比如代理制的推行、广告企业缺乏国际竞争力、广告业监管和立法体系不够完善等。

二者的不同在于:首先,受当时的广告媒体发展现状的限制,《规划纲要》把开发广告新媒体,主要是专业频道,扩展全国性和区域性重点媒介广告容量作为主要任务;而《指导意见》则强调推动新兴广告媒体的发展与规范,形成大型综合性广告媒体。其次,《规划纲要》颁布的时候国内广告业处于早期发展阶段,很多企业对广告的功能认知不足,因此,在《规划纲要》中把"推动城乡广告业发展,引导乡镇企业运用广告开拓市场,支持市、县兴办广告经营或服务机构"作为主要任务之一;而《指导意见》则把改变广告区域发展不均衡状况，提高广告诚信度作为任务。最后，《规划纲要》的重心在于逐步建立起企业自主经营、国家宏观指导、以国内市场供求关系为基础、符合市场经济运作规律的广告业，强调政府按政企分开、转换职能的原则，把工作重心转移到统筹规划、制定政策法规以及协调、服务和监管等方面，并促进广告行业组织实现政事分开，提高综合服务能力和自律；《指导意见》的重心则是推动广告企业的专业化、集约化、品牌化、规模化、国际化，并完善公共服务管理体系。

在措施上，二者都强调加强立法，加强和改进广告监管，推行广告代理制，扩大对外开放，鼓励外商投资，对广告业给予信贷、税收的优惠政策，加强广告人才培养等。例如，在拓宽投资渠道方面，《规划纲要》支持有条件的广告经营企业通过发行债券、股票等各种途径和方式筹集资金；实力雄厚的可以组建跨国性、全国性、区域性广告企业联合体，并扩大对外资的开放。《指导意见》明确指出要对广告业进行产业扶持，引导社会资金、各类创业风险投资机构和信用担保机构进入广告业，并鼓励进行跨行业、跨地区、跨媒体和跨所有制的资产重组，促进广告资源优化配置和集约化经营。国家对广告业的投融资和结构调整政策支持进一步加强。在强调加快培育大型专业广告企业，提高国际市场竞争力的同时，强调对资质好、经营行为规范的中小型广告企业进行扶持。此外，《指导意见》强调建立具有广告业特点的知识产权保护制度、促进公益广告发展、建立健全广告业公共服务管理体系等。

《指导意见》与《规划纲要》作为不同时期广告业的里程碑式的文件，前者对后者有一定的承继，《规划纲要》所提的任务与长期目标实际上在《指导意见》里仍然被提及，如推行代理制、加强广告业立法、国际竞争力问题等，这反映出在解决我国广告业发展的有些问题时不能一蹴而就；而且，经过过去15 年的发展，我国广告业已经从新兴产业部门发展为国家战略性产业部门，已经从早期快速发展转向稳定的可持续发展时期。我国广告业的产业观念已经从早期的模糊不确定逐渐走向稳定清晰。

1992 年，我国全国广告营业额 67.86 亿元，广告经营单位 16 683 家，广告从业人员 18.5 万人[①]；而 2007 年，全国广告经营总额 1 741 亿元，广告经营单位 17.3 万户，广告从业人员 111.3 万人[②]，广告业在推动国民经济发展、拉动就业方面发挥了巨大作用。

"2006 年到 2009 年，广告产业在我国文化创意产业增加值的比例分别为 30.7％、27.7％、24.8％、24.3％，是文化产业中的重要产业。"[③] 但我国广告业在产业结构、产业监管、广告专业水平等方面问题较为突出。广告业的区域发展不平衡，中西部地区与东部地区差距明显；中小型微型广告公司量多分散。这一时期依托网络技术的新媒体发展迅猛，给广告业的发展和监管带来了新的挑战。党的十六大之后，在新的政治、经济、媒介环境下，《指导意见》更加注重从产业扶持的角度推动广告业的调整。《指导意见》发布以后，国家对广告业的政策扶持力度加大。

2009 年 7 月，我国第一部文化产业专项规划——《文化产业振兴规划》由国务院常务会议审议通过，标志着文化产业已上升为国家战略性产业，其中广告业也被作为重点发展的文化产业。在此背景下，2012 年 4 月 11 日《国家工商行政管理总局关于推进广告战略实施的意见》（简称《战略实施意见》）发布。《战略实施意见》强调了作为现代服务业和文化产业的重要组成部分的广告业在国民经济中的重要功能，强调广告业"在塑造品牌、展示形象，推动创新、促进发展，引导消费、拉动内需，传播先进文化、构建和谐社会等方面发挥着积极作用。在我国全面建设小康社会的关键时期和加快转变经济发展方式的攻坚阶段，广告的功能作用更加凸显"。

《战略实施意见》把全面提升广告产业核心竞争力作为目标，制定了到 2020 年的广告业发展战略目标——广告创意、策划、设计、制作、发布、管

---

① 数据来自《国家工商行政管理局 国家计划委员会印发〈关于加快广告业发展的规划纲要〉的通知》。

② 数据来自《国家工商总局 国家发展改革委关于促进广告业发展的指导意见》。

③ 国家工商行政管理总局. 广告业发展与监管 [M]. 北京：中国工商出版社，2012：16.

理水平达到或接近国际先进水平，并确立了实施广告战略的三个阶段。[①]《战略实施意见》将重点任务归结为 10 个方面，如加强广告法律法规体系建设，完善"政府监管、行业自律、社会监督"的广告监管模式，强化广告市场监督管理，培育一批拥有自主知识产权和先进技术、主业突出、创新能力强的大型骨干广告企业。支持资质好、潜力大、有特色、经营行为规范的中小型和微型广告企业发展等。《战略实施意见》的出台不仅将广告业的发展提升到国家战略层面，也为广告业的中长期发展确立了具体目标。

在以上两个国家政策的推动下，2008 年之后的广告业政策强调尊重市场机制，转变政府部门的职能；强调法制，依法对广告业的经营以及广告市场进行监管；强调公共广告的服务社会功能。此后，《广告产业发展"十二五"规划》和《广告产业发展"十三五"规划》相继出台，其中前者是我国第一个纳入国民经济和社会发展规划的关于广告业的中长期发展规划。这些规划明确提出了推进产业发展的政策措施，包括市场准入政策、财税支持政策、投融资政策等。

一、尊重市场机制，转换政府部门职能成为政策重心

提高监管工作效率，创新监管机制和监管服务方式，完善广告分级管理和属地管理，建立长效监管机制是《指导意见》提出的任务之一。这在外商投资广告企业的管理上表现尤为明显。2008 年 10 月 1 日，新修订的《外商投资广告企业管理规定》施行，进一步简化了外商投资广告企业的审批程序。例如，外商投资广告企业的合同和章程，由省级商务主管部门审查批准，而无须由商务部及其授权的省级商务主管部门审查批准。《关于授权省、自治区、直辖市工商行政管理局进行外商投资广告企业项目审批工作的通知》（工商广字

---

① 第一阶段（2012—2013 年）：对广告战略实施工作进行总体设计、规划和部署，对各项重点任务进行分解，落实责任制，建立领导和组织协调机制。第二阶段（2013—2015 年）：在取得阶段性成果、总结前期经验的基础上，进一步完善相关政策和制度，实现行业管理与服务的规范化、标准化和程序化，督促检查广告战略实施各项工作的进展情况以及目标任务的完成情况，并提出整改意见。第三阶段（2016—2020 年）：根据各地实施广告战略情况，搞好分类指导和综合平衡，全面实现各项战略目标。

〔2010〕第 177 号）正式将外商投资企业的审批权下放至地方，规定："自 2010 年 10 月 1 日起，申请人提出的中外合资经营广告企业，以及香港、澳门、台湾地区广告企业在内地投资广告业的项目审批申请，由省、自治区、直辖市工商行政管理局负责审定。"2015 年 6 月 29 日，国家工商行政管理总局令第 75 号发布，《外商投资广告企业管理规定》正式废止。

2016 年 5 月 31 日，《关于公布政策性文件清理结果的公告》（工商办字〔2016〕第 98 号）发布，工商总局废止了一批不利于"稳增长、促改革、调结构、惠民生"的政策性文件。其中涉及广告监管的政策共 32 条。

2016 年 11 月 1 日，《广告发布登记管理规定》（国家工商行政管理总局令第 89 号）公布，并于 2016 年 12 月 1 日起施行，实施了十余年的《广告经营许可证管理办法》废止。根据《广告发布登记管理规定》，广播电台、电视台、报刊出版单位从事广告发布业务的，应当向所在地县级以上地方工商行政管理部门申请办理广告发布登记。此前，从事广告业务的单位需要向广告监督管理机关申请领取《广告经营许可证》后，才能从事相应的广告经营活动。

这一时期广告监管部门在简政放权方面迈出了重要的一步。广告业的监管政策不断创新，实际上与商事制度的改革密切相关。特别是 2016 年，这是商事制度改革的关键一年，工商和市场管理部门在简政放权、依法监管、服务市场等方面不断探索新的改革措施。商事制度的改革也体现在广告业的监管上。

另外，根据《指导意见》的要求，这一时期的政策着力推动广告行业组织在服务、自律等方面的功能改进。

《关于深入贯彻落实科学发展观支持和促进广告协会拓展职能增强服务能力完善行业管理的意见》（工商广字〔2009〕第 53 号）要求政府有关部门转换职能，重视发挥广告协会的中介作用，如行业监管职能，支持和推进广告协会建立和完善以协会章程为核心的自律性管理制度，建立健全广告经营资质评价体系，依照法律法规和章程独立开展活动；还强调"在出台涉及广告行业发展的重大措施前，应主动听取和征求广告协会的意见和建议"，支持广告行业协会积极参与广告业政策法规、行业标准和行业发展规划、行业准入条件等的制定。

在政策支持下的中国广告协会于 2008 年、2009 年两次修订了《中国广告业企业资质认定办法》，并下发了《中国广告协会关于印发〈中国广告协会章程〉、〈中国广告协会分支机构管理办法〉、〈中国广告协会会员管理办法〉的通知》(2010)、《中国互联网定向广告用户信息保护行业框架标准》(2014)。

长期以来，由于对行业协会市场功能的重要性认识不足，我国的行业协会在提供政策咨询、加强行业自律、促进行业发展、维护企业合法权益等方面的作用并不突出。自 2007 年开始，我国启动了行业协会体制改革，正是在此背景下，我国广告协会的改革也被提上日程。

除了推进广告协会的运作机制改革，政策层面也推进行政部门的广告服务体系建设，如建设全国性和区域性广告产品交易平台、建立广告技术标准等标准体系、制定广告业发展考核评价体系等。

二、监管法规体系逐渐完善，依法对广告业经营进行监管

无论是《指导意见》还是《战略实施意见》，都把加强广告法律法规体系建设作为重要任务。《指导意见》"第一次把监管与发展、监管与服务、监管与维权、监管与执法'四个统一'的监管理念写进广告业发展规划"①，提出要加快《广告法》及其配套法规的修订进程，针对我国广告业发展的新情况、新问题和新趋势，完善广告市场管理。《战略实施意见》再次提出推进《广告法》修订进程，加强地方立法立规工作的任务。显而易见，修订《广告法》，推进广告业监管的法制化迫在眉睫。

这期间，一方面继续完善传统广告媒体的监管，如《广播电视广告播出管理办法》(2009)和于 2012 年 1 月 1 日起正式实施的《〈广播电视广告播出管理办法〉的补充规定》(简称《补充规定》)。另一方面，广播电视广告监管更加具体，可操作性增强。例如，《补充规定》明确要求"播出电视剧时，每集（以四十五分钟计）中间不得再以任何形式插播广告"。

---

① 国家工商行政管理总局. 广告业发展与监管 [M]. 北京：中国工商出版社，2012：24.

与此同时加强了对互联网广告的监管，陆续发布了多个互联网平台的监管规定，如卫生部等 13 部门联合下发的《关于开展打击利用互联网等媒体发布虚假广告及通过寄递等渠道销售假药的专项整治行动的通知》《国家广播电影电视总局关于加强互联网证券期货讯息、广告宣传等专业性视听节目服务管理的通知》（广电总局广发〔2009〕第 68 号），国家工商行政管理总局等 12 部门的《关于印发〈大众传播媒介广告发布审查规定〉的通知》（工商广字〔2012〕第 26 号），工商总局、中央宣传部等 17 部门发布的《关于印发〈开展互联网金融广告及以投资理财名义从事金融活动风险专项整治工作实施方案〉的通知》。此外，2015 年 3 月 15 日，我国第一部规范移动互联网广告的行业标准《中国移动互联网广告标准》开始执行，这对于规范移动互联网广告运行，提高用户体验，促进我国互联网广告的健康发展具有重要意义。

2015 年 4 月 24 日，《中华人民共和国广告法》出台 10 年后经第十二届全国人民代表大会常务委员会第十四次会议修订通过，自 2015 年 9 月 1 日起施行。《广告法》的修订被认为是"国家从立法层面对我国广告法律关系和广告管理制度的一次重大调整和改革，对完善我国市场经济法律制度、完善现代市场体系，促进国家治理体系和治理能力现代化具有重要而深远的意义"①。

《广告法》（2015）进一步完善了大众传播媒介广告发布监管、虚假广告治理和广告代言制度，明确了广告监管部门的监管责任，突出了未成年人的保护和消费者权益，并把自然人从事广告发布、经营、代言等活动，以及互联网广告等纳入监管范畴，这适应了媒介实践的发展和人们使用媒介及从事经济活动的客观要求。但由于互联网广告与传统媒体广告在广告制作、传播方式上存在巨大差异，《广告法》对互联网广告的监管只是一般原则上的监管，并不具有针对性。因此，作为《广告法》的一个有益补充，被称为史上最严格互联网广告监管政策的《互联网广告管理暂行办法》（国家工商行政管理总局令第 87 号）自 2016 年 9 月 1 日起施行。该办法对互联网广告定义、互联网广告相关

---

① 甘霖 . 以广告法修订为契机 推动广告战略新跨越 [J]. 中国工商管理研究，2015（5）.

主体及其行为、法律责任等做了较为详细的规定。

此后,《兽药广告审查发布标准》《农药广告审查发布标准》《房地产广告发布规定》等都根据新的《广告法》重新修订后实施。2008—2016 年间,除了 2014 年、2015 年这两年发布的地方法规的数量少于部门法规外,其他年份发布的地方法规的数量都明显多于部门法规,特别是 2008—2012 年间,地方法规密集出台,如表 6-2 和图 6-2 所示。

表 6-2　2008—2016 年发布的地方法规与部门法规数量[①]

	2008	2009	2010	2011	2012	2013	2014	2015	2016
地方法规	136	116	108	84	42	19	11	10	38
部门法规/行政法规/法律	20	31	28	15	14	17	14	33	10

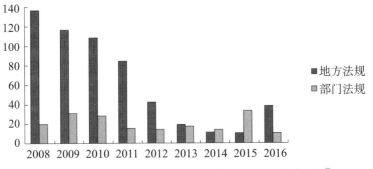

图 6-2　2008—2016 年地方法规与部门法规数量对比图[②]

这个时期广告业的监管法律法规体系基本上能够做到与时俱进,但我们不得不指出,我国由政府主导的广告业监管模式在实际运行中存在的问题不容忽视,如多部门执法的责任、社会监督不足等。

三、强调发展公益广告,服务社会

《指导意见》发布后,推进公益广告事业持续发展成为我国广告业发展战略的任务之一。2015 年的《广告法》第七十四条规定:"国家鼓励、支持开展

---

①② 根据万方数据库的数据整理。

公益广告宣传活动，传播社会主义核心价值观，倡导文明风尚。大众传播媒介有义务发布公益广告。广播电台、电视台、报刊出版单位应当按照规定的版面、时段、时长发布公益广告。"

由国家工商行政管理总局、国家互联网信息办公室、工业和信息化部、住房城乡建设部、交通运输部、国家新闻出版广电总局等6部门联合发布的《公益广告促进和管理暂行办法》于2016年3月1日开始施行。该文件把公益广告定义为"传播社会主义核心价值观，倡导良好道德风尚，促进公民文明素质和社会文明程度提高，维护国家和社会公共利益的非营利性广告"。

国家一方面将公益广告与政府部门的公共服务信息等相区别，明确指出公益广告不含政务信息、服务信息等各类公共信息以及专题宣传片等；另一方面强调政府和社会各界以各种形式参与公益广告，各类广告发布媒介均有义务刊播公益广告。此外，还对公益广告的管理、内容要求，企业出资设计、制作、发布或者冠名的公益广告的要求，各类广告发布媒介（广播电视、报纸、期刊、各类网站、手机媒体）以及社会媒介（公共场所、公共交通等）的广告发布做出规定，为公益广告的著作权提供了保障。关于公益广告政策的发展，将在下一章详细论述。

2008年以后的广告业政策是多种因素推动的结果。这个时期网络媒介、手机媒体高度发达，从事广告业务的主体复杂化，广告发布渠道多样化，广告业的监管难度增加。经过几十年的发展，广告业在国民经济中的地位日益重要，但广告业区域发展不平衡，影响广告市场健康有序运行的机制性障碍依然存在。而在这一时期，政府强调要加快完善社会主义市场经济体制和加快转变经济发展方式，其核心问题是处理好政府和市场的关系，必须更加尊重市场规律，更好发挥政府作用，保证各种所有制经济依法平等使用生产要素、公平参与市场竞争、同等受到法律保护。[①] 因此，我国这个时期广告业政策的一个重

---

① 胡锦涛：加快完善社会主义市场经济体制和加快转变经济发展方式［EB/OL］.（2012-11-08）［2021-04-10］. http://www.gov.cn/ldhd/2012-11/08/content_2260032.htm.

要方向就是监管部门的简政放权，依法监督，依法服务，广告政策日益体现出清晰的产业观念。

在我国文化产业的发展中，经济效益和社会效益相统一是重要原则。广告产品作为精神产品，必须符合社会主义精神文明的建设要求，也不可避免地承担着精神建设的任务。正如政府部门工作人员所表示的，"当今中国，广告已经成为国民经济发展的'晴雨表'、市场经济体制完善的'度量计'、社会主义精神文明建设的'风向标'、构建社会主义和谐社会的'助推器'。在改革开放和经济全球化的背景下，我们必须明确中国广告业的发展基点，把握对广告业发展方向的引导。我们强调：中国广告业的科学发展，必须是基于监管、发展、社会责任和国家利益'四轮驱动'的，这是我们对广告业发展的基本认识"①。因此，在广告政策的制定、实施过程中，政府始终居于主导地位，公益广告政策的不断出台，也从一个侧面反映了国家广告政策追求社会价值、维护国家意识形态的目标。

纵览我国广告业政策的变迁，这些政策变化与中国整体经济改革密切相关，也与中国卷入全球市场有密切关系。那种把改革开放后我国的广告业政策整体定位为产业政策的观点是不恰当的，我国广告业的产业政策主要出现在2008年之后，远远晚于广告业已树立产业地位的20世纪90年代后期。那种认为我国的广告产业政策是抑制性的观点也是值得商榷的。我国广告业监管政策多，重视监管，开展治理整顿不意味着产业政策是抑制性的，这是两个层面的问题。监管是为了让市场更加健康有序地发展，而不是抑制广告业的发展。对广告业进行监管，在市场经济体制下是必要的，我国之所以不断开展对广告业的专项治理，正是因为我国广告业监管机制上的问题没有得到很好的解决，多头管理，漏洞多，监管被动。

各类广告治理法规充分表明政府在努力地处理国家利益、社会利益与商业

---

① 刘凡. 中国广告业的科学发展：在第十一届中国西部国际博览会中国广告（国际）发展论坛上的演讲（摘要）[J]. 现代广告，2010（23）.

利益的关系，虽然这些法规在一定时期对中国广告业的发展发挥了很大的推动作用，但近期的确呈现出无力感，主要表现在广告产业政策中宏观规划、远景规划多。广告业的主要症结在于媒介广告公司对市场的垄断，这个问题不解决，很难打造公平竞争的广告市场。如果说产业政策是为了弥补市场的缺陷，那么广告市场的缺陷是什么？媒介公司对市场的垄断并不是由市场机制造成的，恰恰相反，是由非市场因素造成的。因此，与其说我国的广告产业政策是在弥补市场缺陷，倒不如说是要从政策入手推动深层次的传媒业改革。

未来的广告业政策要推进广告业发达与欠发达地区、新兴广告产业与传统产业、广告骨干企业和小微企业等协调发展。当前广告业政策有两个现实问题需要解决。第一个问题就是代理制问题。《广告产业发展"十二五"规划》中提道："加快广告业经营方式创新。探索广告业经营的新模式。培育广告新业态，完善并积极推进广告代理制。"但是在《广告产业发展"十三五"规划》中却只字未提。是代理制问题得到了很好的解决吗？显然不是。那么为何推行了几十年的代理制不能顺利推进，反而搁浅了？

事实上，在我国广告业的发展中，形成了强媒体、强广告主、弱广告公司的态势。正如有学者指出的，我国广告代理制推行的"根本问题是广告市场主体三方之间价值体系不合理，关系不平衡。代理制三方各自的职能范围不明确，对各自的权、责、利缺乏清晰的认识，服务关系、报酬支付制度也比较模糊易变。三方力量对比仍处于失衡状态，广告公司始终处于薄弱环节，无法发挥其在代理制中的主导作用"[1]。所以，政策层面要努力营造广告市场公平竞争的环境，必须深化文化体制改革，打破媒体广告公司对广告市场的垄断，否则经营创新无从谈起。

第二个问题是媒介购买公司的问题。早在 1996 年 10 月，外资的媒介购买公司就已经进入中国，由盛世长城国际广告公司与达彼思广告公司合作成立的中国实力媒体（Zenith Media China）在北京宣告成立，成为国内第一家正式

---

① 刘芳. 从广告代理制的实质看我国广告代理制的根本症结 [J]. 新闻界，2008 (5).

的媒介购买公司。但在 1998 年，《国家工商行政管理局关于停止核准登记媒介购买企业的通知》发布，要求各地一律不得受理媒介购买企业设立登记申请；已经办理了核准登记手续的，应在进行本年度广告经营资格检查时，重新核定经营范围，将核准的媒介时间、版面批发和零售经营项目予以核销。但随着中国加入世界贸易组织，外资媒介购买公司纷纷进入中国，并在中国迅速地扩张。外资媒介购买公司不仅对我国的广告业产生重大冲击，也会冲击到传媒业，给传媒业带来影响。①

有学者呼吁："西方跨国媒介购买公司依靠其雄厚资本，在中国媒介购买市场中占据了相当有利的位置，而中国本土目前尚没有产生同一重量级别、与之相抗衡的媒介购买公司。所以，应当大力扶植中国大型传媒集团独立组建媒介广告公司，或是并购国内有实力的媒介代理公司，从而降低对跨国媒介购买公司的依赖，防止媒体利益成为全球化的牺牲品。"② 尽管如此，但直到目前，国家政策层面并没有与媒介购买公司相关的针对性政策出台。值得期待的是，一些地方政府开始做出探索，2012 年江苏南通市政府在其发布的《南通市广告业"十二五"发展规划》中对当地的中小广告公司提出要"联合多家本地广告公司，建立以资本为纽带的媒介购买公司，发展成为提供专业广告与营销传播代理、媒介代理的整合营销传播集团"。

---

① 廖秉宜. 欧美媒介购买公司的发展、影响及对策分析 [J]. 新闻与传播研究，2011 (3).
② 刘瑞生. 西方媒介购买公司"渗透"中国风险何在 [J]. 红旗文稿，2012 (12).

第七章　我国公益广告政策的变迁

公益广告，也称公共服务广告。一般认为它"是不以营利为目的，为社会公共利益而创作发布的广告"①。新中国成立后，曾经在 20 世纪五六十年代的报纸上涌现了一批报纸公益广告作品。改革开放以后，广告业恢复，随着商业广告的日益繁荣，发展公益广告业也被提上日程。经过几十年的政策推动，在我国各类社会主体，如各类政府部门、新闻媒体机构、广告行业协会、广告公司、企业等的积极参与下，公益广告形成了良好的发展态势。

第一节　宣传工作思维下的行政指令：
公益广告政策（1996—2007）

改革开放初期，我国最具代表性的电视公益广告是 1987 年 10 月 26 日中央电视台开播的《广而告之》栏目。但是在较长时间内，公益广告实践活动主要以新闻媒体，特别是中央电视台为代表的各级电视台为主体来开展，国家在政策层面上并未给予特别关注。"媒体和广告协会成为中国公益广告事业早期重要的推动力量。在这一时期虽然没有诞生国家层面的具体政策，但是许多媒体的实践活动和以评奖为代表的行政支持为日后公益广告相关政策的出台奠定了基础。"②

最早提及公益广告的国家政策法规③是 1995 年 12 月 20 日公布的国家工商

---

① 许俊基，丁俊杰，衡晓阳. 公益广告初探 [J]. 现代传播，1991 (4).
② 何晨，初广志. 中国公益广告政策研究 [J]. 广告大观（理论版），2015 (2).
③ 最早涉及公益广告的政策出自地方政府规章，1994 年湖南省政府颁布《湖南省户外广告管理办法》，在该办法中对户外公益广告免收场地费和建筑物、交通工具占用费。

行政管理局令第 46 号《烟草广告管理暂行办法》。该办法规定烟草经营者利用广播、电视、电影、报纸、期刊等大众媒介发布社会公益广告时，"不得出现烟草制品名称、商标、包装、装潢。出现的企业名称与烟草商标名称相同时，不得以特殊设计的办法突出企业名称"。此后，随着国家工商行政管理局在 1996 年和 1997 年先后组织开展"中华好风尚"和"自强创辉煌"主题公益广告月活动，公益广告活动无论在实践层面还是在政策层面都发生了很大变化。

在 1995—2000 年间，国家工商行政管理局等有关部门出台了以促进社会主义精神文明建设为目的，推动公益广告发展的多个通知文件。其中产生重要影响的主要有《国家工商行政管理局关于开展"中华好风尚"主题公益广告月活动的通知》（1996）和《国家工商行政管理局关于开展公益广告活动的通知》（1998）。

《国家工商行政管理局关于开展"中华好风尚"主题公益广告月活动的通知》要求在 1996 年 9 月 1 日至 10 月 1 日，在全国范围内开展"中华好风尚"主题公益广告月活动。该通知开启了延续至今的以党和政府的中心工作为指导的主题公益广告宣传活动。该通知所确立的公益广告运作方式具有明显的行政指令色彩。例如：该通知要求，"专业广告公司应至少制作一件公益广告，其中有较强实力或有影视广告制作经营范围的，应制作一部电视广告；广告发布者应积极为主题公益广告提供时间和版面，其中省级以上电视媒介，主题公益广告月期间，每天黄金时间（18 点至 21 点）播出主题公益广告应不少于一条，其他时间不少于二条。主题公益广告月期间，省级以上报纸媒介明显版位每周刊出主题公益广告应不少于一条，其他版位应不少于二条。广播、期刊、省级以下（不含省级）电视、报纸以及利用户外媒介发布主题公益广告的数量，由各省、自治区、直辖市工商行政管理局提出要求。同时，应动员辖区内广告量较大的广告主，积极出资制作、发布主题公益广告，树立关心公益的良好形象"。此后，《中共中央宣传部、国家工商行政管理局、广播电影电视部、新闻出版署关于做好公益广告宣传的通知》（工商广字〔1997〕第 211 号）对广告媒介单位的公益广告的发布时间和版位等做出具体规定。

如果说《国家工商行政管理局关于开展"中华好风尚"主题公益广告月活动的通知》拉开了我国公益广告活动周期化的序幕，《国家工商行政管理局关于开展公益广告活动的通知》（工商广字〔1998〕第 61 号）发布的意义则是将其制度化。工商广字〔1998〕第 61 号文在进一步明确公益广告的目标和任务的同时，提倡做一些机制创新。工商广字〔1998〕第 61 号文强调"把开展公益广告活动，作为贯彻党的十五大精神和工商形象建设的一件大事来抓"，"将公益广告活动作为一项重要的日常工作，常抓不懈，使此项工作逐步长期化、法制化"，在按照既有机制运作的同时，把公益广告活动情况作为评定广告企业资质等级、工商行政管理机关工作评优的重要指标。与此同时，工商广字〔1998〕第 61 号文也提出："在公益广告活动中，各地可以做一些有益的探索，建立公益广告良性循环机制。"这一点相对于以往政策体现出了一定的进步性。此后，《中央精神文明建设指导委员会办公室、国家工商行政管理局关于进一步做好公益广告工作有关问题的通知》（工商广字〔1999〕第 273 号）再次强调"公益广告活动要紧密配合党和政府的中心工作"，并建议可以就建立我国公益广告良性循环运行机制的问题，开展调研和探索。

这一时期公益广告活动的开展与公益广告政策的提出与当时国家政治经济建设路线高度相关。1996 年 10 月 10 日，中国共产党第十四届中央委员会第六次全体会议通过《中共中央关于加强社会主义精神文明建设若干重要问题的决议》（简称《决议》），加强社会主义精神文明建设成为"一项重大战略任务"，并于 1997 年成立中央精神文明建设指导委员会办公室。《决议》强调："一手抓繁荣，一手抓管理，促进文化市场健康发展。文化市场是社会主义精神文明建设的重要阵地，决不允许成为腐朽思想文化滋生蔓延的场所。要积极培育和完善文化市场，大力扶持健康的文化产品，倡导适合广大群众消费水平的有益文化娱乐活动，更好地活跃和丰富文化生活。要维护合法经营，保护知识产权，管好文化产品的引进。坚持不懈地开展扫除黄色出版物、打击非法出版活动的斗争。抓紧制定和完善有关法规，加大执法力度，健全管理体制，发挥群众监督作用，规范文化市场行为。"因此，开展公益广告活动被看作是精神文明建设的重要抓手，是完成党的政治任务。基于这样的思维，在公益广告的运作机制上体现出较强的行政指令色彩，其着眼点或是做好宣传和教育工作，或是做好监管，并未考虑市场因素对公益广告发展的积极推动作用。

这一时期公益广告制作和发布的主要承担者虽然是广告公司和新闻媒体，但真正的供给者是政府机构，政府部门确定公益广告的主题，将任务指令下达给广告公司和媒体，这实际上表现出对公益广告的主体的认知有偏差。

公益广告的本质特征表现为公共性、非营利性和社会性。公益广告的最本质特征是公共性，它是为公众服务的广告，不带有任何商业利益和政治利益，它关注的是整个社会的共同利益，而不是某个人或某些组织的个别利益。正因如此，它具有非营利性，这也是它不同于商业广告的地方。任何团体、组织和个人发布的公益广告的行为目的都应该是非营利性的。另外，公益广告所关注的是人们普遍关心的社会性问题，因而具有社会性的特征。

公益广告的社会性还体现在开展公益广告活动的主体上，正所谓人人可以做公益，任何公民和社会组织机构都有关注社会公共事务的权利，都有为社会公益贡献力量的社会责任。也就是说，任何公民、企业、政府机构以及其他社会组织都可以成为公益广告的实施主体，只是在现实条件下由于个人的力量有限，社会组织和企业以及政府部门会更加有能力承担公共广告的任务。对于企业来讲，这是一种社会责任，但这并不意味着政府可以以指令形式要求专业广告公司制作公益广告。

自 1996 年起，我国有关政府部门就持续组织开展由广告商、广告公司经营者、广告媒体发布者等为主体参与的各类主题式公益广告宣传活动和评选活动，虽然提出了"各地可以做一些有益的探索，建立公益广告良性循环机制"，但此后一段时间在国家政策层面并没有大的突破。[①] 2000 年之后，随着中国加

---

① 这个时期地方法规做了非常有益的探索，2001 年 1 月 8 日，《大连市公益广告管理规定》出台，该规定将公益广告的参与主体扩大到自然人，如第五条提出"鼓励单位、个人以及广告主、广告经营者、广告发布者和广告从业人员设计、制作公益广告"，并对公益广告的监管部门职责、制作要求等做了相对全面的规定。

入世界贸易组织以及文化体制改革试点工作的推进,国家对广告业的监管进一步法制化,特别是对媒体广告发布的监管加强,出台了大量有关报刊社、各类广播电视台以及新兴的网络媒体、移动媒体的广告监管政策法规,其中部分对公益广告的发布做出了更加明确的规定。

2002 年 12 月 27 日,《中共中央宣传部、中央精神文明办公室、国家工商行政管理总局、国家广播电影电视总局、国家新闻出版总署关于进一步做好公益广告宣传的通知》(工商广字〔2002〕第 289 号)发布,工商广字〔1997〕第 211 号文同时废止。该通知提出"实行公益广告发布备案和检查制度。各媒介单位每季度要将发布公益广告的情况送当地工商行政管理局备案。当地工商行政管理局要对各媒介公益广告刊播情况进行定期或不定期的检查",并根据媒介发展的变化,将报纸、期刊、户外公益广告标注企业名称和商标标识的面积不得超过报纸、期刊、户外广告面积比例由过去的 1/10 提高到 1/5,要求"发布商业广告的互联网站也要按照商业广告 3% 的比例发布公益广告"。至此,对公益广告播放平台的监管实现了全媒体平台监管,但对公益广告参与主体的定位仍然限于广告主、广告经营者、广告发布者。

2004 年 5 月 14 日,根据新颁布的《广播电视广告播放管理暂行办法》(2003),国家广播电影电视总局发布了《关于加强制作和播放广播电视公益广告工作的通知》,要求"各级播出机构要以'三个代表'重要思想为指导,紧紧围绕全面建设小康社会的总体目标,根据中央思想宣传工作的方针、部署和要求,用公益广告等形式大力宣传物质文明、精神文明和政治文明协调发展的成就,大力宣传中华民族的优秀文化和道德观念,大力弘扬社会正气……要将中央的声音和人民群众的希望通过公益广告的形式,生动形象地展现出来,让群众喜闻乐见,入心入脑"。

我们不难看出,新闻媒体的公益广告工作本质上是党和政府宣传工作的一部分,这一点也反映在公益广告的选题上。例如,2004 年广播电视媒体的公益广告任务是要配合邓小平诞辰 100 周年、建党 83 周年、国庆 55 周年、长征 70 周年等几个重大纪念日的宣传,抓紧制作和适时安排播放有关公益广告。

同时，要结合三个文明协调发展、公民道德教育（讲文明、讲卫生、讲科学、树新风等）、青少年思想道德教育、艾滋病防治、无偿献血、禁毒、尊重生命、救死扶伤、扶贫助困、尊老爱幼、支持贫困地区文化教育事业、安全生产、环境保护等社会公共事业制作和播放一批公益广告。

也就是说，这个时期的公益广告政策更加强调宣传工作的视角，公益广告是政府宣传工作的有益工具。国家广电总局除了监管广播电视机构的公益广告播放外，为鼓励和引导优秀公益广告的制作和播放，国家广电总局每年向各级广播电视播出机构和社会广告制作机构通告《公益广告创作题材指导目录》，根据该指导目录制作的公益广告可申请列入《全国优秀公益广告推荐播放目录》。因此，在这个时期，我国的公益广告是在宣传工作主导的政策推动下发展的，很大程度上成为宣传工作的一部分。

第二节　商业化推动下的政策创新：公益广告政策（2008—　）

2008年以后，我国公益广告政策出现了较大的变化。在强调公益广告作为宣传阵地，利用公益广告传播党的宣传工作方针，推进党和政府要求的社会主义精神文明建设任务的同时，开始着眼于市场要素，对公益广告业进行政策扶持和运行机制的创新。这一时期出台的相关政策有《国家工商行政管理总局、国家发展和改革委员会关于促进广告业发展的指导意见》《关于认真学习贯彻党的十七届六中全会精神积极促进社会主义文化大发展大繁荣的意见》《国家工商行政管理总局关于推进广告战略实施的意见》《广告产业发展"十二五"规划》《广告法》《广告产业发展"十三五"规划》等。政策的重心包括：强调制度的引导作用，鼓励社会力量投入公益广告业，探索建立公益广告发展基金，建立促进公益广告发展的专业机构，等等。

2008年，在我国广告业发展史上具有里程碑意义的文件——《国家工商行政管理总局、国家发展和改革委员会关于促进广告业发展的指导意见》（工商广字〔2008〕第 85 号）出台，提出将"壮大公益广告事业"作为广告业发展的主要任务之一，针对公益广告缺乏有效的鼓励措施和激励机制的现状，提出"积极发挥政府的引导作用，通过公益广告制度建设，鼓励社会力量积极投入公益广告的策划、创意、制作和传播；提高广告活动主体对公益广告的贡献程度，采取鼓励措施提高公益广告的刊播比例；研究公益广告发展的扶持政策，形成公益广告持续发展的良性机制"。

2011 年 12 月 5 日，国家工商行政管理总局在《关于认真学习贯彻党的十七届六中全会精神积极促进社会主义文化大发展大繁荣的意见》中提出要"健全公益广告发展机制。探索建立公益广告发展基金，完善相关扶持政策，鼓励公益广告理论与实践创新研究"。

2012 年，《国家工商行政管理总局关于推进广告战略实施的意见》（工商广字〔2012〕第 60 号）将"推进公益广告事业持续发展"列为实施广告战略的重点任务之一，提出要通过"建立促进公益广告发展的专业机构和可持续发展的良性机制""鼓励和支持在生产、生活领域增加公益广告设施和发布渠道""支持建立公益广告发展基金""组织开展公益广告学术研讨和优秀公益广告作品评选""支持公益广告创新研究实验基地建设"等措施推动公益广告的持续发展。

2012 年发布的《广告产业发展"十二五"规划》（简称《"十二五"规划》）将"发展公益广告事业"列为广告业发展的八项重点任务之一。除了通过动员政府机关、社会团体、企业和个人制作发布公益广告，支持和鼓励在生产、生活领域增加公益广告设施和发布渠道，积极发挥政府引导作用，支持建立促进公益广告发展的专业机构等以前政策文件中多次提到的措施外，《"十二五"规划》中还特别提到了"完善公益广告扶持政策。多渠道筹集公益广告资金，积极探索建立公益广告基金，逐步推行公益广告政府采购制度，研究制定企业投入公益广告费用税前列支鼓励政策，调动政府、企业、媒体、广告公司、行业组织及社会各方力量的积极性"。

与此同时，公益广告监管的法制化问题也被提上日程，公益广告被写入

2015 年 9 月 1 日实施的《广告法》的附则中，第七十四条规定"国家鼓励、支持开展公益广告宣传活动，传播社会主义核心价值观，倡导文明风尚。大众传播媒介有义务发布公益广告。广播电台、电视台、报刊出版单位应当按照规定的版面、时段、时长发布公益广告"。

为了促进公益广告业的健康发展，规范公益广告管理，2016 年 3 月 1 日实施的《公益广告促进和管理暂行办法》（国家工商行政管理总局、国家互联网信息办公室、工业和信息化部、住房城乡建设部、交通运输部、国家新闻出版广电总局令第 84 号）中对公益广告做了如下表述：公益广告"是指传播社会主义核心价值观，倡导良好道德风尚，促进公民文明素质和社会文明程度提高，维护国家和社会公共利益的非营利性广告。政务信息、服务信息等各类公共信息以及专题宣传片等不属于本办法所称的公益广告"。《公益广告促进和管理暂行办法》的积极意义表现在以下方面：

第一，强调了公益广告参与主体的多元化和参与方式的多样化。例如，第三条规定"国家鼓励、支持开展公益广告活动，鼓励、支持、引导单位和个人以提供资金、技术、劳动力、智力成果、媒介资源等方式参与公益广告宣传。各类广告发布媒介均有义务刊播公益广告"。长期以来，我国公益广告的参与主体往往以政府部门、新闻媒体和广告公司、广告商为主，特别是并未允许公民个体参与公益广告的制作和发布，实际上这与公益广告的社会性特征是相悖的，"公益广告的传播主体是指公益广告活动的发起者、主要参与者……公益组织、政府机构、企业、媒体、个人以各种方式参与公益广告活动，都是公益广告传播主体。传播主体的多元性，既体现了公益事业的社会动员力，也体现了公益广告传播的公共性"①。特别是随着媒介技术的发展，微时代已经到来，允许并鼓励公民个体参与公益广告的传播符合时代发展的趋势。

第二，强调了公益广告活动的制度化。第十二条规定"公益广告主管部门应当制定并公布年度公益广告活动规划。公益广告发布者应当于每季度第一个

---

① 宋玉书. 公益广告教程［M］. 北京：北京大学出版社，2017：49.

月 5 日前，将上一季度发布公益广告的情况报当地工商行政管理部门备案。广播、电视、报纸、期刊以及电信业务经营者、互联网企业等还应当将发布公益广告的情况分别报当地新闻出版广电、通信主管部门、网信部门备案。工商行政管理部门对广告媒介单位发布公益广告情况进行监测和检查，定期公布公益广告发布情况"。公益广告由于长期定位于宣传工作，虽然现阶段不断引入市场要素，但尚未建立符合市场运作机制的体制，这方面还需要进一步细化，探索出高效的公益广告运作机制。

第三，明确了公益广告的监管。《公益广告促进和管理暂行办法》规定，公益广告活动在中央和各级精神文明建设指导委员会指导协调下开展，工商行政管理部门履行广告监管和指导广告业发展职责，负责公益广告工作的规划和有关管理工作。对于不同媒介的广告发布活动，实行归口管理。实际上，公益广告的监管与其他广告的监管一样，面临着多头管理、权责不清的现象，如前文所提到的，不解决媒体广告垄断这个根源性问题，公益广告的监管也会陷入两难。

第四，强调对公益广告的产权保护。《公益广告促进和管理暂行办法》第十四条明确规定，"公益广告设计制作者依法享有公益广告著作权，任何单位和个人应依法使用公益广告作品，未经著作权人同意，不得擅自使用或者更改使用"。一直以来，公益广告往往以政府指令的形式完成，著作权问题是长期被忽视的，这客观上给公益广告的发展带来了消极影响，加强产权保护，有助于激发各界积极参与公益广告创作的热情。

2016 年 7 月 7 日发布的《广告产业发展"十三五"规划》提出"完善公益广告发展体系"的发展目标，强调在"十三五"期间"建立完善公益广告可持续发展机制，出台促进公益广告发展的相关措施，推进公益广告宣传制度化、长效化"。如"支持成立促进公益广告发展的专业机构""依法建立专门的公益广告基金以及在综合性公益基金下的公益广告专项基金""积极推进政府采购公益广告服务""研究制订企业投入公益广告费用税收鼓励政策"等。

此外，2016 年年底颁布并于 2017 年 3 月 1 日开始施行的《中华人民共和国公共文化服务保障法》虽然没有专门提及公益广告，但从公共文化服务的定义——由政府主导、社会力量参与，以满足公民基本文化需求为主要目的而提供的公共文化设施、文化产品、文化活动以及其他相关服务——来看，公益广告应该属于公共文化服务。该法的公布为公益广告的发展提供了法律保障。

从以上政策的发展脉络看，自 2008 年之后，我国公益广告政策在推动公益广告业可持续发展方面积极进行市场化的政策创新，行政指令色彩已经淡化①，强调政府的引导作用，市场化和商业化日益增强。尽管如此，公益广告的任务始终坚持定位于传播社会主义核心价值观，倡导良好道德风尚，促进公民文明素质和社会文明程度提高，维护国家利益和社会公共利益。

例如，《中共中央办公厅关于培育和践行社会主义核心价值观的意见》(2013) 明确提出"运用公益广告传播社会主流价值、引领文明风尚。围绕社会主义核心价值观，加强公益广告的选题规划和内容创意，形成公益广告传播先进文化、传扬新风正气的强大声势。加大公益广告刊播力度，广播电视、报纸期刊要拿出黄金时段、重要版面和显著位置，持续刊播公益广告。互联网和手机媒体要发挥传输快捷、覆盖广泛的优势，运用多种方式扩大公益广告的影响力。社会公共场所、公共交通工具要在适当位置悬挂张贴公益广告。各类公益广告要注重导向鲜明、富有内涵、引人向上，注重形式多样、品位高雅、创意新颖，体现时代感厚重感，增强传播力感染力"。

那么，这种由政府主导选题规划，以承担宣传主流价值观任务为定位的公益广告该如何实现可持续发展？公益广告运作体制的商业化、市场化是否会对

---

① 行政指令较明显地体现在国家广电管理部门对广播电视机构的广告管理政策中。例如，《国家广播电影电视总局广播电视广告播出管理办法》(2009) 对广播电视机构的公益广告播出提出了具体的要求，指出播出机构每套节目每日公益广告播出时长不得少于商业广告时长的 3%。其中，广播电台在 11：00 至 13：00 之间、电视台在 19：00 至 21：00 之间，公益广告播出数量不得少于 4 条（次）。《国家广播电影电视总局关于进一步加强广播电视广告播出管理的通知》(2011) 强调广播电视播出机构要切实履行媒体的社会责任，认真执行每套节目每日黄金时段公益广告播出数量不得少于 4 条（次）、全天公益广告播出时长不得少于商业广告总量 3% 的规定。因公共利益需要等特殊情况，广播影视行政部门可要求广播电视播出机构在指定时段播出特定内容的公益广告，各播出机构必须按要求播出。

公益广告的公益性带来冲击？

第三节　政府宣传与市场化运作：当前我国
公益广告政策的反思

在我国目前的公益广告政策中，公益广告在传播社会主义核心价值体系和构建社会主义和谐社会中发挥着重要作用，公益广告活动在中央和各级精神文明建设指导委员会指导协调下开展，工商行政管理部门履行广告监管和指导广告业发展的职责。对广播电视、报刊、互联网、户外建筑等不同媒介的广告发布活动，实行归口管理，而公益广告的选题规划也由政府部门制定。这种"强政府"的角色引发一些学者的担忧："政府主导的公益广告发展局面，容易让公众混淆政府宣传与公益广告的界限，参与传播的热情不高。此外，公益广告的独立性也因失去了广泛的民众基础更易受到政治势力的影响。"[1]

的确，我国的广告政策始终遵循着经济效益与社会效益相统一的原则，作为政策制定者，国家在广告政策上始终坚持意识形态目标。在当前发展阶段，政府部门在公益广告实践中的主导地位不宜削弱，但需要明确政治广告和公益广告的界限。

首先，政府机构有从事公益广告实践的权利，甚至可以成为公益广告产品的主要供给者。公益广告作为以社会公共利益为出发点的非营利性广告，理论上其参与主体可以多元化，任何组织和个人都可以通过提供资金、提供媒体平台、提供广告创意、设计和制作公益广告，甚至转发等方式参与公益广告的传播。政府机构、合法的商业企业和社会组织、国际组织以及有民事能力的自然人等都有参与公益广告的权利。判断公益广告的合理性的前提就是，是否以服务社会为目的。从这个意义上看，政府部门只要以社会公共利益为出发点提供公益广告进行宣传是完全合理的，以社会公共利益为出发点的政府部门的宣传

---

① 倪宁，雷蕾. 公益广告独立性发展及制约因素分析 [J]. 现代传播，2013 (5).

完全有理由使用公益广告这种形式。

其次，政治宣传和公益广告本质上都是有意图地改变大部分人的认知、看法和态度的说服传播活动。不同之处是，政治宣传以政府立场和利益为出发点和目标，而公益广告以社会公共利益为出发点和目标。"政治与公益的区别显而易见，政治广告与公益广告也有明显差异，目标指向与广告内容皆有不同。但是政治与公益又有着密切的关联……以公益作为政治宣传的主要内容，使各种形式的政治宣传具有了浓浓的公益色彩，而公益广告及其他形式的公益传播也常常会涉及政治……因而公益广告这一宣传形式也被当作政治思想传播的载体、政治教育的工具。无论是政治广告的公益化还是公益广告的政治化，都反映了政治宣传与公益传播的复杂关系……"① 政治宣传与公益广告在外延上是交叉关系，部分政治宣传的确是以公益广告形式出现，但不是全部的政治宣传都以公益广告形式出现；同样，不是所有的公益广告都是政治宣传，商业企业、社会公益组织等提供的公益广告往往在政治宣传之外。

从另一个角度看，在我国现阶段，政府机构减少公益广告产品的供给，并不一定带来商业企业以及其他组织和个人对公益广告产品供给的增加。在改革开放后的相当长一个时期内，作为党和国家耳目喉舌的报社、广播电台电视台是公益广告的主要供给者，我国的广告主和广告公司参与公益广告是通过政府行政指令的形式参与。随着市场经济的繁荣、企业社会责任意识的增强，在国家的鼓励政策下，一部分企业开始自觉参与公益广告活动。如果没有政府力量的推动，我国的公益广告业发展会更加缓慢。即使是现阶段，由于整个社会的公共意识不强，所以如果没有政府机构作为公益广告的主要供给者，公益广告的发展也可能更加难以令人满意。退一步讲，如果政府机构缺位，那么从公益广告主体的角度看，本身也是主体不健全。

我们需要关注解决的问题是政府作为公益广告产品的供给者，该如何提供公益广告产品？政府作为政策决定者，该如何在政策层面推进公益广告的供给

① 宋玉书. 公益广告教程［M］. 北京：北京大学出版社，2017：49.

主体多元化以及防止政治力量对公益广告的滥用和商业利益对公益广告的侵犯？

第一，政府部门作为公益产品的供给者，在现有环境下，不能够像计划经济时代以及市场经济早期那样，简单地以行政命令形式指令专业广告公司制作公益广告。《广告产业发展"十二五"规划》提出的逐步推行公益广告政府采购制度就是解决政府部门公益广告供给的正确路径。除此之外，还可以考虑建立国家公益广告专项资金，出资委托专业广告公司制作公益广告，或者动员社会各界积极参与公益广告创意或者制作比赛评选活动。

政府部门需要进一步在实践层面明晰政治广告和公益广告的界限。正如有学者指出的："政治广告所具有的政治功利性和公益广告所体现的社会公益性不同。所以，政治广告的公益性诉求不能改变其政治性，公益广告的政治性内容也不能改变其公益性。"明晰二者的界限，有助于提升公益广告的社会影响力，并促进公益广告朝着正确的方向发展。

第二，要推进公益广告的提供主体多元化，从国情出发改进公益广告运作机制。中国的公益广告运作机制不能采用完全市场化的公益广告运作机制，可探索政府主导下的双轨运作机制。对于政府机构的公益广告活动，采取完全的政府主导体制，其公益广告供给采取政府采购制或者建立国家公益广告专项资金，用于各政府机构的公益广告活动开支，各政府部门可以使用专项资金委托专业广告公司制作公益广告以及鼓励社会力量参与公益广告活动。与此同时，加强对政府机构的公益广告活动的行政监管和资金监管。对于违规滥用资金和违背公益广告原则的政府机构采取行政处罚。

对于非政府机构参与的公益广告活动，采取政府引导的市场化运作模式。鼓励多方筹集资金，建立社会公益广告基金，用于鼓励社会力量参与公益广告的制作和发布。解决制约社会力量参与公益广告最根本的问题，可以给商业企业提供减税退税等鼓励政策，加强对社会力量提供公益广告行为的法律监管，加强公益广告立法。

第三，我国公益广告除了面临政治宣传的质疑，公益广告供给主体过于单一的不足以外，还有一个重要的缺憾，即公益广告发展地区差异大，不均衡，除了政府部门提供的一些公益广告覆盖到农村等不发达欠发达地区，商业机构所提供的公益广告往往以城市人群为受众。因此，国家应该出台一些政策推进不发达地区的公益广告发展。

第四，我国公益广告的效果评估没有得到应有的重视。政府机构以及社会力量每年花费大量资金制作的公益广告，其效果如何？正如有学者所指出的："公益广告传播主体很少会对广告进行前测，广告的创作和发布全凭他们以主观经验进行判断，很少考虑到是否会吸引受众的注意、受众是否能回忆起广告中的诉求点、是否和目标受众相关、是否能让目标受众相信并感兴趣。没有前测，公益广告创作的有效性就无法保证；没有中测，公益广告发布的有效性不得而知；没有后测，公益广告的效果的有效性无从判断。"[①] 因此，政府应该在政策层面切实推动公益广告效果评测机构的建设。

---

① 陈红. 论公益广告的有效传播 [J]. 新闻界，2009（4）.

第八章 "入世"以来我国对外金融信息服务政策的变迁

从世界通讯社和财经媒体的发展历程中不难看出，提供金融信息和财经资讯是各大财经媒体、通讯社的主要业务之一。《金融时报》的伦敦股票交易所100家股票指数与纽约道琼斯、香港恒生等并列为世界最重要的股票指数之一。2000年专门从事金融信息服务的路透财经的收入占路透社全年总收入的71%。① 2007年6月20日，新华通讯社自主研制开发的综合金融信息服务系统——"新华08"宣布投入市场试运行。"新华08"将信息、通信技术与金融业务高度融合，致力于为金融监管部门、金融机构、大中型企业中从事金融市场研究、交易、投资的专业人士提供国内外货币、资本、外汇、黄金和期货等五大市场以及金属、能源、房地产等55个行业的动态资讯。在2009年10月举办的，由70个国家和地区的130多家境外媒体机构，以及40多家境内媒体的负责人出席的，囊括通讯社、报刊、广播、电视、互联网等多种媒体形态的世界媒体峰会上，如何实现金融信息传递的公开透明成为会议的主要议题之一。

众所周知，我国金融信息服务市场作为新兴市场，其市场潜力巨大，吸引了众多国际金融信息服务商。但是我国金融信息服务市场又是极其不成熟的，金融信息服务政策和法规不健全。特别是在金融全球化背景下，我国金融市场的开放趋势不可避免，我国金融信息服务业面临重大挑战。"入世"以来我国对外金融信息服务监管政策的变迁说明，打破传统思维框架，对金融信息服务

---

① 孙镜，唐润华. 从年报看路透社的发展战略 [J]. 中国记者，2001 (3).

业的清晰认知是制定有效政策的重要前提。当前中国对外金融信息服务政策面临多重任务，可谓压力巨大。不仅要在世界贸易组织原则下确保金融信息服务市场的公平竞争，而且要加强本国的金融信息安全。

第一节 "经济信息"观念下的对外金融信息服务政策

自 2001 年 12 月 11 日我国加入世界贸易组织起到 2006 年之前，体现我国对外金融信息服务监管政策的重要文件是 1996 年 4 月 15 日新华社发布的《外国通讯社及其所属信息机构在中国境内发布经济信息的管理办法》（简称 1996 年《管理办法》）。在这个文件中，当时使用的重要术语是"经济信息""经济信息事业"，而非今天我们常见的"金融信息""金融信息业"。例如，1996 年《管理办法》第一条规定："为了维护国家主权，保护国内经济信息用户的合法权益，促进我国经济信息事业的健康发展，根据国务院办公厅《关于授权新华通讯社对外国通讯社及其所属信息机构在中国境内发布经济信息实行归口管理的通知》，制定本办法。"

在我国，"经济信息""金融信息""金融信息服务"等概念的使用和认知经历了一个历史过程。"经济信息"是自 20 世纪 80 年代起至今仍被学界和业界广泛使用的概念。从概念的讨论来看，经济信息被认为是一个宏观的概念，我国信息经济学家乌家培认为："经济信息的概念是信息概念在经济方面的扩大使用……经济信息就是反映经济活动的特征的。它通常是经济数据、经济预测、经济消息、经济情报的总称，一般包括数字信息和文字信息两种。经济信息源在于经济活动本身。"[①] 因此，在其使用过程中大多采取限定性使用，如"银行的经济信息工作"。

"金融信息"这个概念在 20 世纪 80 年代虽然尚不及"经济信息"那样被

---

① 乌家培. 经济信息与经营管理［J］. 经营与管理，1984（2）.

广泛使用和讨论，但也已为学界和业界所讨论和使用。例如，韩光远、汤若岩在《试论社会主义金融信息的内容和作用》中定义了"金融信息"这个概念："顾名思义是指银行业务工作的各种信息。狭义的金融信息，是指银行自身各项业务工作的音信、消息、动态和情况。广义的金融信息，是指凡是通过银行的各个职能部门所能了解或反映的国民经济的音信、消息、动态和情况。简言之，凡是通过银行获得并传递的经济信息，都可叫作金融信息。"[①] 这个定义无论从广义上还是从狭义上理解都是指银行的业务。这与我们今天对金融信息的理解还是有差异的。1984 年 12 月 4 日，由中国人民银行、中国人民保险公司以及中国工商银行、中国农业银行、中国银行、中国建设银行共同举办的金融信息联席会议在北京召开成立大会。"金融信息联席会议是由中国人民银行总行牵头、各专业银行总行和保险总公司的调研和信息部门共同组建的信息工作联合组织。主要任务是：在互利和协商一致的原则下，加强各总行、公司间调查研究和信息工作的横向联系及协作配合，相互交换金融、经济信息和有关资料，组织交流各总行、公司开展信息工作的经验，定期举行经济、金融形势分析会，对各行、公司共同要求的调查研究课题组织联合专题调查，以推动金融信息工作深入发展，更好地为党政领导部门决策服务，为发展生产和扩大商品流通服务，为提高金融工作水平服务。"[②]

从概念的逻辑关系看，"经济信息"概念的外延大于"金融信息"，二者是包含与被包含的关系。尽管到 20 世纪 90 年代中期，学界和业界对"金融信息""金融信息服务"等开始日益关注，但 1996 年《管理办法》继续使用"经济信息"这个宏观概念而非"金融信息"，而该办法也沿用到"入世"初期。之所以会出现这种现象，原因有以下几点：

第一，当时我国金融信息服务业发展尚处于起步和探索阶段。一方面，由于体制和认知上的原因，当时我国提供金融信息服务的机构主要是银行系统，

---

① 韩光远，汤若岩. 试论社会主义金融信息的内容和作用 [J]. 金融研究，1983 (1).
② 搞好金融信息工作的新尝试：金融信息联席会议成立大会在京召开 [J]. 中国金融，1985 (1).

讨论较多的是如何提高银行的金融信息服务，而非一般意义上的金融信息服务，金融信息服务是运用现代信息技术，各类机构通过多种形式为用户及时全面提供其所需要的金融信息。另一方面，我国银行业的金融信息化建设起步较晚，到 20 世纪 90 年代初期刚刚实现银行柜面业务自动化。金融信息服务高度依赖的电子信息技术手段在当时的银行系统尚未得到普遍应用。没有金融电子化，现代意义的金融信息服务也就无从谈起。

第二，1996 年《管理办法》规定新华社涉外信息管理中心为外国通讯社及其所属信息机构在中国境内发布经济信息活动的审批、管理机构。第三条规定："外国通讯社及其所属信息机构在中国境内发布经济信息必须经新华通讯社审批。""其发布的信息种类、传播手段、收费标准、收费方法、技术服务方式等内容，需经新华通讯社涉外信息管理中心审核认定。""中国境内用户使用外国通讯社及其所属信息机构经济信息，必须经新华通讯社审批。"在监管方面，规定："新华通讯社涉外信息管理中心对外国通讯社及其所属信息机构所发布的各类经济信息进行同步审批。"总体上看，1996 年《管理办法》重心在对外国通讯社及其所属信息机构在中国境内发布经济信息活动的审批上，对信息活动的监管较松。事实上，当时政策的制定还主要着眼于媒介管理，重心放在准入资格的审核上。

第三，"入世"后头 5 年是我国"入世"的过渡期，我国实行的是区域性开放。在世界贸易组织若干规则中，直接涉及金融信息服务业的是《服务贸易总协定》（GATS）和《金融服务协议》。根据《服务贸易总协定》的划分，金融信息服务业属于金融服务部门。在过渡期内，我国可以采取一定的保障措施来保护一些产业，其中金融业是重点保护行业。

由于当时我国金融信息市场尚未成形，金融信息服务业发展尚处于起步和探索阶段，而且我国又处于"入世"过渡期，因此沿用到"入世"后的 1996 年《管理办法》并未引起外国金融信息供应商的过多质疑。

第二节 "新闻信息"观念下的对外金融信息政策
及其引发的争端

1996 年《管理办法》于 2006 年被宣布废止，取而代之的是 2006 年 9 月 10 日发布并开始实施的《外国通讯社在中国境内发布新闻信息管理办法》（简称 2006 年《管理办法》）。这是中国加入世界贸易组织以后涉及对外金融信息服务领域的重要政策之一。

从术语使用来看，1996 年《管理办法》以"经济信息""经济信息事业"作为核心术语，2006 年《管理办法》使用的是"新闻信息"。单从政策的名称看，这个政策与 1996 年政策似乎并不存在替代关系，理由是"新闻信息"是面向广大公众广泛传播的一般信息；而提供"经济信息"服务却不一定甚至不需要面向普通受众广泛传播，"经济信息"服务可以与科技信息服务、法律信息服务一样属于专业的信息服务。如果说 2006 年《管理办法》对经济信息服务进行了限制，那按照这个逻辑，应该对科技信息服务、法律信息服务等都采取同样的限制。但事实上，"从 1998 年开始，汤姆森科技信息集团在中国开展业务，2001 年 1 月在北京开设了办事处并迅速发展。2002 年汤姆森法律信息集团在中国正式设立办事处，致力于为中国当地各专业领域（法律、税务、会计、知识产权等）及政府部门的专业人士提供智能的、贴近实际的产品和专业化的服务。其主要产品有万律（Westlaw China）服务。2005 年 12 月 1 日，汤姆森科技信息集团与中国信息产业部结为合作伙伴，并成立了信息产业部-汤姆森知识产权发展联合实验室。2006 年，汤姆森中国研发及数据中心在北京成立。汤姆森中国研发及数据中心是汤森路透的战略性运营中心之一"[①]。因此，我们说，如果 2006 年《管理办法》与 1996 年《管理办法》之间不是前者完全替代后者的关系，那么该政策也许不会引起激烈的反应，因为严格地讲，

---

① 万丽萍.2007—2012 年汤森路透的发展概述［J］.中国出版，2013（4月下）.

它属于新闻行业的管理法规，而新闻业不属于中国承诺开放的行业。

但事实却完全相反，2006 年《管理办法》审批的内容从"经济信息"转变为"新闻信息"，将管理对象由"外国通讯社及其所属信息机构"转变为"外国通讯社（包括具有通讯社性质的外国新闻信息发布机构）"的同时，明确规定废止 1996 年《管理办法》。这样，2006 年《管理办法》自然而然成为管理对外金融信息服务的重要政策，并被认为是非常严苛的限制性政策。例如，2006 年《管理办法》第四条规定："外国通讯社在中国境内发布新闻信息，应当经新华通讯社批准，并由新华通讯社指定的机构（以下简称指定机构）代理。外国通讯社不得在中国境内直接发展新闻信息用户。"这就意味着不允许外国通讯社直接为中国境内用户提供金融信息服务，而是必须通过指定代理机构。不但如此，对国内用户的信息使用也施加了限制，如 2006 年《管理办法》第十三条规定："国内用户订用外国通讯社新闻信息，应当与指定机构签订订用协议，不得以任何方式直接订用、编译和刊用外国通讯社的新闻信息。"同时，对新闻信息的内容及其使用进行严格监管。例如，第十二条规定："新华通讯社对外国通讯社在中国境内发布的新闻信息有选择权。"

从整体上看，把 2006 年《管理办法》视为对外金融信息服务监管政策是不恰当的，特别是在中国"入世"即将满 5 年，中国面临着全面开放，开放领域开始从传统贸易转向服务贸易的关节点上出台这个规定，不久就激起了美国、欧盟、加拿大等的强烈反应。据中国商务部网站公布的信息，"2008 年 3 月 3 日，欧共体、美国分别就我金融信息服务管理规定提出 WTO 争端解决机制项下的磋商请求。2008 年 6 月 20 日，加拿大就同一事项向我提出磋商请求……2008 年 11 月 13 日，中方与欧、美、加在日内瓦签署了有关解决金融信息 WTO 争端案的谅解备忘录"①。

美、加等国认为，在金融信息服务领域，中国违背了加入世界贸易组织时

---

① 欧共体、美国、加拿大诉中国金融信息服务案（DS372/373/378）[EB/OL].（2009 - 07 - 15）[2021 - 04 - 02]. http://tfs.mofcom.gov.cn/article/ztxx/200907/20090706400189.shtml.

所做的承诺，2006 年《管理办法》及其他一些法规对外国金融信息供应商采取了限制性和歧视性政策。例如，外国金融信息供应商只能通过新华社指定的代理机构与用户签订合同，提供服务。特别是对新华社作为监管者同时又是竞争者的双重角色提出疑问，理由是新华社指定的代理机构"中国经济信息社"是其下属的商业实体，而且新华社通过该实体提供金融信息服务，其下属机构"新华08"本身就是一个提供金融信息服务的商业机构，并参与同外国金融信息服务商的竞争。此外，新华社在其对外国金融信息商的管理中要求外国金融信息供应商提供的资料涉及商业机密等。美国明确提出："新华社似乎既是外国金融信息提供者的监管者，又是这些外国供应商在中国国内市场的竞争者……中国似乎没有提供它所承诺的与被监管的服务提供者相分离且不对被监控对象负责的监管机构。"[①]

2006 年《管理办法》颁布后，我国政府在金融信息服务领域遭到发达国家的"围攻"。造成这样的后果的原因主要有以下两方面：

一方面，中国加入世界贸易组织之后，随着国内金融改革的深入，中国金融信息服务市场成为潜力巨大的新兴市场，外国金融信息提供商纷纷将目光瞄准这一市场。在 2007 年汤姆森收购路透之前，世界三大金融信息提供商路透、汤姆森和彭博早已经在中国金融信息服务市场展开竞争。"路透的客户主要集中在金融行业，比如中行、工行、农行以及建行等，中国人民银行，两个证券交易所，三个期货交易所，证券公司等等也是我们的客户。一些企业，如宝钢用的就是路透外汇 2000 的服务。"[②] 2006 年，汤森在北京成立汤森中国研发及数据中心；据《环球财经》报道，"在彭博资讯拿到中国内地经营许可证之前，它的 5 000 多台终端设备已经稳稳地坐进了内地的各大型银行、投资基金甚至中国人民银行的办公室里……2002 年，彭博获得在中国销售其终端设备的经营许可证后，在付款程序上给客户提供了方便。此前客户需要把钱汇到香港的

---

① 黄志瑾. 美国就金融信息服务市场准入限制请求与中国磋商 [J]. 世界贸易组织动态与研究：上海对外贸易学院学报，2008 (5).

② 沈观凌. 青鸟网：路透业务的延伸 [J]. 经理世界，2001 (S1).

账户上,现在则可以直接在内地付款了。"① 因此,各国金融数据提供商密切关注我国金融信息市场的政策变化。曾经担任路透集团中国及蒙古国首席代表的班安祖指出:"今天中国的业务在整个路透全球业务中只占不到1%的份额,但是,把北京作为6个一类城市之一,仅仅是说明了我们对这个市场未来前景的巨大期望。"② 正当外国金融信息服务机构对中国金融信息服务市场充满乐观的向往和迫切的渴望之际,2006年《管理办法》的出台,以及1996年《管理办法》的废止,对它们来说无异于当头一棒。

另一方面,金融信息服务业在我国还是一个新的行业,无论是金融界,还是理论界,决策层对"金融信息""金融信息服务"等概念的认知都是模糊的。譬如,无论业界还是理论界,很多人最初都是在狭义上理解金融信息和金融信息服务业的,认为金融信息服务是银行系统的业务,认为提供金融信息服务的机构是银行,如果抱有这样的认知,那显然,该业务属于金融业,根据我国的《外商投资产业指导目录》(2007),该行业属于限制行业。有人认为该行业属于信息服务,并将其等同于新闻信息服务,提供该服务的机构是通讯社,那么,根据《外商投资产业指导目录》,它属于禁止行业。由于对"金融信息服务"及其提供机构的认知模糊,导致我国对外的金融信息服务政策无所适从,引起多起贸易争端。

可以说,美国、加拿大、欧盟的激烈反应直接催生了2009年《外国机构在中国境内提供金融信息服务管理规定》的发布。

第三节 "金融信息"观念下的对外金融信息 服务政策

2009年4月30日,国务院新闻办公室、商务部、工商总局联合发布《外

---

① 汪洋.路透中国的财富密码 [J].环球财经,2005 (3).
② 韩晓萍.路透:金融价值链全接触 [J].数字财富,2001 (9).

国机构在中国境内提供金融信息服务管理规定》（简称2009年《管理规定》），该规定于2009年6月1日实施。

2009年《管理规定》较之前的两个管理办法有了很大变化。

第一，正式使用了"金融信息""金融信息服务"这些术语，而非以前的"经济信息""新闻信息"等；明确定义了什么是"金融信息服务"，并对提供金融信息服务的"外国机构"的身份进行了明确认定。2009年《管理规定》第二条明确指出："本规定所称外国机构，是指外国金融信息服务提供者。本规定所称金融信息服务，是指向从事金融分析、金融交易、金融决策或者其他金融活动的用户提供可能影响金融市场的信息和/或者金融数据的服务。"

第二，明确了金融信息服务不同于新闻信息服务。第二条明确指出"该服务不同于通讯社服务"，第十九条指出"在中国境内设立的外商投资金融信息服务企业应当严格按照登记注册的经营范围从事业务活动，不得开展新闻采集业务，不得从事通讯社业务"。这样，不但厘清了新闻信息与金融信息的关系，而且很好地解决了一个现实问题，即金融信息服务业务与通讯社业务通常是大型跨国集团的业务组成部分，通讯社业务甚至不是其主要收入来源。例如，汤森路透集团的产业结构中金融和媒体是两个不同的机构。更为重要的是，2009年《管理规定》并未废止2006年的《管理办法》，而是保留了它的效力，只是最后做了说明："本规定自2009年6月1日起施行。本规定发布前，有关部门发布的关于金融信息服务的规定与本规定不一致的，以本规定为准。"这说明我国政府在金融信息服务和新闻信息服务的认知上已经非常清晰。

第三，外国机构在中国境内提供金融信息服务的审批和监督机构由新华社变更为国务院新闻办。不但规定了国务院新闻办的审核权和监督权，而且强调了外国金融信息服务商及其境内用户的权利以及监督机构的义务。例如，2009年《管理规定》第三条指出："中国依法保障外国机构在中国境内提供金融信息服务的合法权益，为其依法提供金融信息服务提供便利。"第十二条规定："国务院新闻办公室依法保护外国机构依照本规定提交材料中包含的具有商业价值的信息，上述信息将仅用于监管。"

此外，关于外国机构在华开展金融信息服务以及设立企业有了具体的规定。2009 年《管理规定》增加了一章关于外国机构在华设立金融信息服务企业的规定，并规定了相应对口的业务部门。如外国机构在华提供金融信息服务的资格的审批和管理由国务院新闻办负责；外国机构设立金融信息服务企业的审批由国务院商务部负责；外国机构设立金融信息企业的登记等事项由工商管理部门负责。从整体上看，2009 年《管理规定》体现出对金融信息服务业的较为清晰的认知，并且对于外国机构在我国境内提供金融信息服务以及投资设立企业的活动，该规定表现出积极的政策取向。

2009 年《管理规定》可以说是我国开放金融信息服务市场的标志性文件。国务院新闻办原副主任崔玉英在 2012 年 11 月 22 日召开的外国机构在中国境内提供金融信息服务座谈会上指出："近四年来，国务院新闻办认真履行工作职责，会同商务部、工商总局等部门发布了《外国机构在中国境内提供金融信息服务管理规定》，批准了 38 家外国或境外机构在中国境内提供金融信息服务，批准了 10 家外国或境外机构在中国境内投资设立金融信息服务企业。可以说，当今在世界上有一定影响的金融信息提供商已基本进入中国……实践表明，中国政府做出开放金融信息服务市场的决定是完全正确的，产生了中外互利发展的良好效果。此举顺应了世界经济发展、中国对外开放和信息技术变革的要求，在中国与外部世界之间架起了一条信息高速公路，使中国与世界的联系更加紧密。"①

以上变化说明，在一定阶段，由于政策部门不能打破传统的思维模式，对"金融信息""金融信息服务"等基础概念认知模糊，影响了我国对外金融信息服务监管政策的有效执行。我国对外金融信息服务监管政策虽然理顺了金融信息服务与新闻信息服务的复杂关系，在外国机构提供金融信息服务的审批和市场准入上做出较为具体的规定，但在监管上还是表现乏力。2009 年《管理规

---

① 崔玉英出席外国机构提供金融信息服务座谈会并讲话［EB/OL］.（2012 - 11 - 22）［2021 - 04 - 11］. http://www.scio.gov.cn/m/ztk/dtzt/91/7/3/document/1263196/1263196.htm.

定》中规定国务院新闻办是外国机构在中国境内提供金融信息服务的监管机构，如第十六条："外国机构应当严格按照批准的经营范围提供金融信息服务。国务院新闻办公室对外国机构提供金融信息服务进行监督检查。"但众所周知，作为监管部门的国务院新闻办长期以来一直是从事新闻信息监管的部门，因此，如何实现其对专业性较强的金融信息的有效监管是一个有待解决的课题。

此外，监管规则流于一般形式，亟须专业化。例如，第十八条规定："国务院新闻办公室对外国机构在中国境内提供的金融信息进行同步审视，发现含有本规定第十七条所列内容的，予以调查、处理。"但第十七条所列诸项内容与以往的一般的新闻信息管理并无实质性区别。

最后需要指出的是，2019年《金融信息服务管理规定》正式实施，在该规定中，国家互联网信息办公室成为金融信息服务的监管部门，但这一规定并未对境外机构在中国提供金融信息服务的监管产生影响。国家互联网信息办公室对《金融信息服务管理规定》与《外国机构在中国境内提供金融信息服务管理规定》的关系的解释是："《外国机构在中国境内提供金融信息服务管理规定》是部门规章，是对外国机构在中国境内提供金融信息服务进行规范，许可管理是其显著特点。《金融信息服务管理规定》是规范性文件，侧重金融信息服务机构的内容管理及行为管理，部分条款是对《外国机构在中国境内提供金融信息服务管理规定》的细化。《金融信息服务管理规定》出台不影响《外国机构在中国境内提供金融信息服务管理规定》法律效力，两者并行不悖相互补充。"①

我国金融信息服务业虽然市场空间很大，但与国外金融信息市场相比，总体上的发展尚处于幼年时期，需要花大力气培育，因此，我国对外金融信息服务监管政策应该是审慎的。目前参与金融信息市场竞争的主体有银行，传统媒

---

① 《金融信息服务管理规定》与《外国机构在中国境内提供金融信息服务管理规定》是什么关系？［EB/OL］.（2018－12－28）［2021－04－09］. http：//www.cac.gov.cn/2018－12/28/c_1123916754.htm.

体及其衍生机构，民营金融信息服务商，境外金融信息服务提供商等，我国需要在政策上保障各类市场主体在公平、公正、有序的竞争环境中开展业务。此外，国际金融巨头汤森路透因提前两秒向高端投资者出售市场动态信息而遭到美国法院调查事件也再次为我们敲响警钟，建立在现代信息技术之上的金融信息服务业需要高度专业化的监管。因此，如何实现对金融信息服务业的有效监管将是我国今后制定金融信息服务业政策的重心。

结　语

综上，我们考察了我国大众传播业的主要部门的政策变迁轨迹，虽然各个部门的政策有其行业特殊性，其政策变迁进程或快或慢，但从整体来看，我们仍然可以看出，改革开放以来我国大众传播业政策的变迁经历了以"商品化""市场化和空间化""产业化、国际化和融合化"为特征的三个阶段。

商品化取向主要体现在改革开放初期，确立市场经济体制之前的大众传播政策。1978年，党的十一届三中全会带来了思想领域的大解放，对新闻事业的双重属性、新闻传播基本功能的认识有力地推动了大众传播政策的变迁。传播业的商品属性被确认，国家开始在报纸、广播电视、电影、广告等领域推进商品化改革。虽然严格的行政指令式的管制开始松动，但政策运行高度依赖行政手段。

市场化、空间化取向集中表现在确定发展社会主义市场经济体制到加入世界贸易组织，卷入全球市场之前的大众传播业政策上。党的十四大确定建立社会主义市场经济体制，与此相适应，我国大众传播政策的市场化、空间化取向日益凸显，政府致力于推进传播业的市场化运作，推进媒介集团化、跨地区经营、影视剧交易市场、广告市场。一方面，政策制定充分重视市场规律，着眼于促进传播业市场运作的财税政策、投融资政策等出台；另一方面，针对商业力量对传播业运行产生的消极影响，如媒体片面追求经济效益、虚假广告泛滥等，出台大量市场监管政策法规，经济手段和法律手段日益参与到保障传播政策的运行中。

产业化、国际化、融合化取向集中体现在我国卷入全球化市场以来的大众传播政策上。随着 2001 年中国加入世界贸易组织、媒介技术融合趋势的日益增强、全球媒体的竞争压力加剧，我国传播政策的制定和运行面临着前所未有的复杂环境。2002 年党的十六大召开后，我国大众传播政策呈现出产业化、国际化、融合化取向。新闻出版业、广电业、广告业、动漫业等相关产业政策、"走出去"政策、数字出版政策、三网融合政策、传统媒体与新兴媒体融合政策等陆续推出，市场法律法规体系日益完善，政策制定和执行出现了"去行政"的趋势，政策运行更多依赖市场和法律手段，并辅以必要的行政手段。

我国的大众传播政策是党和政府主导的公共政策，随着我国大众传播业日益卷入全球市场，市场力量、国际组织等利益群体将会对传播政策的制定和运行产生制约力。

当下大众传播政策存在的问题突出表现在以下几个方面：

第一，制度与政策的观念混淆。受改革开放前的传播政策政治本位的影响，传播政策的制定和运行往往与传播制度相混淆，导致部分政策缺少针对性和可操作性。出台了大量的规划性、指导性、纲要性政策，宏观远景规划偏多，而大众传播业具体的指向性政策相对偏少。

第二，产业政策的"碎片"化和所谓"全能政府"偏向。虽然对大众传播产业属性有了充分认知，但是产业政策层面尚缺乏整体性、系统性，导致政策冲突或被动，投融资政策、财税政策、市场监管政策等缺乏联动性，一些部门的产业政策尚不能打破行业垄断，推动市场公平竞争，进而影响了行业的健康发展。一些部门的产业政策带有所谓"全能政府"偏向，表现为重资金扶持、重补贴的国家"挑选冠军企业"的选择性范式，没有充分尊重市场规律，激发市场自身的内部活力，不利于产业的可持续、高质量发展。

第三，监管政策上法律意识有待进一步加强，对行业组织的监管职能重视不足。在政策的制定和运行过程中，无论是政策制定主体还是执行者，市场主体等各类社会组织法律意识有待进一步加强。由于传播业不但具有经济属性，也具有较强的意识形态功能，因此，大量的监管政策立足于意识形态管控，表现为行政指令，一些传播业监管政策"一管就死，一松就乱"。例如，媒体广告播放监管，电视剧和视频节目的监管。行业组织在维护行业内部有序竞争、实现社会效益与经济效益的共同发展上发挥的作用。因此，要确保行业组织积极参与监管政策的制定和实施。

第四，互联网思维不足。无论是传统报业、广电业，还是广告业、动漫业、金融信息业，实际上都已经与互联网、移动媒体等融合。互联网不仅仅是个平台，其带来的是整个传播业产品生产流程以及流通和消费环节的再造。因此，在全媒体时代，要实现传播政策的高效运行，政策的制定必须打破传统思维框架，具备互联网思维。

大众传播政策作为公共政策，首先要遵循公共利益至上原则。正如有学者指出的，"在现代民主政治环境下，传媒政策应该是公共政策的一部分。传媒政策必然受到民主理念的制导，占社会多数的民众利益能够通过大众传媒得到主张和维护"①。政府在制定传播政策过程中要树立公共政策意识，这是改变目前政策制定过程中观念混淆，法律意识缺位的根本路径。还应充分考量社会各利益群体的权利和利益，警惕市场力量绑架政策的现象，以维护公共利益，促进社会稳定为核心。

其次，要注重政策的评估，保持政策的动态性和主动性。在传播技术日新月异，传播环境日益复杂多变的背景下要变被动为主动。"任何一项公共政策都不会无休止地执行，问题得到了解决，政策的使命也就完成，问题若是长期得不到解决，就要调整或更换、替代现行有关政策。"②

最后，政策制定要保持全球视野。在全球传播时代，我国的传播业已经卷入世界市场，政策的制定与运行从全球市场的高度着眼，才能维持政策的有效性、稳定性，从而实现提高文化软实力、维护文化自主性的目标。

---

① 陈堂发. 论传媒政策的"公共性"[J]. 新闻大学，2005（3）.
② 王骚. 公共政策学 [M]. 天津：天津大学出版社，2010：19.

参考文献

一、专著

韦伯. 经济与社会：上卷 ［M］. 林荣远，译. 北京：商务印书馆，1997.

诺思. 经济史中的结构与变迁 ［M］. 陈郁，罗华平，等译. 上海：上海三联书店，1994.

青木昌彦. 比较制度分析 ［M］. 上海：上海远东出版社，2001.

斯拉姆，等. 报刊的四种理论 ［M］. 中国人民大学新闻系，译. 北京：新华出版社，1980.

郭庆光. 传播学教程 ［M］. 2 版. 北京：中国人民大学出版社，2011.

丁和根. 中国传媒制度绩效研究 ［M］. 广州：南方日报出版社，2007.

郑涵，金冠军. 当代西方传媒制度 ［M］. 上海：上海交通大学出版社，2008.

郭镇之. 中外广播电视史 ［M］. 上海：复旦大学出版社，2009.

王骚. 公共政策学 ［M］. 天津：天津大学出版社，2010.

徐光春. 中华人民共和国广播电视简史：1949—2000 ［M］. 北京：中国广播电视出版社，2003.

国际广告杂志社，等. 中国广告猛进史：1979—2003 ［M］. 北京：华夏出版社，2004.

莫斯可. 传播政治经济学 ［M］. 胡正荣，等译. 北京：华夏出版社，2000.

哈林，曼奇尼. 比较媒介体制：媒介与政治的三种模式 ［M］. 陈娟，展江，等译. 北京：中国人民大学出版社，2012.

陈振明. 政策科学 ［M］. 北京：中国人民大学出版社，1998.

中国电影家协会. 中国电影年鉴（1986）［M］. 北京：中国电影出版社，1988.

中国电影家协会. 中国电影年鉴（1989）［M］. 北京：中国电影出版社，1991.

中国电影家协会. 中国电影年鉴（1991）［M］. 北京：中国电影出版社，1993.

魏永征. 新闻传播法教程［M］. 4 版. 北京：中国人民大学出版社，2013.

王文锋，何春雨. 中国文化产业政策研究［M］. 昆明：云南人民出版社，2015.

李思屈，等. 中国文化产业政策研究［M］. 杭州：浙江大学出版社，2012.

褚建勋. 中外传播政策［M］. 北京：科学出版社，2009.

黄虚峰. 文化产业政策与法律法规［M］. 北京：北京大学出版社，2013.

赵阳，徐宝祥. 文化产业政策与法律法规［M］. 广州：中山大学出版社，2012.

鲍济贵. 中国动画电影通史［M］. 北京：中国美术出版总社，2010.

国家广播电影电视总局发展研究中心. 2009 年中国广播电影电视发展报告［J］. 北京：
新华出版社，2009.

二、论文

诺斯. 新制度经济学及其发展［J］. 经济社会体制比较，2002（5）：5－10.

程放. 千呼万唤始出来：有感于国产动画片的生产现状［J］. 中国电视，1994（10）：
58－59.

吴军明. 从进奏院状到定本制度：传播制度的创新［J］. 中国青年政治学院学报，
2004（5）：137－142.

朱璇. 从外宣到发言人：浅议传播制度与社会变迁［J］. 新闻传播，2017（2）：28－29.

徐桂权. 传播图景中的制度：由英尼斯的媒介理论谈起［J］. 国际新闻界，2004
（3）：50－54.

刘晓鹏. 信息、传媒与公共服务：治道变革与中国政府信息空间的重理［J］. 国际新
闻界，2005（3）：11－14.

杜大力. 马克思主义经典作家对新闻传播制度的初始设计思想［J］. 新闻与传播研究，
2014（4）：17－25.

王醒. 春秋战国时期的新闻传播制度［J］. 新闻与传播研究，2008（6）：36－39.

李德刚. 历史制度主义：媒介制度变迁研究的新范式［J］. 现代传播，2010（2）：33－37.

丁和根，耿修林．传媒制度绩效评价：思路、框架及方法［J］．新闻界，2007（3）：3-6．

孙平．中国网络动画产业现状探析［J］．新闻世界，2017（2）：23-26．

潘祥辉．论媒介制度的内涵及其分层演化原理［J］．理论界，2012（2）：158-160．

潘祥辉．从博弈论视角看中国媒介制度的变迁与演化［J］．昌吉学院学报，2010（1）：59-64．

陆地，吕佳宁．媒介制度变迁的基础和方向［J］．南方电视学刊，2015（6）：29-31．

徐振祥，刘艳娥．国外传媒制度发展与研究现状述评：基于政治、市场与社会三角博弈的视角［J］．学术论坛，2013（9）：76-81．

郝雨，王铭洲．新制度经济学体系下的传媒制度成本控制理论及方略［J］．当代传播，2017（2）：56-60．

张昆．新闻传播史体系的三维空间［J］．新闻大学，2007（2）：30-35．

金冠军，郑涵，孙绍谊．制度转型与政策冲突：当前国际传媒发展的基本点［J］．现代传播，2005（4）：4-8．

黄瑚．60年风雨中耕耘 60年阳光下收获：新中国成立以来新闻事业发展的历史轨迹［J］．新闻记者，2009（10）：4-8．

陈立丹．报业改革面临的问题［J］．当代传播，2004（6）：63．

俞敏．我国报业改革初探［J］．中国党政干部论坛，1992（12）：55-58．

张永峰．中国电视剧审查制度的形成［J］．新闻大学，2014（1）：61-70．

高薇华，赵冰．1993—2006：中国原创动画产业发展报告［J］．现代传播，2007（3）：1-8．

潘洪莲．引进剧助推国产电视剧市场［J］．电视研究，2015（7）：39-40．

广州日报社务委员会．建设社会主义现代化报业集团 为中国报业的改革和发展探索新路［J］．新闻大学，1996（2）：12-15．

江坪．适应形势发展，组建报业集团：关于筹建浙江报业集团的几点思考［J］．新闻战线，1994（9）：27-28．

韩松．呼唤报业集团：全国报业经营管理经验交流会透视［J］．新闻爱好者，1995（2）：10-12．

周培勤，叶小力．关于转换报业经营机制 [J]．新闻战线，1999 (11)：40 - 41.

柳剑能，余锦家．中国报业集团的发展历程和转型策略 [J]．传媒，2014 (7)：12 - 15.

朱伟峰．正确把握报刊业改革的方向、重点和步骤 [J]．青年记者，2008 (10 上)：9 - 10.

陈红．论公益广告的有效传播 [J]．新闻界，2009 (4)：187 - 188.

郭泽德．中国网络广告 10 年发展过程研究 [J]．中国广告，2007 (11)：144 - 145.

梅晓春．我国广告产业政策的发展研究 [J]．广告大观（理论版），2012 (2)：52 - 76.

乌家培．经济信息与经营管理 [J]．经营与管理，1984 (2)：3 - 6.

韩光远，汤若岩．试论社会主义金融信息的内容和作用 [J]．金融研究，1983 (1)：64.

倪宁，雷蕾．公益广告独立性发展及制约因素分析 [J]．现代传播，2013 (5)：115 - 118.

丁俊杰，王昕．中国广告观念三十年变迁与国际化 [J]．国际新闻界，2009 (5)：5 - 9.

马二伟．大数据时代广告产业结构优化研究 [J]．国际新闻界，2016 (5)：153 - 168.

刘芳．从广告代理制的实质看我国广告代理制的根本症结 [J]．新闻界，2008 (5)：152 - 153.

廖秉宜．欧美媒介购买公司的发展、影响及对策分析 [J]．新闻与传播研究，2011 (3)：85 - 89.

万丽萍．2007—2012 年汤森路透的发展概述 [J]．中国出版，2013 (4 月下)：60 - 64.

涂昌波．新中国 60 年来广播电视发展政策演进初探 [J]．现代电视技术，2009 (10)：10 - 22.

郑保卫．十六大以来我国新闻传媒的政策调整与改革创新 [J]．现代传播，2005 (6)：34 - 39.

金冠军，冯光华．中国传媒产业的政策解读与未来转型 [J]．视听界，2005 (4)：4 - 9.

林爱珺，童兵．中国传媒产业化的法律前提：重塑传媒市场主体 [J]．视听界，2005 (4)：9 - 12.

李良荣．论中国新闻媒体的双轨制：再论中国新闻媒体的双重性 [J]．现代传播，2003 (4)：1 - 4.

陈堂发．论传媒政策的"公共性"[J]．新闻大学，2005 (3)：30 - 32, 95.

严功军 . 从戈尔巴乔夫到普京：俄罗斯传媒政策的变迁及反思 [J]. 社会科学战线，2003 (4).

王积龙，刘传红 . 环保类虚假广告的破解与治理研究 [J]. 新闻大学，2013 (1)：92 - 98.

徐卫华 . 我国广告产业政策检视 1978—2007 [J]. 湖南大众传媒职业技术学院学报，2008 (3)：38 - 41.

梅晓春 . 1979—2010 年我国广告产业政策检视 [J]. 中国广告，2012 (11)：119 - 122.

余旻昊，等 . 中国广告政策效果研究 [J]. 中国传媒大学学报（自然科学版），2016 (5)：37 - 48.

1991 年我国报业结构简况 [J]. 新闻研究资料，1991 (3)：46.

新闻界新闻 [J]. 新闻通讯，1995 (7)：60.

木子 . 全国广播电视财务管理工作会议在湖南召开 [J]. 财政，1993 (12)：52.

王枫 . 统筹规划、加强管理 发挥系统优势、注意综合效益：王枫副部长在全国电视剧规划会和引进海外电视剧管理工作会议上的讲话 [J]. 中国电视，1990 (8)：2 - 7.

王枫 . 认清形势 科学规划 强化管理 多出好剧：为进一步繁荣社会主义屏幕努力奋斗 [J]. 中国电视，1992 (6)：3 - 9.

艾知生 . 进一步端正创作方向 繁荣电视剧艺术：在 1990 年度全国电视剧创作题材规划和电视剧（录像片）管理工作会议上的讲话摘要 [J]. 中外电视，1990 (7)：2 - 7.

艾知生 . 一手抓管理 一手抓繁荣 以优秀的作品鼓舞人：在 1994 年度全国电视剧题材规划会上的讲话（摘要）[J]. 中外电视，1994 (5)：4 - 8.

1993 年全国电视剧题材规划会会议纪要 [J]. 中国电视，1993 (5)：2 - 6.

国务院有关各部委（局）系统加强电视剧生产管理座谈会纪要 [J]. 中国电视，1992 (3)：48.

孙家正 . 把握导向 多出精品 促进广播电影电视工作迈上新的台阶：在全国广播电视（影视）厅（局）长会议上的报告 [J]. 中国广播电视学刊，1996 (3)：5 - 12.

徐光春 . 加快广播影视事业的改革和发展：在全国广播影视局局长座谈会暨"村村通"广播电视现场会上的讲话（摘要）[J]. 电视研究，2000 (9)：4 - 7.

国家计委"中国社会发展暨国际比较"课题组 . 中华人民共和国社会事业大事辑要（1949—1990）[J]. 经济研究参考，1993 (Z5)：6 - 44.

杨伟光. 强化精品意识, 把提高电视剧质量放在首位: 在全国电视剧题材规划会上的讲话摘要 [J]. 中国电视, 1995 (5): 21 - 26.

吉炳轩. 弘扬五种精神, 奏响时代强音: 在 2001 年度全国电视剧题材规划会上的讲话 [J]. 中国电视, 2001 (4): 2 - 11.

2000 年全国电视剧题材规划会综述 [J]. 中国电视, 2000 (5): 59 - 61.

徐光春. 繁荣发展电视剧创作: 在 2003 年度全国电视剧题材规划会上的讲话 (摘要) [J]. 电视研究, 2003 (6): 4 - 7.

胡占凡. 在 2005 年全国电视剧题材规划会上的讲话 [J]. 中国电视, 2005 (4): 4 - 14.

李镇, 卢嘉毅, 周夏, 等. 严定宪访谈录 [J]. 当代电影, 2012 (5): 64 - 69.

刘凡. 中国广告业的科学发展: 在第十一届中国西部国际博览会中国广告 (国际) 发展论坛上的演讲 (摘要) [J]. 现代广告, 2010 (23).

黄志瑾. 美国就金融信息服务市场准入限制请求与中国磋商 [J]. 世界贸易组织动态与研究: 上海对外贸易学院学报, 2008 (5): 39 - 40.

沈观凌. 青鸟网: 路透业务的延伸 [J]. 经理世界, 2001 (S1): 40.

汪洋. 路透中国的财富密码 [J]. 环球财经, 2005 (3): 57 - 59.

韩晓萍. 路透: 金融价值链全接触 [J]. 数字财富, 2001 (9): 68 - 70.

搞好金融信息工作的新尝试: 金融信息联席会议成立大会在京召开 [J]. 中国金融, 1985 (1): 39.

图书在版编目（CIP）数据

改革开放以来我国大众传播政策变迁研究／刘晓红
著 . -- 北京：中国人民大学出版社，2023.3
（新闻传播学文库）
ISBN 978-7-300-31472-3

Ⅰ.①改… Ⅱ.①刘… Ⅲ.①大众传播－方针政策－
研究－中国 Ⅳ.①G206.3

中国国家版本馆 CIP 数据核字（2023）第 025192 号

新闻传播学文库

改革开放以来我国大众传播政策变迁研究

刘晓红　著

Gaige Kaifang Yilai Woguo Dazhong Chuanbo Zhengce Bianqian Yanjiu

出版发行	中国人民大学出版社		
社　　址	北京中关村大街 31 号	邮政编码	100080
电　　话	010 - 62511242（总编室）	010 - 62511770（质管部）	
	010 - 82501766（邮购部）	010 - 62514148（门市部）	
	010 - 62515195（发行公司）	010 - 62515275（盗版举报）	
网　　址	http://www.crup.com.cn		
经　　销	新华书店		
印　　刷	涿州市星河印刷有限公司		
规　　格	170 mm×240 mm　16 开本	版　次	2023 年 3 月第 1 版
印　　张	13.75 插页 2	印　次	2023 年 3 月第 1 次印刷
字　　数	199 000	定　价	59.80 元